高等职业教育大数据与会计专业数智化教学改革教材
服务乡村振兴系列课程配套教材
中高职一体化课程思政示范教材

财税管理基础实务

CAISHUI GUANLI JICHU SHIWU

主编◎张奕畅　胡晓锋
副主编◎董书　祝锐　朱林超

立信会计 出版社
LIXIN ACCOUNTING PUBLISHING HOUSE

图书在版编目(CIP)数据

财税管理基础实务 / 张奕畅，胡晓锋主编. --上海：立信会计出版社，2024.11. --(高等职业教育大数据与会计专业数智化教学改革教材). -- ISBN 978-7-5429-7748-9

Ⅰ. F275；F810.423

中国国家版本馆 CIP 数据核字第 2024BD8956 号

策划编辑	孙　勇	
责任编辑	郭　光	
助理编辑	张若凡	
美术编辑	北京任燕飞工作室	

财税管理基础实务
CAISHUI GUANLI JICHU SHIWU

出版发行	立信会计出版社			
地　　址	上海市中山西路 2230 号	邮政编码	200235	
电　　话	(021)64411389	传　　真	(021)64411325	
网　　址	www.lixinaph.com	电子邮箱	lixinaph2019@126.com	
网上书店	http://lixin.jd.com	http://lxkjcbs.tmall.com		
经　　销	各地新华书店			
印　　刷	常熟市人民印刷有限公司			
开　　本	787 毫米×1092 毫米　1/16			
印　　张	15			
字　　数	365 千字			
版　　次	2024 年 11 月第 1 版			
印　　次	2024 年 11 月第 1 次			
书　　号	ISBN 978-7-5429-7748-9/F			
定　　价	49.00 元			

如有印订差错，请与本社联系调换

前　言

随着乡村全面振兴的扎实推进,新技术、新业态和新模式不断涌现,财税法规和政策持续更新,业务与财务的壁垒已被打破,一个"无人会计,人人财务"的新世界已经来临。财税管理是现代企业管理中不可或缺的一部分。因此,学习财税管理的基本理论和初级实务操作,不仅能使学生积累专业知识,而且能帮助学生解锁未来职业生涯,成为乡村振兴的主力军。

本书共分为3个模块、9个项目和30个任务:模块Ⅰ为立业启动,包括项目1创业准备、项目2筹划开办、项目3成立起航;模块Ⅱ为守业过程,包括项目4管好钱袋子、项目5做明白的纳税人、项目6读懂财务报表;模块Ⅲ为兴业发展,包括项目7制定发展行动指南、项目8控制企业内部风险、项目9进入数字经济时代。

本书内容浅显易懂,适用于高等职业教育专科、中等职业教育非会计专业学生学习财税管理通用知识,也适用于在职人员自学和培训。

本书主要具有以下特点:

(1) 结合企业发展过程开展学生职业指导,凸显育人目标。本书在编写过程中全面贯彻党的教育方针,落实立德树人的根本任务,聚焦《中华人民共和国会计法》《中华人民共和国公司法》,使学生传承、发扬浙商"四千精神"。同时,本书通过"立业启动""守业过程""兴业发展"三个企业发展阶段,对学生职业生涯发展进行指导,引导学生树立团队合作意识和终身学习理念,成为一名守法规、知财税、会管理的企业运营人员。

(2) 通过企业案例体现数智化背景下的业财税融合,凸显育人方式。本书结合三个乡村振兴的典型案例,对接职业岗位角色,以体验式、参与式学习为核心理念,将财税管理知识贯穿全过程,让学生身临其境地感受数智化背景下的业、财、税深度融合,引导学生理解企业经营活动的内在规律,提升政策和市场的敏感性,充分体现"岗课赛证"融合的实践性和职业性,为振兴乡村提供人才支撑。

(3) 融入新业态场景,点燃学生乡村创业热情,凸显育人特色。本书从乡村农创客、助农电子商务平台和农业智能装备生产商三个案例入手,体现新业态背景下农村第一产业、第二产业和第三产业融合发展。本书围绕"育人创新"的专创融合主线,体现"精神—思维—知识"三位一体,培养学生创新意识和学习财税管理知识的兴趣，并引导学生树立正确的就业创业观。创业并非仅限于创办公司，爱岗敬业，在平凡的岗位上创造不平凡的业绩同样是成功的创业，激活乡村人才活力。

本书由高职、中职院校骨干教师，企业人员和教研人员等共同参与编写工作，由张奕畅、胡晓锋担任主编，董书、祝锐、朱林超担任副主编。张奕畅负责全书统稿，胡晓锋负责全书审定。本书具体编写分工如下：张奕畅（浙江同济科技职业学院）负责项目1、项目3和项目6的编写，章妮（永嘉县第二职业学校）和林孝森（平阳县职业教育中心）负责项目2的编写，胡晓锋（浙江同济科技职业学院）负责项目4的编写，董书（温州市财税会计学校）负责项目5的编写，祝锐（浙江同济科技职业学院）负责项目7的编写，张哲丽（浙江同济科技职业学院）负责项目8的编写，朱林超（新道科技股份有限公司）和张炜臻（温州市财税会计学校）负责项目9的编写。

在本书编写过程中，我们得到了温州市教育教学研究院徐克美教授的指导，以及新道科技股份有限公司、平阳县鳌江镇凤桥村委会和平阳县职业教育中心的大力支持，在此一并表示感谢。

感恩相遇，我们期待这本书能够成为您财税学习道路上的良师益友，为您指引方向、启迪智慧。由于编者水平有限，本书如有疏漏、不足之处，恳请专家学者，使用本书的老师、同学和读者批评指正。

编　者

2024年11月

目 录

模块 I 立业启动

项目 1 创业准备 ... 3
 任务 1.1 评估创业潜质 ... 4
 任务 1.2 收集创业信息 ... 9
 任务 1.3 组建创业团队 ... 15
 项目实训 ... 19
 自我测评 ... 22

项目 2 筹划开办 ... 23
 任务 2.1 预测启动资金 ... 24
 任务 2.2 筹措启动资金 ... 31
 任务 2.3 编制创业计划书 ... 35
 项目实训 ... 41
 自我测评 ... 43

项目 3 成立起航 ... 44
 任务 3.1 办理营业执照 ... 45
 任务 3.2 启用财务账簿 ... 54
 任务 3.3 纳税认定申报 ... 58
 项目实训 ... 65
 自我测评 ... 67

模块 II 守业过程

项目 4 管好钱袋子 ... 71
 任务 4.1 钱要怎么收:管理应收账款 ... 73
 任务 4.2 钱要怎么省:洞悉成本费用 ... 76
 任务 4.3 钱要怎么用:编制预算 ... 80

  任务 4.4 钱要怎么分:利润分配 84
  项目实训 89
  自我测评 91

项目 5 做明白的纳税人 92
  任务 5.1 认识增值税 94
  任务 5.2 认识企业所得税 99
  任务 5.3 认识个人所得税 103
  任务 5.4 认识其他税 109
  项目实训 117
  自我测评 119

项目 6 读懂财务报表 120
  任务 6.1 企业的"底子":资产负债表 121
  任务 6.2 企业的"面子":利润表 129
  任务 6.3 企业的"日子":现金流量表 135
  任务 6.4 分析关键财务指标 141
  项目实训 149
  自我测评 152

模块 III 兴业发展

项目 7 制定发展行动指南 157
  任务 7.1 宏观环境分析 159
  任务 7.2 中观产业分析 166
  任务 7.3 微观环境综合分析 171
  项目实训 179
  自我测评 181

项目 8 控制企业内部风险 182
  任务 8.1 控制销售管理风险 183
  任务 8.2 控制采购管理风险 191
  任务 8.3 控制存货管理风险 199
  项目实训 204
  自我测评 207

项目 9　进入数字经济时代 ·· 208
　任务 9.1　认识数字票据 ·· 209
　任务 9.2　体验智能商旅 ·· 215
　任务 9.3　保障数据安全 ·· 224
　项目实训 ·· 229
　自我测评 ·· 231

模块 I 立业启动

凤翔村农家酿酒历史悠久，古时村民除了农耕别无他业，便利用地理位置的优势，以当地的优质水源和米粮来酿造美酒、制粬，以此提高家庭收入。20世纪80年代，周树茂自制"粬娘"（酵酶菌），并创立"平凤酒"商标，兴旺一时。然而，随着时代变迁，"平凤酒"逐渐落寞。

周连是一名凤翔村游子。2023年，听李强总理全国两会中谈起个体私营经济创造的"四千精神"——走遍千山万水、说尽千言万语、想尽千方百计、吃尽千辛万苦，周连深受感动和鼓舞，他不禁回想起父辈常提起的"平凤酒"……为了让家乡的百年酒香飘得更远，让更多父老乡亲走上共富之路，在村委的号召下，周连毅然回到家乡创业。

项目 1
创 业 准 备

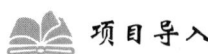 **项目导入**

凤翔村的酒文化源远流长。"酒"是周连对家乡最深刻的记忆之一,每到造酒时节,村里"户户酿酒满城香"。这里的白酒传承几百年的古法蒸煮技艺,醇香浓郁、清冽干爽。周连曾听村里老人说过一副对联:"凰渎家酿后办红酒厂,钱仓车载船运白眼烧"。宋朝时,凤翔村为凰渎村,身处"千年古驿"——钱仓镇,商业繁荣,酒肆客栈遍布,凤翔村的家酿酒就是从这里的码头运送至京城,因此凤翔村的百姓们世代以酿酒维生。

潮平岸阔,风正帆悬,周连心中充满了对未来的憧憬和决心:凤翔村世代传承的酿酒手艺、温和适宜的气候环境、品质优良的土壤条件和甘甜清冽的山水,为发展制酒产业提供了得天独厚的自然条件。但回乡后,周连却发现现实困难重重:首先,如今村里只有二三十户人家坚持酿酒,但是他们仍在使用传统的自产自销、零散式酿酒模式,呈现"低小散乱"的情况;其次,农家酿酒制作周期长,销售渠道少,竞争压力大,质量保障虚,这些都是限制发展的"老大难"问题;最后,环境脏乱差,酿酒户生产废料随意排放,杂物乱堆放。因此,周连决定拜访村书记。但在拜访之前,他还需展开一系列的准备工作。

请思考:
(1) 创业是什么?周连如何判断自己是否适合创业?
(2) 周连在创业过程中可能遇到哪些挑战?应如何应对?
(3) 周连凭一个人可能取得创业事业成功吗?

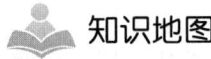 **知识地图**

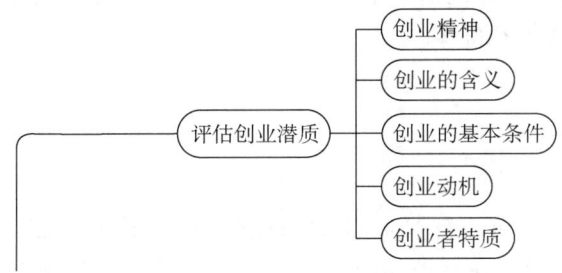

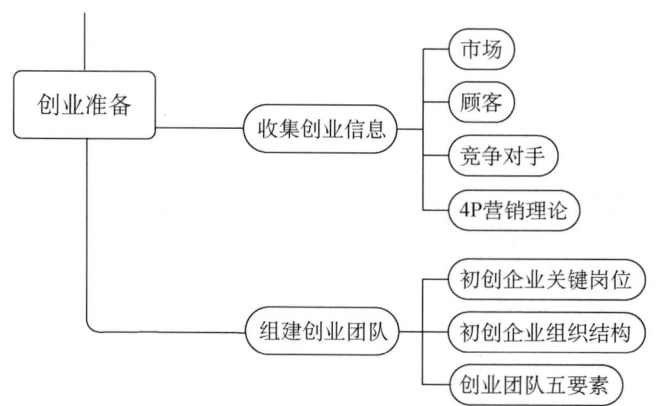

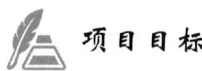

通过本项目的学习,学生能理解创业的全过程,包括创业潜质评估、市场信息收集、团队组建与组织架构确定,以及树立正确的创业价值观和风险管控意识。

任务1.1 评估创业潜质

 学习目标

1. 能描述创业的含义,说出"四千精神"的内涵。
2. 能列举创业的基本条件,评估自身创业条件。
3. 能区分机会型创业和生存型创业,理性判断自身创业动机。
4. 能运用自我探索工具评价个人特质等。
5. 能认同"四千精神",激发创业想法,树立正确的创业价值观与服务社会的理念。

一、任务描述

为了确保创业计划的成功实施,周连需要先了解创业精神、创业含义及创业者所需具备的各项条件,并进行自我评估,包括了解创业动机,以及在兴趣爱好、专业技能、人际关系等方面的能力,是否具备创业者特质。

二、任务准备

(一)创业精神

自古以来,中华民族崇尚创新创造,主张革故鼎新。《周易》中的"富有之谓大业,日新之谓盛德,生生之谓易"和《礼记·大学》中的"苟日新,日日新,又日新"等,都饱含着创新精神。

新中国成立后,民众创业创新精神进一步激发:如浙南温州一带,为了摆脱贫苦生活,在改革助推下,出现了无数类似《温州一家人》主角式的奋斗者,形成了李强总理在十四届全国人大一次会议记者会上提倡的"四千精神"——走遍千山万水、说尽千言万语、想尽千方百计、吃尽千辛万苦。

放眼整个浙江,"四千精神"的创新案例,更是比比皆是。例如,以"从底层崛起的凡人"自居的宗庆后,他从上山下乡到做一个普通工人,再到怀揣14万元借款创业,宗庆后一直在用行动践行自己的理念。他始终与时代同行,不仅在创业初期敢于尝试,更与时代发展的每个节点上紧密相连,成为时代的生动注脚。"四千精神"发端于浙江,却不只属于浙江。改革开放以来,涌现了无数的时代"弄潮儿",凭着"四千精神"走上创新发展之路。他们敢闯、敢干、敢挑担,从走街串巷"鸡毛换糖"到踏出国门"买卖于全球",从首批民营航空公司开航到首条民营控股高铁开通运营,从中小企业铺天盖地到世界级企业顶天立地……改革开放40多年来,我国民营经济从小到大、从弱到强,不断发展壮大。

> **"职涯"小贴士:**
>
> 一个人的进步,一家企业的发展,一个国家的兴旺,都离不开精神动力的支撑。"四千精神"适合各行各业职业人,也适合新时代青年学习。
> "走遍千山万水",才能穷尽一切发展的机会。
> "说尽千言万语",才能寻求一切合作的可能。
> "想尽千方百计",才能找到各种成功的办法。
> "吃尽千辛万苦",才能看到风雨过后的彩虹。

"四千精神"是老一代企业家在创业阶段吃苦、拼搏的精神写照。随着国内外经济环境的变化,科学发展观成为社会的主流,正如浙江省工业经济研究所所长兰建平说,新的阶段需要创新、升级。"新四千精神"应运而生,丰富了浙江精神的内涵——千方百计提升品牌、千方百计保持市场、千方百计自主创新、千方百计改善管理。

(二)创业的含义

创业作为一种社会实践活动,源于对机遇的把握,要求在全面策划的基础上具备卓越的领导才能,需投入时间、付出辛勤努力,并承担风险。创业的含义,可以从广义和狭义两方面理解。狭义的创业是指筹划、成立新企业并实施运营的过程,在英文中常以"startup"表示;广义的创业是指人类的创举活动,或指带有开拓、创新并有积极意义的社会活动。它既可以是经济方面的,又可以是政治、军事、文化、科学、教育等方面的。它不局限于创立新组织或现有资源的限制,而是通过发现问题、解决问题,以满足人们需求从而实现价值创造的行为过程,除了强调实际行动,更着重于凸显创业行为中所体现的创新精神,英文中常用"entrepreneurship"表示。

由此可见,创业一定是基于满足社会需求或解决社会问题。成为创业者的关键要素之一便是具备向他人提供价值的能力。作为创业者,必须强化使命感,他人对你的产品或服务的需求越大,所获得的潜在收益便越高,越能帮助更多人改善生活,满足社会需求。

> 💡 **"职涯"小贴士：**
>
> 　　人人都是创业者。无论是律师、医生、老师，还是会计师或工程师等，都要像经营新创企业一样思考和行动，在岗位上创业，将职业当成事业，用创业的心服务他人、成长自己。在平凡岗位上做出不平凡成绩也是成功创业！

（三）创业的基本条件

　　创业是极具挑战性的社会活动，是对创业者自身智慧、能力、气魄和胆识的全方位考验。要想创业成功，关键不在于创业得早，而在于创业的各项准备工作做得扎实充分，具备基本的创业条件。

　　1. 创业意愿和热情

　　创业的第一前提是具备创业意愿和热情。创业者应该对所从事的领域有着浓厚的兴趣，这将激发他们长期投入并克服困难的勇气。当然，创业意愿和热情不仅仅是表面上的，还需要通过对市场和行业的调研，对自己的优势和定位有充分的认知。

　　2. 知识和技能

　　创业者需要具备相关的知识和技能，以在创业过程中能够应对各种复杂的问题和挑战。这不仅包括行业知识，而且包括管理、市场营销和财务等方面的知识。创业者只有具备必要的专业知识和技能，才能更好地分析市场状况、制定战略规划，在竞争中保持优势。此外，持续学习和不断提升自己的能力也是创业的前提条件之一。创业者应该时刻保持学习的态度，关注行业动态和新技术的发展，不断更新自己的知识储备和技能。

　　3. 创新思维和远见

　　创业者只有具有创新思维和远见，才能发现市场中的机遇并提供解决方案。创新是推动企业持续发展的关键因素，企业只有不断地创新才能在竞争中脱颖而出。创业者应该具备敏锐的洞察力，不断发掘市场的需求和痛点，并提供与众不同的产品或服务。同时创业者要具有远见，避免短视的决策，为企业的长期发展做出正确的决策。

　　4. 资金和资源

　　创业需要资金和资源支持，这是创业的基础和保证。创业者需要评估自己所需的启动资金，并积极寻找投资者或其他资金来源。在寻求资金支持的过程中，创业者需要深入了解创业项目的价值和潜力，并制定出细致且有吸引力的商业计划。除了资金，创业者还需要建立自己的人脉关系，争取合作伙伴和资源支持。人脉关系和资源网络的建立对于创业者来说是非常重要的，它们可以为创业者提供行业洞察和商业机会。

　　5. 市场需求和竞争分析

　　在创业之前，创业者需要对市场需求进行深入研究和分析，了解市场对自己的产品或服务的潜在需求，并评估竞争的程度。创业者只有找准市场定位和差异化竞争优势，才能在市场中生存并取得成功。通过市场调研和竞争分析，创业者可以更好地了解目标用户的需求和偏好，从而调整产品或服务的设计和营销策略。此外，跟踪市场发展和竞争动态，及时调整企业的战略和方向也是至关重要的。

　　6. 商业计划和执行力

　　创业者需要制订一个全面且可行的商业计划，并能够有效地执行。商业计划是创业的指导方针,它包括市场分析、竞争分析、营销策略、财务规划等重要内容。商业计划需要细致地考虑每个方面,并符合创业者的实际情况。同时,商业计划需要考虑外部环境的变化和市场需求的变化,随时进行调整和优化。此外,执行力是创业者将商业计划转化为实际行动的关键,创业者只有付诸实践,才能不断验证和修正商业计划,实现创业目标。

(四)创业动机

创业是一段充满挑战的旅程。要想成功创办企业,必须具备强烈的创业意愿和坚定的动机,通俗地说,就是"我为什么要去创业"及"我创业的目标是什么"。动机越强烈,目标越明确,成功的概率才越大。从不同方面考虑,动机有不同的分类。全球创业观察研究项目在2001年的报告中,第一次提出了机会型创业和生存型创业的概念。

机会型创业是指为了追求一个商业机会而从事创业活动,通常着眼于新兴市场机会,具备较高技术含量。它可能创造新的需求或满足潜在需求,推动产业发展,或带来更显著的经济效益。

生存型创业又称就业型创业,其目的在于谋生。当人们没有其他职业选择时,才会走上创业道路。这种创业模式通常规模较小,旨在解决生计问题,多模仿市场上的成功案例,主要集中在服务业,主要在现有市场中寻找商机,较难创造出新的市场需求。在我国所有创业活动中,生存型创业所占比重约为90%。

(五)创业者特质

与其他职业相似,创业也是职业生涯规划过程中的一种职业选择。创业职业决策同样遵循职业生涯规划的基本理论和模型。人职匹配理论是职业生涯规划经典理论之一,其基本模型如图1-1所示。

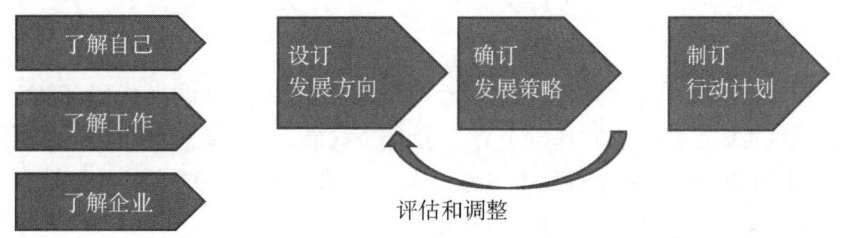

图1-1　人职匹配理论模型

因此,人们在进行创业决策时,需要先了解创业者必备特质并进行评估。成功的创业者往往有着一些共同的特质,这些特质对创业的成功有着重要的作用。以下问题可以帮助创业者检验自己是否具备创业素质与能力:

(1)你会为了实现目标而自我激励并努力工作吗?
(2)你能与别人进行良好的合作吗?
(3)你在群体中通常承担领导者的角色吗?
(4)你能与别人良好沟通吗?
(5)你善于倾听吗?
(6)你自信吗?
(7)你能正确地认识自己吗?
(8)你做决定时果断吗?

对上述问题给出的肯定回答越多,说明具备的创业者特质越丰富。创业者特质是指创业者在创业过程中所表现出来的自身独特的品质和能力的总和,包括自身智慧、能力、气魄和胆识等。创业者特质随着创业的深入而不断提高和完善,它还包括积极进取的精神、优良的创业心理素质与乐观心态、良好的思想道德品质和身体素质,以及出色的创业能力,如决策能力、经营管理能力、沟通协调能力及创新能力等。

尽管"创业者"这个词通常被用来指那些自主创业的人,但是创业并不只是一份工作或一个职业,而是一种态度和生活方式。因此,应该以现实的眼光来审视自己的特点,可使用的自我探索工具如表 1-1 所示。

表 1-1　　　　　　　　　　　　自我探索工具

工具类型	量表名称
内在人格	五大人格测试、卡特尔 16 型人格测试
适合的职业类型	霍兰德 SDS 职业兴趣测试、MBTI 职业性格测试、DISC 性格测验 1-1　DISC 性格测试

三、任务实施

1. 明确创业动机

为了振兴家乡酿酒产业,助力山区二十六县的共富行动,彰显当代青年担当,周连希望能够在传承本地古法蒸煮技艺的基础上,运用新技术、新方法、新思路,生产出更符合如今市场需求的高品质白酒,带动身边的父老乡亲一起走上致富路,为乡村振兴贡献青春力量。因此,周连评估自己的创业动机为"机会型创业"。

2. 识别创业特质

DISC 性格测试反映周连是 I 型:influence——活泼型/社交者。说明周连是一个热情的推动者,总有新主意,色彩丰富,做事果断,能够鼓励和带领他人一起积极投入工作;他人缘较好,关爱朋友,经常被朋友称赞。相对地,I 型人格的人爱当主角,经常由情绪决定一切,遇到困难时容易失去信心;描述性的关键词包括:有影响力、有说服力、友好、健谈、乐观积极、善于交际。周连认为,此结果反映了他的性格特质。尽管仍存在一些弱点,如情绪化,但他对创业的信心愈发坚定。考虑到企业初创期需要具备外向且关注他人的 I 型人格特质,他认为自己基本具备了创业者的必要性格特质。

3. 评价创业准备

凡事预则立,不预则废,机会总是给有准备的人。周连认为自己还需要做更多的准备工作,提高自己的素质与能力,如了解创业优惠政策、做好能力储备(进行市场预测;争取亲戚朋友的理解,获得资金支持;掌握创业法律、财税方面知识;开拓市场渠道;搭建创业团队,团结合作伙伴等)。周连计划尽快开展市场调查,进行科学的市场预测并制定发展战略,同时积极学习法律、财税相关知识。除此之外,周连给自己制订了体育锻炼计划,保障今后有充沛的体力投入创业。

四、任务小结

创业者是冬天里的一粒种子,风把它吹到哪里,它就长在哪里。种子不能选择土地,它的使命就是努力生长,尽可能地利用身边的资源,展现自己的天分和对土地的渴望。无论是否成立企业,拥有创业者心态,都可以让我们在面对困难时勇往直前,敢于突破自我,提升行动力,学会团队协作,坚守梦想和信念。

任务1.2 收集创业信息

学习目标

1. 能识别并分析市场、顾客、竞争对手等创业信息。
2. 能运用4P营销理论,阐明创业营销要素。
3. 能定位目标客户,综合评价竞争对手。
4. 能形成尊重和保护知识产权的意识。

一、任务描述

在完成了创业潜质评估后,周连对自己的创业想法有了信心,但冷静下来后,他发现自己对市场环境还停留在想象阶段,不知道真实的市场是什么样的,是否有市场空间,竞争对手有谁,自己是否有独特的竞争力,是否能够成功盈利。于是,周连准备先对市场进行调查,收集创业信息。市场调查就是了解掌握市场需求和供给两方面的情况:一是了解顾客,二是了解竞争对手。

二、任务准备

(一)市场

市场是社会分工和商品经济发展的产物,它最早是指买主和卖主聚集在一起进行商品或劳务交换的场所,如集市、商场等。但是随着商品经济的不断发展,这一狭义的市场概念已不能全面、准确地反映人类商品经济活动的交换过程、范围和本质。因此,现代市场概念已经突破了时间和空间的限制,其范围更广、内涵更丰富。现代市场概念主要有以下几层含义:

(1)市场是商品交换的场所。
(2)市场是对某种商品或劳务具有支付能力的需求。

(3) 市场是对某种商品或劳务具有需求的所有现实的和潜在的购买者。这就是说,市场是由有需求的特定人群构成的。市场的大小取决于这些人群的总量、购买欲望和支付能力。

(4) 市场是商品交换关系的总和。它主要是指买卖双方、卖方与卖方、买方与买方、买卖双方与中间商及中间商之间,伴随着商品交换而发生的关系。

(二) 顾客

顾客是企业营销活动的起点,是营销活动的对象和终点,也是企业最重要的环境因素。因此,企业必须紧紧围绕顾客需求这个中心来开展各种营销工作。企业要特别详细地分析目标顾客群体的特点,了解顾客为什么选择或可能选择本企业的产品和服务,了解其购买规律、购买方式和购买用途,了解顾客的潜在需求及对企业产品的意见和建议等,使企业能针对顾客的需要不断研制新产品,满足顾客的需求。

顾客可分为不同类型。顾客按购买的最终用途分类,可分为消费者、生产者、转卖者;顾客按国别分类,可分为国内顾客和国外顾客等。

(三) 竞争对手

在市场经济社会里,任何一个企业都会面临各种不同类型的竞争者。它们生产与本企业相同或相近的产品,或者提供与本企业相同或相近的服务。可从以下几个方面对竞争者进行分析:

(1) 产品:了解竞争者产品的性能和效用、产品的开发研究策略、产品的技术特点、产品在同企业中的先进性及费用投入状况等。

(2) 生产过程:了解竞争者的生产成本、设备状况、生产工艺水平、检验标准和包装工艺等。

(3) 采购:了解竞争者的采购渠道、采购方式、采购成本和采购策略等。

(4) 目标市场:了解竞争者所研究的目标市场及其顾客的特点,了解它们在目标市场中的销量、产品组合、促销手段、营销费用等。

(5) 销售:了解竞争者利用何种销售渠道,中间商的信誉、规模、与竞争者关系的密切程度,竞争者的销售成本等。

(6) 服务:了解竞争者的服务特点,包括服务网络分布、服务人员的数量及素质、服务项目、零配件供应、对服务环节的重视程度等。

(7) 财务状况:了解竞争者的投资方向和投资规模,分析竞争者的现有资产和债权债务状况,了解或掌握重要指标,分析其偿债能力、获利能力和营运能力。

综上,一家企业的综合实力,包括人力、财力、物力等各种条件,体现在购、销、存、运等各个环节,包括管理水平、营销策略、企业文化、企业精神等各种因素。

(四) 4P营销理论

4P营销理论被归结为四个基本策略的组合,分别是指产品(product)、价格(price)、渠道(place)、促销(promotion),因此4P营销理论是从企业的角度出发,用正确的推广方法、适合的渠道和合适的价格,将适销对路的产品带给顾客。

1. 产品策略

产品策略是对产品的品种、规格、式样、质量、包装、特色、商标、品牌,以及各种服务措施等可控因素的组合和运用。

2. 价格策略

价格策略是企业以按照市场规律制定价格和变动价格等方式来实现其营销目标，包括对基本价格、折扣价格、津贴、付款期限、信贷条件及各种定价方法和定价技巧等可控因素的组合和运用。它直接影响产品的竞争力和企业的盈利能力。制定价格策略时，企业需要考虑多个因素，以确保定价既能反映产品的价值，又能满足市场需求和竞争状况。

3. 渠道策略

渠道策略着眼于产品通过什么渠道进行销售，如何将产品顺利送达消费者手里。渠道策略对降低企业成本和提高企业竞争力具有重要意义。销售渠道通常可以分为直接分销渠道和间接分销渠道。

直接分销渠道是指生产者直接把商品出售给最终消费者的分销渠道。直接分销渠道的具体销售形式有接受用户订货、设店销售、上门推销、利用互联网平台直接销售等。

间接分销渠道是指生产者通过流通领域的中间环节把商品销售给消费者的渠道。常见的间接分销渠道的中间商有特约经销商、零售商、批发商、代理商等。

4. 促销策略

促销策略是企业利用各种有效的方法和手段，使消费者了解和注意企业的产品，激发消费者购买欲望，并促使其实现最终的购买行为。

> **"职涯"小贴士：**
>
> 在寻找创业机会时，要先了解市场需求和行业趋势，找到自己擅长的领域。同时，要注意观察身边的事物，发掘潜在的市场需求。

三、任务实施

（一）定位目标客户

1. 本地及周边地区消费者

本地及周边地区消费者对地方特色和文化有着深厚的认同感，更倾向于选择具有本地特色的产品进行日常饮用或作为节日庆典的仪式酒，也适合作为礼品赠送亲友或合作伙伴。

2. 古法酿造白酒爱好者

古法酿造白酒爱好者通常对传统文化、手工技艺及独特风味的白酒有着深厚的兴趣和追求。他们欣赏并推崇那些沿用古代酿造技艺，结合自然发酵、手工操作，不添加过多现代化学成分的白酒。

3. 旅游与文化体验者

随着"酿酒＋文化＋旅游"融合发展新模式的探索，将吸引大量旅游与文化体验者。这些消费者在参观体验过程中，可能会被凤翔村白酒的独特魅力所吸引，购买留作纪念或品尝。

（二）评价竞争对手

竞争对手评价如表1-2所示。

表1-2　　　　　　　　　　　　　竞争对手评价

名称	同山醉美酒坊
产品特点	以独特的"红曲发酵"工艺闻名,酒体色泽红润,口感醇厚,带有浓郁的果香和米香,适量饮用有促进血液循环、暖身祛寒的效用
生产过程	(1) 采用自动化和半自动化的酿酒设备,如智能温控发酵罐、自动化灌装线等,提高生产效率和产品质量 (2) 拥有经验丰富的酿酒师团队,严格遵循传统工艺,同时融入现代科技手段,确保生产工艺的先进性和稳定性 (3) 建立严格的质量检验体系,从原材料入库到成品出厂,每一步都经过严格检测。包装采用环保材料,结合地方文化元素设计,提升产品档次
采购	与当地农户建立稳定的合作关系,确保原材料(如高粱、大米、红曲等)的品质和供应稳定。同时,积极开拓外部优质供应商资源。采用集中采购和分散采购相结合、规模采购、长期合作等方式降低采购成本
目标市场	主要面向浙江省及周边地区的消费者,同时积极拓展全国市场。目标消费者注重生活品质和文化内涵,对地方特色产品有较高的认同感和购买意愿
销售	采用直销、经销商代理和电商平台等多种销售渠道相结合的方式,并通过线上线下相结合的方式进行宣传推广,如参加酒博会、举办品鉴会、利用社交媒体和电商平台进行营销等
服务	提供全方位的售前、售中和售后服务,如产品咨询、品鉴指导、产品定制、礼品包装、配送服务等,满足不同消费者的个性化需求
财务状况	企业财务状况稳健,资产负债率合理,现金流充足。偿债能力、盈利能力和营运能力各项指标均处于行业前列,显示出较强的盈利能力和良好的运营效率。注重技术研发、市场拓展和品牌建设等方面的投入,不断提升企业核心竞争力
综合实力	(1) 人力、财力、物力条件:拥有优秀的管理团队、专业的技术团队和充足的资金支持,为企业的持续发展提供了有力保障 (2) 购、销、存、运环节:各环节紧密衔接,形成高效、顺畅的运营体系 (3) 管理水平与营销策略:采用先进的管理理念和方法,结合市场实际情况制定科学的营销策略 (4) 企业文化与精神:秉承"传承文化、酿造精品"的企业精神,致力于为消费者提供高品质的地方特色白酒

（三）制定4P策略

1. 产品策略

1）品种与规格

开发不同风味的白酒,如浓香型、酱香型、清香型等,以满足不同消费者的口味偏好。同时提供多种容量规格,如50 ml小瓶装(适合品鉴)、250 ml便携装、500 ml标准装及大容量礼盒装,以适应不同消费场合和需求。

2）品质与特色

从原料采购到蒸馏、发酵、储藏等每一个环节都进行严格的质量控制,确保产品的高品质。强调独有的酿造工艺和秘制配方,突出产品的独特风味和口感。坚持自然发酵,不添加任何人工色素、香精等添加剂,倡导健康饮酒理念。

3）包装与设计

采用环保材料,结合传统元素与现代审美,设计出既美观又实用的包装。不同系列采用差异化设计,以突出各自的特点。包装上清晰标注产品信息、生产日期、保质期、酒精度数等必要信息,同时融入品牌故事和文化元素,提升品牌形象。

4)商标与品牌

商标注册后,企业将拥有该商标的专用权,受到法律保护,从而有效防止他人冒用、仿冒等行为,保护企业的品牌形象和声誉。周树茂曾创立的"平凤酒"品牌兴旺一时,但是根据《中华人民共和国商标法》第三十九条规定,注册商标的有效期为10年;第四十条规定,期满未办理续展手续的,注销其注册商标,"平凤酒"商标有效期已满,且未在期满前12个月内办理续展手续,"平凤酒"商标已被注销,不能继续使用。因此,周连决定注册新品牌商标——"凤翔酒",续写"平凤酒"的光辉历史。

> **"职涯"小贴士:**
>
> 商标是企业的重要知识产权,是企业形象和品牌的代表。商标代表着企业的文化理念,我们应该尊重并重视它,应增强法律意识,不去模仿和盗用他人商标,积极保护知识产权。

5)服务措施

建立完善的售后服务体系,包括退换货政策、消费者咨询解答等,提升消费者满意度。同时,提供个性化定制服务,如企业定制酒、婚庆定制酒等,满足消费者的特殊需求。可在专卖店、餐厅等场所设置品鉴区,邀请专业品酒师为消费者提供品鉴指导和服务体验,增强消费者对产品的认知和兴趣。

2. 价格策略

1)价格定位

产品成本是定价的基础,周连采用成本加成定价,在成本的基础上增加合理的利润空间来确定基本价格。周连考虑了原材料进货成本与其他运营成本,并通过市场调研了解消费者对产品的接受度和支付意愿。他对比了竞争对手的定价后,认为成本加成率定为65%较为合适。

2)付款方式

提供多种付款期限选择,如货到付款、分期付款等,以满足不同消费者的支付需求。

3)价格调整与监测

密切关注市场动态和竞争对手的价格变化,及时调整自身价格策略以保持竞争力。根据市场反馈和销售情况,灵活调整价格策略,如在库存积压时采取降价促销等措施。

3. 渠道策略

综合考虑酿酒产业的特色、文化内涵的挖掘及发展乡村旅游的可能性,力求实现产品、文化和旅游服务的有效融合与推广。

1)线上渠道

利用天猫、京东、淘宝等主流电商平台开设旗舰店,直接面向消费者销售白酒产品,并提供详尽的产品介绍和文化故事。同步利用小红书、微信公众号、抖音等社交媒体平台,发布酿酒工艺、文化活动、旅游体验等相关内容,吸引粉丝关注,增强用户黏性。

2)线下渠道

建立集生产、加工、销售、展示和体验为一体的酒文化基地,与旅行社、旅游平台等合作,将基地纳入旅游线路,为游客提供酿酒文化深度游服务。可举办或参与各类文化节庆活动,如酿酒文化节、美食节等,通过活动现场展示和销售酿酒产品,吸引游客和消费者关注。邀请知名文化人士、旅游博主等参与活动,通过他们的传播渠道扩大品牌影响力。深入挖掘文化内涵,打造具有独特魅力的文化IP,吸引更多消费者关注和参与。

> **"职涯"小贴士:**
> 　　乡村产业内涵丰富、类型多样,各地依托农业特色资源,开发农业多种功能、挖掘乡村多元价值,促进第一产业、第二产业、第三产业融合发展。乡村休闲旅游和农村电商等新产业、新业态,在一系列利好政策支持下实现快速发展,助力推进乡村全面振兴,有效推动农业增效、农村增美、农民增收。

4. 促销策略

1)体验式促销

邀请消费者参观酿酒工坊,亲身体验酿酒过程,了解酿酒工艺和背后的文化故事。通过亲手操作或观察,增强消费者的参与感和兴趣。组织酿酒文化讲座和品鉴会,邀请专家讲解酿酒知识,让消费者在品鉴美酒的同时,深入了解酒文化的内涵和魅力。

2)联合促销

与旅行社合作,推出包含酿酒基地游览、文化体验、住宿餐饮等内容的旅游套餐,为消费者提供一站式服务,增加购买的便利性。与其他文化、旅游品牌进行跨界合作,共同推出联名产品或活动,通过资源共享和优势互补,扩大品牌影响力和市场份额。

3)数字促销

在社交媒体上发布高质量的内容,如酿酒工艺介绍、文化故事分享、旅游体验记录等,吸引用户关注和互动,提高品牌曝光度。可与知名博主或网红合作,通过他们的社交媒体平台进行产品推广和直播带货,利用其粉丝基础吸引更多潜在消费者。

4)社会责任与公益促销

倡导绿色酿酒和环保旅游理念,参与或发起环保公益活动,提升品牌形象和社会责任感。支持酿酒文化和非物质文化遗产的传承与保护项目,通过公益活动展示品牌的文化底蕴和社会担当。

四、任务小结

创业最忌讳的就是跟风,觉得好多人都在参与就去做。创业前,一定要进行市场调研。如果这个行业已经饱和,且自己也没有竞争优势,就会大大降低创业成功率。对于创业者来说,市场调研可以预判项目推出后有没有市场,会不会受到顾客的欢迎,市场需求量高不高。

任务 1.3 组建创业团队

学习目标
1. 能描述初创企业关键岗位及职责。
2. 能列出初创企业常见的组织结构。
3. 能分析创业团队五要素。
4. 能发挥团队精神、互帮互助,以达到团队最大工作效率。

一、任务描述

周连分析了创业信息后,认为自己的创业思路是可行的,他找到高中同学李明共同商议谋划。李明是农学专业毕业的,对周连的创业项目非常感兴趣,愿意一起创业。周连想知道创业团队的组织架构一般是什么样的,主要成员有谁,岗位职责是什么。

二、任务准备

(一)初创企业关键岗位

创业团队是指一些拥有共同目标,并且团结、互补的群体,肩负着共同的责任,拥有相同的价值观,乐于为共同目标努力。团队是创业的核心,是创业过程中最重要的一环。

初创型企业根据需要,可设置关键岗位如下:

(1) 总经理:负责领导和管理整个企业,制定战略和决策,确保企业的发展和成功。
(2) 财务:负责企业的财务管理、预算规划、风险管理和投资决策等。
(3) 运营:负责企业的日常运营管理,包括产品运营、用户运营、渠道运营等。
(4) 技术:负责企业的技术研发、产品设计、技术支持等。
(5) 销售经理:负责企业的市场推广、品牌建设、销售渠道管理等。
(6) 人力资源经理:负责企业的人力资源管理、招聘、培训、绩效考核等。

上述岗位的设置可能因企业的规模、行业、发展阶段等因素而有所不同。在初创阶段,企业内可能需要一人身兼数职,随着企业的发展,逐渐增加和完善岗位设置。重要的是确保每个角色都有清晰的职责和目标,并且团队成员之间能够良好的沟通和协作。

(二)初创企业组织结构

初创企业由于规模较小、经营范围相对较窄,为适应快速变化的市场环境和经营需求,其组织结构通常较简单且灵活。以下是几种常见的初创企业组织结构。

1. 扁平化组织结构

扁平化组织结构是小微企业最常见的形式之一,其特点是组织层级较少、信息流动快速、决策迅速、沟通成本低。在这种结构中,小微企业的创始人或主要管理者通常承担多个角色,如CEO、市场总监、运营经理等,能够统筹安排企业的战略规划、市场营销、运营管理等各项工作。但是,扁平化组织结构的管理幅度比较宽,随着组织规模的扩大,每个管理者管理的人数较多,对每个下属完全了解比较困难。

优势:减少了管理层级,加快了决策速度,提高了企业的灵活性和市场适应能力。

2. 直线制组织结构

直线制组织结构是最早也是最简单的组织形式。在这种结构中,企业各级行政单位从上到下实行垂直领导,下属部门只接受一个上级的指令,各级主管负责人对所属单位的一切问题负责。

优势:结构简单,权责明确,命令统一,决策迅速,管理效率较高。

3. 功能型组织结构

功能型组织结构又称职能型组织结构,是按照职能分工来组织的结构形式,企业按照不同的职能设立相应的部门(如市场部、财务部、人力资源部等)的组织形式。每个部门负责自己的职能和任务,协作完成企业的整体目标。

优势:部门职责明确,专业化程度高,有利于提高工作效率和质量。

劣势:可能存在信息沟通不畅、协调问题较多的缺点,小微企业中容易产生人浮于事、责任不明确等问题。

4. 网络化组织结构

随着信息技术的发展和应用,网络化组织结构逐渐在小微企业中兴起。这种结构形式依托互联网和技术平台,实现了员工的远程办公和协作,突破了地域限制和时间限制,提供了更大的弹性和创新空间。

优势:降低了运营成本,提高了工作效率,同时能够吸纳更多优秀人才。

5. 合伙制组织结构

合伙制组织结构是由两个或多个所有者共享企业的所有权和运营责任的组织形式。所有者可能根据合伙协议分配不同的职责。

随着企业规模的扩大、业务的增长、员工数量的增加,企业内部的分工开始细化,管理层次开始裂变,从而出现了授权与控制的要求。因此,企业组织结构正式化的要求越来越强烈。

(三)创业团队五要素

创业团队需具备五个重要的因素,简称"5P",即目标(purpose)、人员(people)、定位(place)、权限(power)和计划(plan)。

1. 目标

创业团队应该有一个既定的共同目标,为团队成员导航,使其知道要向何处去。创业团队的目标一般以企业愿景和发展战略的形式体现。

2. 人员

在创业团队中,人力资源是所有创业资源中最活跃、最重要的资源。创业团队应充分调动创业者的各种潜质和能力,将人力资源进一步转化为人力资本。创业团队的目标是通过人员来实现的,所以人员的选择是创业团队建设中非常重要的一环。在一个团队中,需要有人出主意,有人定计划,有人实施,有人协调工作,还要有人去监督创业团队工作的进度,评价创业团队最终的贡献。创业团队通过缜密的分工,共同完成其目标,因此在人员选择方面要考虑人员的经验、能力和技能是否互补。

3. 定位

创业团队的定位包括以下两个方面:

(1) 团队定位:包括创业团队在企业中处于什么位置,由谁选择和决定团队成员,创业团队最终应对谁负责,创业团队采取什么方式激励下属等。

(2) 创业者定位:包括成员在创业团队中扮演什么角色,是负责制订计划,还是负责具体实施或评估等;成员职责要明确,是大家共同出资委派某个人参与管理,还是大家共同出资、共同参与管理,或共同出资聘请第三方(职业经理人)管理等。

4. 权限

在创业团队中,领导者的权力大小与团队的发展阶段和创业实体的行业性质有较大关系。一般来说,创业团队越成熟,领导者拥有的权力就越小。在创业团队发展初期阶段,领导权会相对比较集中。此外,高科技实体企业往往会实行民主的管理方式,而劳动密集型企业的领导权相对较集中。

5. 计划

计划有两层含义:一是团队目标的实现需要一系列具体的行动方案,可以把计划理解为达成目标的具体工作方式或分步实施的安排;二是确保创业团队工作的有序性和渐进性,只有按预定计划操作,才能一步一步地接近目标,从而最终实现目标。

> **"职涯"小贴士:**
>
> 一个人也许走得很快,但一群人走得更远。人与人之间需要团结合作,国与国之间更是如此。2017年9月3日,习近平总书记在厦门国际会展中心出席金砖国家工商论坛开幕式,发表题为《共同开创金砖合作第二个"金色十年"》的主旨演讲,其中引用了《北史·吐谷浑传》中"一箭易断,十箭难折"的典故,字面意思是一支箭十分容易折断,多支箭捆在一起则难以被摧毁。这是吐谷浑国王阿豺临死前告诫他的儿子与弟弟们的话,意在强调要团结一心、齐心协力,才能使社稷安稳。比喻生动,说理深刻。

三、任务实施

(一) 组织架构设计

因业务刚起步,团队规模小,为集中资源统筹安排,周连决定采用扁平化组织结构。周连作为创始人和总经理,在创业早期,他将承担多个角色,如销售和人力资源经理,减少管理层级,加快决策速度,提高企业的灵活性和适应市场变化的能力。待团队规模扩大,注册成立有限责任公司后,可再调整为功能型或其他组织结构。

(二) 组建创业团队

结合自己的认识,周连对创业团队五要素进行分析。五要素分析如表1-3所示。

表 1-3　　　　　　　　　　　　　　　五要素分析

目标 (purpose)	短期目标:对传统的酿酒工艺进行规模化和标准化生产,提高生产效率,确保生产质量 中期目标:扩大生产规模,注册成立酒业公司,取得 SC 认证(即《食品生产许可证》),打造特色 IP,建立稳定的销售网络 长期目标(企业愿景):酒香凤翔,和美共富 ||
人员 **(people)**	**定位** **(place)**	**权限** **(power)**
周连	总经理	全面负责酒坊的日常运营和管理;制定并执行经营策略;处理与政府部门、供应商、客户等外部关系的沟通
	销售经理	负责制定销售策略,与客户洽谈、促成销售合作和推广产品
	人力资源管理	负责人员招聘、薪资管理工作
李明	技术	主导酿酒工艺的研发与创新,确保酒品质量,制定技术标准
	运营	负责产品日常运营,包括原材料的采购、供应商的选择与管理等
农户 5 名	酿酒工人	负责实际操作酿酒设备,控制发酵过程等生产工作
计划 (plan)	短期计划(1~2 年):工艺优化与标准化建设 (1) 工艺规模化改造:采用自动化或半自动化设备,实施酿酒设备的升级换代,提高生产效率,调整生产线布局,优化生产流程,确保规模化生产下的质量控制 (2) 标准化生产体系建设:制定详细的生产操作规范和质量标准,包括原料采购标准、生产过程控制标准、成品检验标准等 (3) 鼓励本地农户参与:与本地酿酒散户沟通,打消其顾虑,与其签订共富协议 (4) 市场推广初步布局:在本地市场开展试销活动,收集消费者反馈,调整产品口味和包装;利用社交媒体和线下活动进行品牌宣传,提高品牌知名度 中期计划(3~6 年):企业扩张与品牌建设 (1) 扩大生产规模:根据市场需求增长情况,投资建设新的生产基地或扩建现有厂房,拓展使用液态法、固液法,提升整体生产能力 (2) 取得 SC 认证,打造特色 IP:达到 SC 认证标准,注册成立酒业公司;挖掘企业文化和产品特色,开展跨界合作,如与旅游、文化等领域合作,拓宽品牌影响力 (3) 市场拓展与渠道建设:拓展至周边省市市场,建立稳定的销售渠道和经销商网络,线上销售渠道进一步拓宽,实现线上线下融合销售 长期计划(7 年以上):企业愿景实现 持续投入品牌建设,提升品牌知名度和美誉度,推动产业链上下游协同发展,带动地方经济增长,实现共同富裕	

四、任务小结

一个团队的成功离不开团队中的每个人,每个人的成功也离不开自己的团队。如果缺失了团队精神,那么整个团队就如同一盘散沙,失败只是时间的问题。但理想团队的形成非一日之功,需要在企业发展过程中,通过不断地实践与磨合,逐步构建与完善。企业领导者应具备敏锐的洞察力,依据企业当前业务状况及长远规划,对团队架构及时进行调整,确保团队配置与企业发展阶段相匹配,从而达到最优效果。

项目实训

一、单项选择题

1. 创业的本质是（　　）。
   A. 成就事业　　　　　　　　　　B. 新建企业
   C. 发家致富　　　　　　　　　　D. 利用和开发机会并创造价值
2. 下列各项中，不属于新"四千精神"的是（　　）。
   A. 走遍千山万水　　　　　　　　B. 说尽千言万语
   C. 千方百计自主创新　　　　　　D. 吃尽千辛万苦
3. 小王从自己和朋友每月要吃十多次小龙虾的现象中，萌生自己去做生意的念头，这是（　　）的创业动机。
   A. 向往发财致富　　　　　　　　B. 偶然发现市场机会
   C. 展现个人才能　　　　　　　　D. 受他人成功影响
4. 创业的第一个条件是（　　）。
   A. 众人相助　　　　　　　　　　B. 强烈的欲望
   C. 充足的资金　　　　　　　　　D. 平和的心态
5. 著名的4P营销理论中，4P是指产品、价格、渠道及（　　）。
   A. 促销　　　　B. 人　　　　C. 定位　　　　D. 公共关系
6. 在4P营销理论中，价格策略主要考虑（　　）因素。
   A. 产品成本、市场需求　　　　　B. 产品质量、品牌知名度
   C. 产品差异化、市场竞争　　　　D. 产品定位、目标市场
7. 注册商标的有效期为（　　）。
   A. 10年　　　　B. 15年　　　　C. 20年　　　　D. 终身
8. 在4P营销理论中，渠道策略主要关注的是（　　）。
   A. 产品的品种和规格
   B. 产品的价格和折扣
   C. 产品如何将产品顺利送到消费者手中
   D. 产品的促销和广告
9. 下列各项中，不属于扁平化组织结构优点的是（　　）。
   A. 沟通成本低　　　　　　　　　B. 决策速度快
   C. 上下级易于协调　　　　　　　D. 有利于选择和培训下属
10. 下列各项中，不属于创业团队五要素的是（　　）。
    A. 目标　　　　B. 权利　　　　C. 定位　　　　D. 人员

二、判断题

1. 创业必须通过开办公司。（　　）
2. 只有创业者才需要创业者特质。（　　）

3. 人力资源是所有创业资源中最活跃、最重要的资源。　　　　　　　　(　　)
4. 初创企业只能使用直线制组织结构。　　　　　　　　　　　　　　　(　　)
5. 企业目标以企业愿景和发展战略的形式体现。　　　　　　　　　　　(　　)
6. 企业各岗位的职责和目标应清晰、完善,不得身兼数职。　　　　　　(　　)
7. 市场的大小取决于交易场所。　　　　　　　　　　　　　　　　　　(　　)
8. 创业团队越成熟,领导者拥有的权力就越大。　　　　　　　　　　　(　　)
9. "四千精神"是老一代企业家在创业阶段吃苦、拼搏的精神写照。在新时代已经没有学习参考的意义。　　　　　　　　　　　　　　　　　　　　　　　　(　　)
10. 在我国所有创业活动中,生存型创业占比更高。　　　　　　　　　　(　　)

三、案例分析

1-2　宗庆后创业故事

请扫描二维码,并回答下列问题。

(1) 宗庆后是如何发现市场商机的?他创业成功的原因有哪些?

(2) 谈谈宗庆后身上体现的"四千精神"对你有什么启发?

四、实践拓展

1. 尽管不存在一种单一方式来评估创业者的品质和能力,但人们普遍认为成功的创业者需具备一系列关键特质。请选择一种或多种的自我探索工具进行自我评估,更好地了解自己是否具备成为优秀创业者的条件。

2. 假设你想寻找合伙人共同创业,创办一家快餐连锁企业,请拟一份征集合伙人的广告,并用3分钟演讲宣传你的优势,吸引同学加入你的团队。注意以下几个方面:

(1) 你是召集人,不一定是领导者。

(2) 创业的初始目标、计划。

(3) 你掌握的资源,以及你需要的资源。

(4) 所需伙伴的数量和特点。

(5) 有吸引力的回报及可能的风险。

(6) 其他你认为需要说明的问题。

3. 生活中,我们每个人每天都在跟不同的企业打交道,只是我们似乎从未从企业的角度去观察他们。企业与企业之间到底有什么不同?为什么做同样生意的企业,效益会大相径庭?为什么有的企业可以做大,有的却生意萧条?通过有目的地观察和体验,我们会发现不同的装修、不同的广告、不同的橱窗摆设,其实都跟企业的效益息息相关。请自行安排时间,走访校区或社区周边的企业,并填写表格。周边企业评价如表1-4所示。

表1-4　　　　　　　　周边企业评价

项目	产品或服务内容 (有形/无形)	服务质量 (好/中/差)	经济效益 (好/中/差)	装修环境 (好/中/差)
超市				
咖啡馆				
理发店				

(续表)

项目	产品或服务内容 (有形/无形)	服务质量 (好/中/差)	经济效益 (好/中/差)	装修环境 (好/中/差)
医院				
批发市场				

在走访的过程中,要不断思考,带着以下问题去观察:

(1) 这些企业有什么不同?用自己的感受如实表述。

(2) 这些企业中哪个服务最好?生意怎样?整体感觉如何?

(3) 观察这些企业的装修,思考它们跟其他同类企业有什么异同?对生意有怎样的影响?

(4) 这些企业为顾客提供的产品有什么不同?哪个企业最盈利?

自 我 测 评

任务	学习目标	自评结果				
1.1 评估创业潜质	1. 能描述创业的含义,说出"四千精神"的内涵	□A+	□A	□B	□C	□C−
	2. 能列举创业的基本条件,评估自身创业条件	□A+	□A	□B	□C	□C−
	3. 能区分机会型创业和生存型创业,理性判断自身创业动机	□A+	□A	□B	□C	□C−
	4. 能运用自我探索工具评价个人特质等	□A+	□A	□B	□C	□C−
	5. 能认同"四千精神",激发创业想法,树立正确的创业价值观与服务社会的理念	□A+	□A	□B	□C	□C−
1.2 收集创业信息	1. 能识别并分析市场、顾客、竞争对手等创业信息	□A+	□A	□B	□C	□C−
	2. 能运用4P营销理论,阐明创业营销要素	□A+	□A	□B	□C	□C−
	3. 能定位目标客户,综合评价竞争对手	□A+	□A	□B	□C	□C−
	4. 能形成尊重和保护知识产权的意识	□A+	□A	□B	□C	□C−
1.3 组建创业团队	1. 能描述初创企业关键岗位及职责	□A+	□A	□B	□C	□C−
	2. 能列出初创企业常见的组织结构	□A+	□A	□B	□C	□C−
	3. 能分析创业团队五要素	□A+	□A	□B	□C	□C−
	4. 能发挥团队精神、互帮互助,以达到团队最大工作效率	□A+	□A	□B	□C	□C−
3-2-1 反思						
3	我的三个收获					
2	我的两点建议					
1	我的一个问题					

项目 2
筹划开办

 项目导入

周连的创业团队已成功组建,并完成了创业的相关准备工作。接下来,他们计划打造集酒器陈列、溯源展示、酿酒体验、品酒休憩于一体的酒文化体验基地,置办先进生产设备,生产让消费者放心的原味好酒。然而,创业资金不足是制约周连推进创业计划的重要因素之一。周连现阶段面临的最棘手的问题之一就是如何筹措到必要的资金。

请思考:

(1) 周连团队需要筹措多少资金才能成功创办公司?

(2) 周连可以从哪些渠道获得启动资金?

(3) 在融资过程中,如何吸引投资人投资?

 知识地图

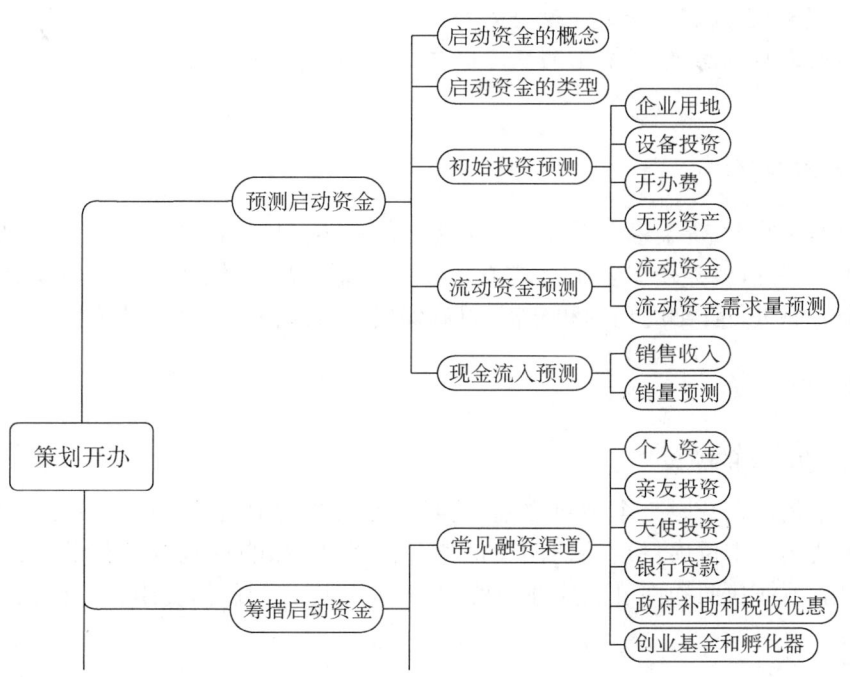

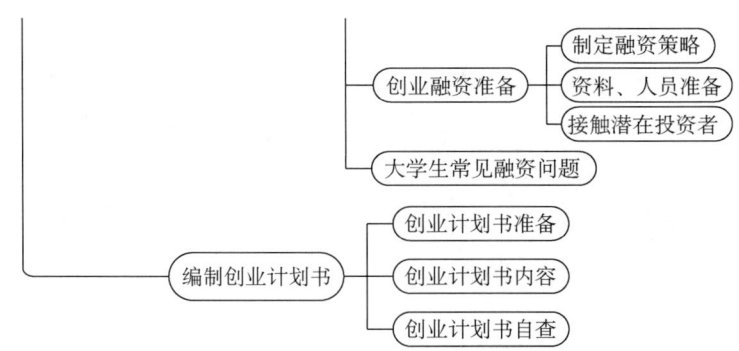

项目目标

通过本项目的学习,学生能增强创业资金管理能力,包括理解启动资金概念,预测投资需求,选择融资渠道,形成目标思维,合理利用资源;学会如何筹措资金,了解融资渠道,培养正确的融资观念,并掌握编写创业计划书的技能,提炼企业核心竞争力。

任务 2.1 预测启动资金

 学习目标

1. 能说出启动资金的概念与类型。
2. 能选择合适的产品定价策略并进行定价。
3. 能预测投资、流动资金和现金流入。
4. 能形成目标思维,对有限的资源进行合理、创造性地利用。

一、任务描述

在创业的道路上,资金筹备无疑是至关重要的一步。周连深知,要为公司的长期稳定发展奠定坚实的基础,就必须在创业前筹备足够的资金。为此,他计划从初始投资、预计收入和支出三个方面进行详细的预测和分析,以确保资金流的稳定性和可持续性。

二、任务准备

(一)启动资金的概念

启动资金是指在开展一个项目之前,为项目启动初期成本开销所准备的一定的资金。这些资金主要用于支付项目启动初期无法避免的费用,如购置基本经营设备、支付店铺租金、装修费用、营业执照和许可证的办理费用、开业前广告和促销费用、工资、保险及水电费和电话费等。

（二）启动资金的类型

启动资金也可以称为开办企业的"本钱"。启动资金按用途可分为两类，分别是初始投资和流动资金。初始投资主要用于为企业购买价值较高、使用寿命长的资产，如土地、建筑、办公家具、机器设备等；而流动资金则用于支付日常运营成本，如原材料采购、库存商品、工资、水电费等。创业者应根据预测的销售规模，计算出自己需要的启动资金数额，具体计算公式如下：

启动资金＝初始投资需求量＋流动资金需求量－期间现金流入＋流动资金储备

其中，流动资金储备最好是3个月的流动资金。

（三）初始投资预测

1. 企业用地

创办企业需要有适用的场地和建筑，也许是用于开工厂的整个厂房，也许只是一个小小的工作间，也许只需租一个店面。当清楚了需要什么样的场地和建筑时，要做出建房、买房、租房或用现住房的选择。企业用地方式对比如表2-1所示。

表2-1　　　　　　　　　　企业用地方式对比

方式	适用与调整	费用预算	工期	问题
建房	有特殊要求时	需要大量资金	长	
买房	需部分改造	较大量资金	较长	
租房	适当装修	一定资金	一般	不稳定
用现住房	稍微调整	很少资金	短	生活工作，互有干扰

2. 设备投资

设备是指企业为进行生产经营活动所需的机器、工具、工作设施、车辆、办公家具等。对于制造行业，最大的投资往往是设备。因此，了解清楚需要什么设备，以及选择正确的设备类型就显得非常重要，设备投资原则如表2-2所示。即使只需少量设备的企业，也要慎重考虑确实需要哪些设备，并把它写入创业计划。

表2-2　　　　　　　　　　设备投资原则

项目	投资原则	费用金额
机器	正确选择机型或购买二手机器或租赁	适用基础上尽量地降低
工具	经济适用	
工作设施		
车辆		
办公家具		

3. 开办费

开办费是指生产、经营（包括试生产、试营业）之日前的筹建期间内发生的费用支出，包括筹建期人员工资、办公费、培训费、差旅费、印刷费、注册登记费等。

4. 无形资产

购入无形资产(如商标、专利和软件等)也是初始投资的一部分。这些资产虽然不能直接产生经济效益,但对于企业的长期发展来说,是非常重要的资源,创业团队需要评估这些无形资产的价值。

汇总以上项目,进行初始投资预测,如表 2-3 所示。

表 2-3 初始投资预测表

类别/项目		金额(元)	备注
企业用地			
设备投资			
开办费	工商注册、税务登记费		
	市场调查、差旅费、咨询费		
	培训费、资料费		
	各种许可证审批费用		
	其他费用		
	合计		
无形资产	软件		
	商标		
合计数			

(四) 流动资金预测

1. 流动资金

流动资金又称运营资金,是指公司正式经营后,为保证企业日常运转所需要支出的资金,如用于购买原材料、商品,支付人工工资等(图 2-1)。流动资金预测是指预算流动资金的需要量,保证在收支平衡前有充足的流动资金,至少准备企业开办前 3 个月所需的流动资金。

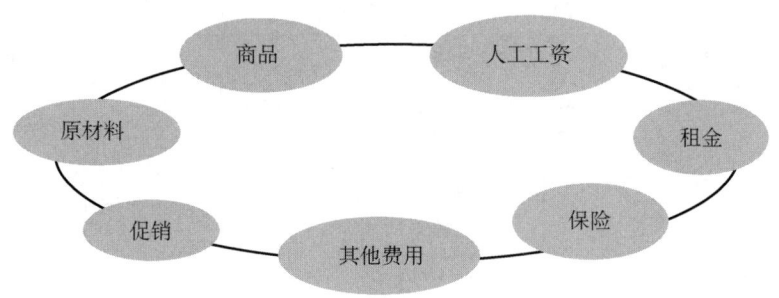

图 2-1 流动资金支出项目

2. 流动资金需求量预测

流动资金需求量要逐项测算,并遵循相应的原则与方法,流动资金预测如表 2-4 所示。

表 2-4　　　　　　　　　　　流动资金预测

项目	原则与方法	金额
生产成本和商品采购	在保障正常经营的前提下,需考虑销量,以销定产,不要盲目囤货,将库存降至最低	
促销费用	慎用,注意促销效果	
职工薪酬	员工人数×月工资总额×月数	
租金(若有)	月租金×月数	
保险	员工的社保必付,商保酌情	
其他费用	包括水电费、办公费、交通费及不可预见的各项费用	
合计数		

"财税"小贴士:

必须将流动资金需求量降至最低,依据必须、必要、合理、最低的原则,该支出的必须支出,不该支出的就不要支出!

"财税"小贴士:

创业过程中,需要充分利用各种资源来降低成本和提高效率,包括人力资源、财务资源、技术资源、市场资源等。要善于整合各种资源来支持企业的发展和运营;同时要善于借助外部力量来提高企业的竞争力和影响力。例如,可以借助政府政策支持、行业协会组织、媒体宣传等渠道来扩大企业的知名度和影响力;还可以与其他企业合作,共同开发新产品或服务市场等。

(五)现金流入预测

计算完投资和营运资金后,不要忘记企业已经开始经营,可能会有现金流的流入,即销售产品或提供服务所带来的现金收入。要预测销售带来的现金流入,需要先预测销售收入;若全部采用现金交易(即一手交钱,一手交货),则销售收入可全部转化为现金流入。

1. 销售收入

销售收入计算公式如下:

$$销售收入=产品销售数量×产品单价$$

销售收入是指企业通过产品销售或提供劳务所获得的货币收入,以及形成的应收销货款。按销售的类型,销售收入包括产品销售收入和其他销售收入两部分,其中产品销售收入是主要组成部分。企业在销售过程中,一方面,为消费者提供了使用价值或劳务,以满足社会的需要;另一方面,实现了产品、劳务的价值,获得一定数量的销售收入,以便补偿生产耗费,保证企业再生产不断进行。销售收入的多少,取决于销售商品、劳务的数量和价格。销售收入是企业实现财务成果的基础,也是反映企业生产经营活动状况的重要财务指标。

2. 销量预测

销量预测是指估计企业在未来一段时间内的销售量(额),它是投资、启动资金预测的依据,也是制定创业计划书中最重要和最困难的部分,其预测依据主要来源于市场调查。销量预测的方法如下:

(1) 经验判断法:若在同类企业有工作经历,应该对市场有所洞察和了解,并可以利用这方面的知识来预测销量,如果要达到与现有企业相同的销售和利润水平,往往需要一段时间。

(2) 类比预测法:将企业自身资源、技术和营销计划与同类企业进行比较,可基于它们的水平来预测销量,这可能是最常用的销售预测方法。

(3) 试销预测法:可少量、小范围试销产品,这种方法对制造商和专业零售商很有效,但不适合有大量库存的企业,若采用此法,企业规模要小,甚至可以保持半开工状态,然后再慢慢将企业做大。

(4) 订单预测法:该方法适用于出口商、批发商或制造商,且企业客户不多的情形。可通过获得的订单数量来预测销量,这些订单必须是书面购买意向书,不能只是口头协议。

(5) 调查预测法:调查访问潜在客户,如亲戚朋友,了解他们的购买习惯,由于不可能访问所有的潜在顾客,所以需要做抽样调查,并且保证调查的对象要能够代表潜在顾客群。

注意:销量预测并非绝对准确,市场是复杂且多变的,会受市场竞争、消费者需求变化、政策调整等多种因素影响。因此,在进行销量预测时,应保持谨慎和灵活性,结合实际情况进行决策,及时进行调整和优化。

> **"财税"小贴士:**
> 做出一个切合实际的销量预测极为重要,千万不要以产定销,过高估计。最初,销量会低一些,后期有望逐步提高。

三、任务实施

(一) 初始投资预测

初始投资预测(任务实施)如表2-5所示。

表2-5 初始投资预测(任务实施)

类别/项目		金额(元)	备注
企业用地		7 000	● 开业前1个月租金5 000元 ● 装修费2 000元(恒温仓库装修)
设备投资		22 000	● 采购洗瓶器1 500元 ● 租入纯净水机和酒精高精度复合机20 000元 ● 采购员工车间服装5套500元
开办费	工商注册	300	参照《中华人民共和国企业法人登记管理条例》
	市场调查	800	对凤翔村及周边地区进行问卷调查

(续表)

类别/项目		金额(元)	备注
开办费	各种许可证审批费用	200	
	其他费用	100	
	小计	1 400	
无形资产	软件	3 000	智能生产与库存管理系统
	商标	1 000	商标注册费与LOGO设计支出
	小计	4 000	
合计数		34 400	

(二)产品定价

根据任务1.2,周连团队决定采取满意定价策略,将产品价格定在既能让顾客满意,又能使企业获得适当利润的比较合理的水平。周连根据产品特点和品质优势,考虑原材料进货成本与其他运营成本,最终确定以成本加成定价法确定产品价格,将总利润率定为65%,对比竞争对手定价后,认为该定价能被顾客接受。

经测算,单瓶凤翔酒定价为20元/瓶,每瓶净含量500克,具体如下:

(1)凤翔酒原料:①高粱、糯米等谷物(4元)+②秞类物(2元)+③基酒及其他原料(2元),合计为8元。

(2)酒瓶等包装物成本=2(元/瓶)。

(3)单瓶凤翔酒原材料成本=4+2+2+2=10(元/瓶)。

(4)其他运营成本(如职工薪酬、租金等,分摊至每瓶黄渡酒)≈2(元/瓶)。

(5)单瓶凤翔酒定价=12×(1+65%)=12×1.65=19.8≈20(元/瓶)。

(三)销量预测

通过调查预测法,周连团队预计开业第一个月平均每天能卖出100瓶凤翔酒,单瓶均价为20元,随后每个月增加20瓶,第4个月至第12个月,稳定在140瓶/月,每月销量预测数据如表2-6所示。

表2-6　　　　　　　　销量计算(任务实施)

开业月份	日销量(瓶)	月销量(瓶)
1	100	100×30=3 000
2	120	120×30=3 600
3	140	140×30=4 200
合计		10 800

(四)流动资金预测(开业前3个月)

流动资金计算(任务实施)如表2-7所示。

表2-7　　　　　　　　　　　流动资金计算(任务实施)

项目	计算方法	金额(元)
原材料	(1) ①高粱、大米、糯米等谷物(4元)+②糀类物(2元)+③基酒及其他原料(2元),合计为8元 (2) 酒瓶成本=2元/瓶 (3) 生产成本=(8+2)×10 800=108 000(元)	108 000
促销费用	开业首月发放每箱(6瓶)20元优惠券 20×(100×30÷6)=10 000(元)	10 000
职工薪酬	员工人数×月工资总额×月数 2×5 000×3=30 000(元)	30 000
租金	月租金×月数 5 000×3=15 000(元)	15 000
保险	主要支付员工的社会保险,以10%费率简化计算 30 000×10%=3 000(元)	3 000
其他费用	包括水电费、办公费、交通费及不可预见的各项费用,估计1 000元/月	3 000
合计数		169 600

(五) 现金流入预测

销售收入=产品销售数量×产品单价,全部采用现金交易,即销售收入均可转为现金流入。开业前3个月的现金流入计算(任务实施)如表2-8所示。

表2-8　　　　　　　　　　　现金流入计算(任务实施)

开业月份	月销量(瓶)	单价(元)	销售收入(元)	现金流入(元)
1	100×30=3 000	20	3 000×20=60 000	60 000
2	120×30=3 600	20	3 600×20=72 000	72 000
3	140×30=4 200	20	4 200×20=84 000	84 000
合计	10 800	—	216 000	216 000

(六) 启动资金需求量计算

启动资金需求量计算(任务实施)如表2-8所示。

表2-9　　　　　　　　　　　启动资金需求量计算(任务实施)

项目	金额(元)
+初始投资需求量	34 400
+流动资金需求量	169 600
−期间现金流入	216 000
+流动资金储备(3个月的流动资金需求量)	169 600
启动资金需求量	157 600

经测算,周连团队需要筹集的启动资金为 157 600 元。请思考,周连仅估计了 3 个月的营运资金,是否足够?根据销售预测,开业后 3 个月,现金流入是否已超过支出?若未超过支出,为了保障项目的稳健运行,可能需要准备更多的营运资金。

> "财税"小贴士:
>
> 营运资金和流动资金不是一个概念!营运资金是流动资产减去流动负债的余额,是经营中用于支付短期债务和支持运营的资金。

此外,鉴于投资蕴含的风险性,建议团队在筹备过程中务必预留一定数额的流动资金,以应对可能出现的各种不确定因素,确保项目的持续性与稳定性。

四、任务小结

创业者计划开办一家企业时,必须计算所需的启动资金总额,这笔资金将用于初始投资和流动资金。创业是勇敢者的游戏,更是为做好准备的人敞开的大门。

凡事预则立,不预则废,创业如此,做任何事情皆是如此。尤其是对于金钱的使用,若缺乏正确的认识和管理能力,月月花光,甚至刷信用卡当"负翁",开支无度,花钱如流水,这样再多的钱也会分文不剩。因此,创业者必须树立正确的消费观念,理性对待金钱,花钱的时候有计划、有限度,可以帮助我们过上更自如、更幸福的人生。

任务 2.2 筹措启动资金

学习目标

1. 能列举常见的融资渠道。
2. 能拟定创业融资准备。
3. 能养成良好的融资心态,树立正确的融资观念。

一、任务描述

经预测,周连估计至少需要 157 600 元的启动资金,为预留一定数额的流动资金,他计划先筹集 200 000 元。这个金额对于相同规模的初创企业来说,已经足够支持初期的运营和发展。但是,如何获得这笔资金呢?

二、任务准备

(一)常见融资渠道

1. 个人资金

创业团队可以先评估自己的财务状况,看看能拿出多少钱来支持企业的初期运营。研究发现,仅70%的创业者依靠自己的资金为新企业提供融资。个人资金具有使用成本低、获取容易和使用时间长等优势。

2. 亲友投资

创业团队还可以向他们的亲友寻求资金支持,通过介绍企业的商业模式、市场前景和潜在回报吸引他们投资。亲友投资通常不需要复杂的法律手续和高额的利息,但需要注意的是,亲友投资可能会带来一些情感上的压力,因此要明确双方的权益和责任。若亲友提供借款,则需明确还款期限及是否需要偿还利息;若亲友投资,则需明确他们的股权比例和回报期望。

3. 天使投资

天使投资是一种较为常见的融资方式,天使投资人通常会为初创企业提供资金支持,并在企业成长过程中获得一定的股权回报。创业团队可以通过天使投资平台或投资人社群寻找潜在的天使投资人,并向他们展示企业的商业计划和前景。天使投资虽然可以提供较大的资金支持,但也可能需要放弃一部分企业控制权,因此需要在谈判中谨慎权衡。

4. 银行贷款

银行贷款是另一种常见的融资方式,但初创企业往往因为缺乏信用记录和抵押物而难以获得贷款。可以尝试与一些专注于初创企业的金融机构合作,或者通过提供担保或质押股权等方式增加贷款的可获得性。但需要注意的是,银行贷款通常需要支付较高的利息,并有还款压力,因此需要在贷款前做好充分的财务规划和还款计划。

5. 政府补助和税收优惠

为了鼓励创新创业,政府通常会提供一些资金补助和税收优惠政策,创业团队可以了解并申请相关的政府项目,以获得资金支持和降低运营成本。政府补助和税收优惠虽然可以降低初创企业的财务压力,但通常需要满足一定的条件和限制,因此需要认真了解政策要求并合理规划申请策略。

6. 创业基金和孵化器

创业基金和孵化器是为初创企业提供资金和资源支持的组织。初创企业可以寻找与企业业务领域相关的创业基金和孵化器,并提交申请以获得资金支持、导师指导和网络资源等。创业基金和孵化器通常会对申请项目进行严格的筛选和评估,因此,企业在申请时需要充分准备,展示自己的商业计划和潜力。

> 💡 "职涯"小贴士:
>
> 在浙江省创业的大学生可贷款10万元到50万元,如果创业失败,贷款10万元以下的由政府代偿,贷款10万元以上的部分由政府代偿80%。大学生从事家政、养老和现代农业创业,政府给予10万元创业补贴。大学生到这些领域工作,政府给予每人每年1万元就业补贴,连续补贴3年。
>
> 需要注意的是:"政府代偿"绝不等同于"创业失败不用还贷款"。根据相关文件内容,创业担保贷款政府代偿实质是在借款人不能按时足额还款时,由创业担保基金临时代为还款,但借款人本身依然要履行还贷义务。

(二)创业融资准备

融资准备工作需要"内+外"双管齐下,一是做好内部建设,让团队成员对企业现状和发展前景有清晰的认识;二是了解外部融资环境,可聘请专业投资顾问,以增加融资成功概率。

1. 制定融资策略

一个有效的融资策略不仅能够帮助企业筹集所需的资金,而且能够为企业带来更多的战略资源和合作伙伴。企业应结合自身条件,了解各种融资渠道的风险与成本,综合考虑融资时机、所需资金和应采取的融资方式。

2. 资料、人员准备

在见投资人前,创业团队需整理全面、准确的资料,这些资料包括但不限于企业的财务报表、市场分析报告、商业计划书及未来发展规划。这些资料不仅是潜在投资者评估企业的重要依据,也是企业在融资过程中展示自身实力和潜力的关键。

除了资料准备,组建一支专业的融资团队也是制定融资策略的关键。除了了解业务和发展规划的团队核心成员,还可以邀请熟悉金融市场和投资者心理的外部专家,以及具有丰富谈判经验的公关人员。在融资过程中,这些人员将负责与潜在投资者进行初步接触、深入交流和最终谈判。他们的专业素养和沟通技巧将直接影响潜在投资者对企业的印象和信心,可以适时组织内部人员参加专业培训。

> **"职涯"小贴士:**
> 做好准备工作,知己知彼,百战不殆。融资如此,求职亦是如此。

3. 接触潜在投资者

在准备好相关资料和人员后,企业就可以开始与潜在投资者接触了。在这个过程中,企业应明确自身的融资需求和目标,精准定位适合的投资者类型。例如,对于初创企业而言,天使投资人和风险投资基金可能是更合适的融资对象;而对于成熟企业而言,私募股权基金或上市融资可能更为合适。

企业和投资者之间是一种长期合作关系,相互之间需要建立充分的了解与信任。企业应在广泛调研的基础上,根据自身的发展模式和价值取向来选择合适的投资者。在接触时,企业应保持积极主动的态度,充分展示自身的优势和潜力。同时,企业还应善于倾听投资者的需求,以便及时调整融资策略,满足投资者的期望。

(三)大学生常见融资问题

多数大学生在创业过程中,会遇到"缺经验、少资金"的困难。初出茅庐的学生,除了缺乏社会经验,还常常在创业融资方面走入误区,主要表现在以下几个方面:

(1)急于得到资金,为了小钱而出让大股份,贱卖创意与技术。等项目运营一段时间后,想单方面毁约,通常会导致法律纠纷和声誉损害。

(2)投资人与初创企业应是一起奔跑的伙伴,即使投资人不能提供增值性服务与指导,仍与其捆绑在一起。

(3)烧别人的钱,圆自己的梦。融资不仅是资金的流动,更是资源的整合和合作,对于尚处在初创期的创业企业,需要珍惜每一分资金,合理分配资源。

针对上述误区，大学生创业者在融资过程中需要尤其注意：

（1）明确融资需求和目标。在融资之前，创业者需要明确自己的融资需求和目标，包括所需资金的数量、用途、融资期限等。这样有助于创业者更好地选择合适的融资方式和投资者，避免因缺乏明确的融资计划而陷入融资困境。

（2）选择合适的投资者。选择合适的投资者是融资成功的关键。创业者需要根据自身的业务和发展规划，寻找具有相似价值观和战略目标的投资者。同时，创业者还需要了解投资者的背景、经验和资源，以便更好地利用投资者的优势，推动企业的发展。

（3）合理估值和保护知识产权。在融资过程中，创业者需要合理评估自己的企业和创意的价值，避免因为急于得到资金而出让过多的股份或贱卖知识产权。同时，创业者还需要与投资者签订详细的合同和协议，保护自己的合法权益和知识产权。

三、任务实施

没有利润的企业有可能存活下去，但资金缺乏、周转不灵等问题往往会让一个生机勃勃的企业瞬间亏损甚至倒闭。因此，在做好所有的准备工作后，周连团队开始融资之旅。

周连深知资金的重要性，他仔细评估了自己的财务状况，并决定投入个人储蓄 30 000 元作为启动资金。此外，凤翔酒坊立足于凤翔村特色的白酒产业，这一独特的定位吸引了众多乡贤的关注。周连团队通过深入介绍酒坊的模式、前景、文化与品牌故事，成功筹集了120 000 元乡贤投资。这笔投资为酒坊提供了资金支持，更重要的是带来了丰富的经验和资源，为酒坊的未来发展奠定了坚实的基础。

为了寻求更多的资金支持，周连团队积极寻找创业基金和孵化器。准备了商业计划书和市场分析报告，并经过严格的申请和谈判。最终，他们成功获得了 30 000 元的资金支持，以及来自导师和网络资源的帮助。这些支持不仅为酒坊提供了资金支持，而且为周连团队带来了更多的发展机会和资源。

在融资过程中，周连团队还积极申请了一些政府针对大学生创业的政策支持。他们成功获得了 20 000 元的政府补助，并享受了部分税收减免的优惠。这些政策支持不仅减轻了酒坊的资金压力，更让周连团队感受到了政府对大学生创业的关心和支持。

最终，通过多渠道融资和政策支持，凤翔酒坊共成功筹集了 200 000 元的启动资金，这笔资金将为酒坊初期经营提供强有力的支持，帮助周连团队实现他们的创业梦想。同时，他们的融资经验也为其他返乡青年创业者提供了宝贵的参考和借鉴。启动资金来源如表 2-10 所示。

表 2-10　　　　　　　　　　启动资金来源

资金来源	金额（元）	资金来源	金额（元）
个人资金	30 000	政府补助	20 000
乡贤投资	120 000	启动资金总计	200 000
创业基金和孵化器	30 000		

四、任务小结

创业者必须清晰地认识启动项目所需的资金量,并确保这些资金足以支撑项目在初创期的运营。充足的启动资金不仅是创业项目顺利起步的基石,更是其健康、稳定发展的关键保障。初创企业在初期阶段往往难以迅速实现盈利,因此必须储备足够的资金以应对这一阶段的运营需求。通过预先筹备充足的启动资金,创业者将能够更从容地面对各种潜在的不确定因素,进而有效应对创业过程中的风险。

任务 2.3 编制创业计划书

 学习目标
1. 能罗列创业计划书的用途和基本要素。
2. 能说出自查创业计划书的角度,并尝试进行评价。
3. 能识别并提炼创业核心竞争力。

一、任务描述

创业计划书是创业者成功创业的"敲门砖"。一份完整的创业计划书,应该具备哪些要素,又该如何吸引投资者呢?

二、任务准备

(一) 创业计划书准备

凡事预则立,不预则废。一份优秀的创业计划书往往会使创业达到事半功倍的效果。

创业计划书是一份全方位的商业计划,其主要用途是递交给投资方,便于投资方对企业或创业项目做出评判,从而使企业或创业项目获得融资。它描述了内外部的主要影响因素和特点,并且可以为创业者提供行动指南和风险监控。通常,创业计划书综合了市场营销、财务、生产、人力资源等不同的要素。

(二) 创业计划书内容

一般情况,编写创业计划书需要从以下十个方面进行。

1. 项目总体概述

项目总体概述即描述企业所要进入的是什么行业,销售什么产品或服务,哪些人是主要客户;所属产业的生命周期是处于萌芽阶段、成长阶段、成熟阶段,还是衰退阶段;企业采用的法律形态是独资还是合伙;企业开业时间等。

2. 市场分析

市场分析即分析当下的市场环境,包括从事的行业具有多大的市场前景,有哪些机遇,面临着哪些挑战等。

3. 产品和服务

产品和服务即描述创业项目提供的产品或服务有什么特色,该产品或服务跟竞争者相比有哪些差异。如果差异很小,将采取哪种手段来吸引顾客。

4. 市场营销

市场营销即需要先界定目标市场在哪里,是已有的市场、客户,还是在新的市场开发新的客户。针对不同的市场、不同的客户采取不同的营销方式。在确定目标市场之后,设计如何上市、促销、定价等,并且做好预算。

5. 地点选择

一般来说,从事第二产业的企业,其运营场所的选择对经营的影响很大。但是,如果要开实体店,店面地点的选择就很重要。

6. 竞争分析

在创业过程中,应该养成经常做竞争分析的习惯,特别是刚进入一个新市场和有新竞争者出现时。

7. 人事管理

人事管理具体考虑需要引进哪些专业技术人才,是全职还是兼职,薪资如何确定,所需人事成本是多少等。

8. 融资需求与财务状况

融资需求与财务状况即考虑融资款项的运用、运营资金周转等问题,并预测未来3年的资产负债、利润和现金流量情况。

9. 风险控制

在商场上,竞争是一个永恒的主题。有竞争就有风险,风险可能来自方方面面。在创业实践中,应当具备风险意识,及时应对和降低风险。

10. 成长与发展

创业计划书不仅要描述当前的设想,而且要考虑企业的发展前景和目标。在创业计划书中,可以从短期目标(1～2年)、中期目标(3～6年)和长期目标(7年以上)出发,分析企业未来的成长与发展。

(三)创业计划书自查

虽然投资人不会因为一份写得好的商业计划书就决定投资,但投资人绝对会因为一份乱七八糟的商业计划书直接过滤掉一家公司。经验丰富的投资人5秒内就可以决定一个项目是否值得投资。如何写出一份打动投资人的商业计划书,5秒内让投资人产生打开并读下去的欲望并留下深刻印象?

1. 完整性

(1)结构完整性:检查计划书是否包含所有必要的部分。

(2)信息完整性:确保每个部分都提供了足够的信息,没有遗漏重要细节。

2. 可行性

(1)市场分析:评估市场分析的深度和准确性,包括目标市场的规模、增长趋势、竞争态势等。

(2)财务预测:检查财务预测的合理性和可行性,包括收入预测、成本结构、盈利预

2-1 创业计划书范本

期等。

(3) 执行能力:评估创业团队的经验和能力,以及他们是否有能力执行计划。

3. 吸引力

(1) 清晰度和简洁性:检查计划书的表述是否清晰简洁,易于理解。

(2) 专业性和可信度:评估计划书的整体风格和格式,确保它看起来专业且可信。

(3) 亮点突出:确保计划书突出了项目的独特性和优势,以及为什么它值得投资。

4. 风险评估

识别潜在风险:分析计划书中是否充分考虑了潜在的风险和挑战,并提供了相应的应对策略。

5. 法律和合规性

(1) 知识产权:检查是否涉及任何知识产权问题,如专利、商标等。

(2) 合规性:确保计划书中的所有陈述和预测都符合相关法律和监管要求。

6. 反馈和修改

(1) 寻求专业意见:考虑邀请行业专家或顾问提供反馈。

(2) 持续改进:根据反馈和建议,持续改进和完善计划书。

7. 最终准备

格式规范和打印:确保计划书格式正确、易于阅读,并准备高质量的打印版本或电子版本,以便向潜在投资者展示。

通过以上步骤,创业者可以对创业计划书进行全面的自查,确保其质量、可行性和吸引力,从而增加成功融资的机会。

> **"职涯"小贴士:**
>
> 在编制创业计划书的过程中,要考虑该计划书的目标读者,是要写给投资者看,还是准备去银行贷款?编制创业计划书的目的不同,侧重点也会有所不同。就像盖房子之前要先画施工图一样,只有这样才能清晰知道每一步该做什么。当环境发生变化时,创业计划书也要及时进行更新!

三、任务实施

(一) 编制创业计划书

周连团队为了给公司融资,初步拟定了一份创业计划书提纲。请评价他们编制的创业计划书目录是否合理、完整。如需修改,请给出修改意见。

目录

一、项目概述

二、市场分析

　(一) 行业背景

　(二) 市场规模

　(三) 痛点与机会

三、产品与服务
　　（一）产品与服务概述
　　（二）店内产品
　　（三）原材料介绍
　　（四）核心优势
　　（五）项目服务
四、商业模式
　　（一）价值主张
　　（二）商业模式
　　（三）盈利模式
五、营销策略
　　（一）4P营销分析
　　（二）IP营销
六、竞争分析
　　（一）SWOT分析
　　（二）竞品分析
七、团队介绍
八、风险与策略
　　（一）市场竞争风险
　　（二）成本控制风险
　　（三）顾客需求变化风险
　　（四）品牌声誉风险
九、未来规划

（二）评价创业计划书

为了更好地撰写创业计划书，周连翻阅了"互联网+"大学生创新创业比赛中的获奖作品，选取了其中一份进行深入学习借鉴。经阅读，周连认为该计划书有以下优点。

1. 简洁

该计划书的长度合理，并清楚介绍了项目的情况，否则一份冗长的计划书会让投资人失去阅读兴趣。

2. 完整

该计划书的构成要素完整，包括概要、市场分析、公司简介、组织和管理、营销和销售管理、服务或产品线和融资需求等，并全面、真实地披露与投资有关的所有信息。例如，完整提示了相关风险，若未披露，在投资失败后，投资人就有权利收回投资并起诉企业。

3. 条理清晰，语言通畅

该计划书内容条理清晰、语言通俗易懂，能够吸引投资人。内容清晰易读的创业计划书会让投资人一目了然，能在最短的时间内以最快的速度吸引投资人。相反，如果计划书的内容杂乱无章，语言晦涩难懂，投资人会在一开始就失去兴趣，哪怕项目再好，投资人也很难想要去了解。

4. 直入主题，开门见山

撰写创业计划书的目的是得到投资，而不是与投资人谈天说地。该创业计划书直接开门见山，有效让投资人快速产生兴趣。该创业者非常明确创业计划书的概念，它是展现创业者想法与企业商业规划的实用性文件。

另外，周连还观察到该计划书重点分析了以下内容：

（1）团队的背景和经验：包括团队成员的教育背景、工作经验、专业技能和与项目相关的成就。同时，强调团队成员之间的合作关系和动态，以及他们如何协同工作实现项目目标。

（2）市场分析和竞争优势：评估市场规模、增长趋势、市场份额及目标客户群体。同时，分析项目的独特性、创新性及与现有竞争对手的差异化优势，以判断项目是否具备市场竞争力。

（3）商业模式和盈利模式：分析项目的运营方式、销售渠道、合作伙伴关系等，并评估其盈利空间。

（4）市场营销策略和推广计划：考查营销策略的可操作性和针对性，以及是否能够推动销售增长。同时，评估推广计划的实施难度和预期效果。

（三）撰写创业计划书提纲

在完成市场调研的基础上，周连根据制定创业计划书的方法和要求，结合前面所做的工作，制定了一份创业计划书提纲。

1. 企业名称：<u>凤翔酒坊</u>
2. 企业形式：☑个体工商户 □有限责任公司 □股份有限公司
3. 企业的主要顾客：☑个人 ☑团体 □公共机关 □其他
4. 目前的产品和服务：<u>古法酿造高品质白酒、地方仪式酒礼盒</u>
5. 企业的主要竞争对手：<u>具有地方特色的品质白酒</u>
6. 可能的竞争来自：☑其他公司 ☑技术 □行业人员
7. 企业的竞争地位：□弱 □较弱 ☑平均水平 □较强 □强
8. 市场对企业的产品需要在递增/递减：<u>递减，经济增长放缓、年轻人消费偏好变化</u>
9. 企业可能引进的产品或服务：<u>定制酒、酒文化体验基地服务</u>
10. 企业可能进入的市场：<u>乡村旅游开发</u>
11. 企业与众不同的是：<u>传承并创新古法酿造工艺，带动本地农户采用规范设备和流程生产，稳定产品质量，提高产品效率，减少污染，提升村容村貌</u>
12. 企业最大的营销障碍：<u>消费者理性、有效营销渠道较少</u>
13. 企业最大的营销机会：<u>深挖凤翔酒的文化属性和地方特色，发挥自媒体的影响力，通过"酿酒＋文化＋旅游"融合发展新模式带动</u>
14. 企业的总体经营目标和愿景：<u>酒香凤翔，和美共富</u>
15. 预计启动资金：<u>200 000 元</u>
16. 资金主要来源：<u>个人资金、乡贤投资、创业基金和孵化器、银行贷款和政府补助</u>

四、任务小结

编制一份成功的创业计划书并非易事,它是创业者对未来商业发展的全面展望,也是向潜在投资人展示商业潜力和价值的重要报告。因此,编制创业计划书需要耗费大量的时间和精力,不能一蹴而就,需要不断地修改与调整。

项目实训

一、单项选择题

1. 若在同类企业有工作经历,对市场有所了解,可以通过(　　)预测销量。
   A. 经验判断法　　　　　　　　　　　B. 类比预测法
   C. 试销预测法　　　　　　　　　　　D. 订单预测法

2. 在初始投资预测中,选择设备时应遵循的原则不包括(　　)。
   A. 根据生产需求选择合适的机器型号
   B. 评估购买新设备与租赁设备的长期成本效益
   C. 仅选择市场上最新技术的设备以保持技术领先
   D. 考虑购买二手设备以减少初始投资

3. 下列各项中,属于初始投资预测中企业用地费用的是(　　)。
   A. 设备费　　　　　　　　　　　　　B. 员工工资
   C. 开业前1个月租金　　　　　　　　 D. 商标注册费

4. 计算启动资金需求量时,不需要考虑的因素是(　　)。
   A. 初始投资需求量　　　　　　　　　B. 流动资金需求量
   C. 期间现金流入　　　　　　　　　　D. 预期利润

5. 流动资金储备一般建议为(　　)个月的流动资金。
   A. 1　　　　　B. 2　　　　　C. 3　　　　　D. 6

6. 某企业采用成本加成定价法制定产品价格,考虑了以下成本项目:直接材料成本30元,直接人工成本20元,其他单位运营成本25元。暂不考虑税费的情况下,企业希望获得的总利润率为25％。根据成本加成定价法,该产品的最低售价应该是(　　)元。
   A. 93.75　　　B. 100　　　　C. 118.75　　　D. 125

7. 下列各项中,不属于初创企业主要资金来源的是(　　)。
   A. 个人储蓄　　　　　　　　　　　　B. 亲友投资
   C. 政府补助　　　　　　　　　　　　D. 股票发行

8. 中小企业融资的主要来源是(　　)。
   A. 天使投资　　　　　　　　　　　　B. 风险投资
   C. 私募股权投资　　　　　　　　　　D. 银行

9. 下列各项中,不属于政府对大学生创业支持的是(　　)。
   A. 增加就业岗位　　　　　　　　　　B. 定向贷款
   C. 减免税收　　　　　　　　　　　　D. 专项扶持基金

10. 在创业之初,一份完善的创业计划书不仅可以帮助创业者分析创业过程中的(　　),而且可以成为创业者在创业过程中的行动指南和风险监控手段。
    A. 主要影响因素　　　　　　　　　　B. 遇到的风险
    C. 市场竞争　　　　　　　　　　　　D. 客户的需求

二、判断题

1. 预测启动资金要考虑初始投资和流动资金需求量,无须考虑期间的现金流入。（ ）
2. 流动资金用于支付日常运营成本,如原材料采购、库存商品、工资、水电费等,需要保证在收支平衡前有充足的流动资金。（ ）
3. 无形资产虽然不能直接产生经济效益,但是非常重要的资源。（ ）
4. 以产能预测生产成本和采购成本。（ ）
5. 企业招聘员工,可以只支付工资不缴纳社保。（ ）
6. 市场调查可以从亲朋好友开始。（ ）
7. 某商贸企业有大量库存,可以采用试销预测法预测销量。（ ）
8. 营运资金就是流动资产。（ ）
9. 创业计划书不仅要描述当前的设想,而且要考虑企业的发展前景和目标。（ ）
10. 给投资者和银行的创业计划书是一样的。（ ）

三、案例分析

刘亮是一位大学生创业者,他在深圳市福田区创办了一家大健康产业公司。刘亮意识到创业初期需要资金支持,他积极了解深圳市的创业补贴政策并提出申请。经过审核和评估程序,刘亮成功获得了35万元的创业补贴。这笔资金能对他的创业项目提供支持,可以用于多个方面。刘亮该如何合理利用这笔资金？有哪些主要用途？

四、实践拓展

思考你的创业项目,在完成市场调研的基础上,根据创业计划书的制订方法和要求,结合前面所做的工作,如创业机会的识别和评价、行业分析、市场与竞争分析（营销计划）、财务预测和分析（财务计划）等,撰写一份创业计划书提纲。

1. 企业名称：_____
2. 企业形式：□个体　□有限责任公司　□股份有限公司
3. 企业的主要顾客：□个人　□团体　□公共机关　□其他
4. 企业的产品和服务：_____
5. 企业的主要的竞争对手：_____
6. 可能的竞争来自：□其他公司　□技术　□行业人员
7. 企业的竞争地位：□弱　□较弱　□平均水平　□较强　□强
8. 市场对企业的产品需要在递增/递减：_____
9. 企业可能引进的产品或服务：_____
10. 企业可能进入的市场：_____
11. 企业与众不同的是：_____
12. 企业最大的营销障碍：_____
13. 企业最大的营销机会：_____
14. 企业的总体经营目标和愿景：_____
15. 预计启动资金：_____元
16. 资金主要来源：_____

自 我 测 评

任务	学习目标	自评结果				
2.1 预测启动资金	1. 能说出启动资金的概念与类型	□A+	□A	□B	□C	□C−
	2. 能选择合适的产品定价策略并进行定价	□A+	□A	□B	□C	□C−
	3. 能预测投资、流动资金和现金流入	□A+	□A	□B	□C	□C−
	4. 能形成目标思维,对有限的资源进行合理、创造性地利用	□A+	□A	□B	□C	□C−
2.2 筹措启动资金	1. 能列举常见的融资渠道	□A+	□A	□B	□C	□C−
	2. 能拟定创业融资准备	□A+	□A	□B	□C	□C−
	3. 能养成良好的融资心态,树立正确的融资观念	□A+	□A	□B	□C	□C−
2.3 编制创业计划书	1. 能罗列创业计划书的用途和基本要素	□A+	□A	□B	□C	□C−
	2. 能说出自查创业计划书的角度,并尝试进行评价	□A+	□A	□B	□C	□C−
	3. 能识别并提炼创业核心竞争力	□A+	□A	□B	□C	□C−
3-2-1反思						
3	我的三个收获					
2	我的两点建议					
1	我的一个问题					

项目 3
成 立 起 航

 项目导入

经过周全的筹备与深思熟虑,周连和他的团队已经为创立企业做了万全的准备:不仅进行了市场调研,而且制订了详细的商业计划,明确了目标市场和潜在客户,与合作伙伴建立了良好的关系,并顺利筹集了启动资金。

如今,周连和他的团队信心满满,做好了迎接挑战的准备。

请思考:

(1) 周连团队下一步应该做的是什么?

(2) 创业必须成立公司吗?

(3) 业务刚起步,周连必须聘请专职的会计人员吗?

 知识地图

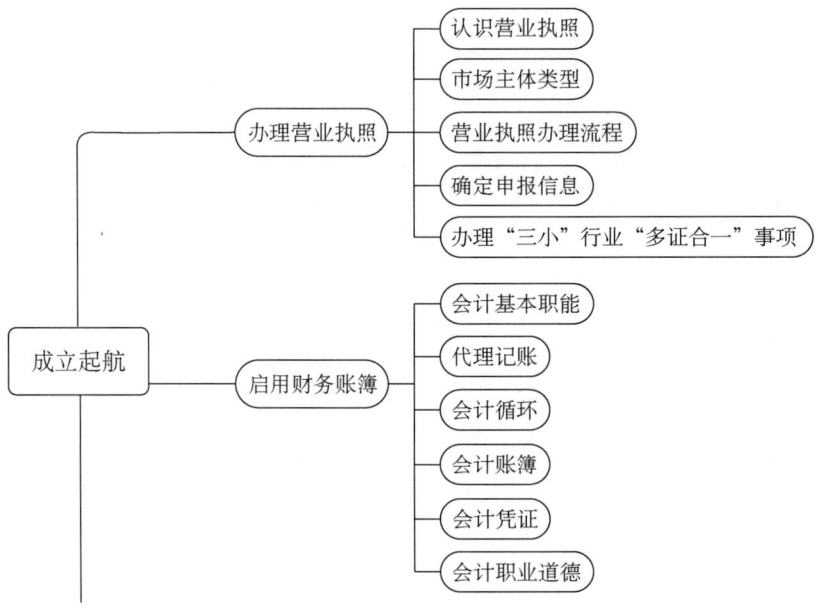

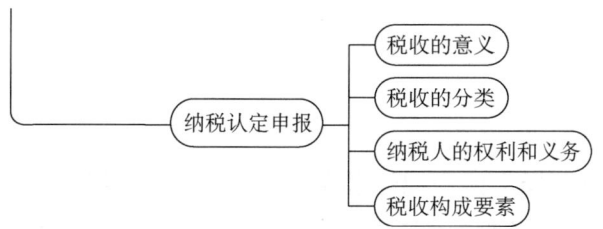

 项目目标

通过本项目的学习,学生能基本掌握企业注册流程,选择企业类型,确定注册信息,理解认缴制度;初步了解会计功能,识别账簿凭证,设置会计机构;了解税收基本制度和纳税人的权利和义务,建立法治意识。

任务 3.1 办理营业执照

 学习目标

1. 能阐述注册登记企业的一般流程。
2. 能根据组织形式的特点和自身条件,选择合适的企业类型。
3. 能按要求确定企业注册登记的必要信息,如名称、住所等。
4. 能说明认缴注册制的含义及《中华人民共和国公司法》的认缴要求。
5. 能建立系统思维,形成程序公正、社会公正和法治社会的意识。

一、任务描述

为合法合规生产白酒,周连前往浙江省市场监管局咨询《食品生产经营登记证》办理事项,工作人员告知周连,从 2020 年 10 月 1 日起,浙江省全面取消"食品小作坊、小食杂店、小餐饮店"登记证,实行"三小"行业"多证合一"改革。申请人领取营业执照后,即可开展经营活动,实现"准入即准营",助力"最多跑一次"改革。

周连惊喜地发现,营业执照的办理同样也可在线上完成。为了推动营商环境优化,各地政府积极提升开办企业便利度,积极推进"一趟不用跑"和"最多跑一趟"事项改革,实现线上线下全流程配套服务,有些地方甚至开通"企业开办一日办结"套餐服务业务,大幅提升了办事效率和效果。

在进行线上的业务办理之前,周连初步确定以下信息,并参照系统要求进行自查:
(1) 类型:个体工商户。
(2) 名称:B 县凤翔酒坊。
(3) 住所:浙江省 A 市 B 县凤翔村 32 号。
(4) 出资额:1 000 元。

二、任务准备

(一)认识营业执照

《中华人民共和国市场主体登记管理条例》规定,未经登记,不得以市场主体名义从事经营活动。营业执照是企业、个体工商户等市场主体准许从事营利性经营活动的凭证,由登记机关依法登记后签发。市场主体营业执照应当载明名称、法定代表人(执行事务合伙人、个人独资企业投资人、经营者或负责人)姓名、类型(组成形式)、注册资本(出资额)、住所(主要经营场所、经营场所)、经营范围、登记机关、成立日期、统一社会信用代码。

3-1 营业执照范本

营业执照分为正本和副本,具有同等法律效力。电子营业执照与纸质营业执照具有同等法律效力。营业执照样式、电子营业执照标准由国务院市场监督管理部门统一制定。市场主体应当将营业执照置于住所或主要经营场所的醒目位置。从事电子商务经营的市场主体应当在其首页显著位置持续公示营业执照信息或相关链接标识。任何单位和个人不得伪造、涂改、出租、出借、转让营业执照。

从事无照经营的,由市场监管部门依照相关法律、行政法规的规定予以处罚。《中华人民共和国市场主体登记管理条例》明确规定,未经设立登记从事一般经营活动的,由登记机关责令改正,没收违法所得;拒不改正的,处 1 万元以上 10 万元以下的罚款;情节严重的,依法责令关闭停业,并处 10 万元以上 50 万元以下的罚款。

(二)市场主体类型

现行登记的市场主体包括公司、非公司企业法人及其分支机构、个人独资企业、合伙企业及其分支机构、农民专业合作社(联合社)及其分支机构、个体工商户、外国公司分支机构,以及法律、行政法规规定的其他市场主体。

上述市场主体的性质和要求各不相同,具体可根据经营者需求自行选择。

常见的公司和个体工商户性质对比如表 3-1 所示。

表 3-1　　　　　　　　　公司和个体工商户性质对比

项目	公司	个体工商户
法律性质	属于企业法人,有独立的法人财产,享有法人财产权	特殊的民事主体,不属于法人也不属于非法人组织
民事责任	公司以其全部财产对公司的债务承担责任,股东以其出资额为限对公司承担责任,即承担有限责任	经营者对个体工商户债务承担无限责任
成立条件	有限责任公司由 50 个以下股东出资设立,股份有限公司应当有 2 人以上 200 人以下为发起人	可以个人经营,也可以家庭经营,一般只有 1 人
组织结构	有限责任公司由全体股东组成股东会,设置董事会或执行董事、监事会或监事;股份有限公司由全体股东组成股东大会,设置董事会、监事会,从决策、经营、监督三方面构建公司管理架构,并设法定代表人、经理及其他高级管理人员	由经营者自行决定

(续表)

项目	公司	个体工商户
登记事项	除名称、主体类型、经营范围、住所或主要经营场所、注册资本或出资额和法定代表人姓名等共同事项外,公司需登记有限责任公司股东、股份有限公司发起人	需登记经营者姓名、住所、经营场所
申请材料	申请书、申请人资格文件、自然人身份证明、住所或者主要经营场所相关文件;章程和法定代表人、董事、监事和高级管理人员的任职文件	申请书、申请人资格文件、自然人身份证明、住所或主要经营场所相关文件

(三)营业执照办理流程

以浙江省为例,新办营业执照可通过线上办理和线下窗口办理两种方式,流程已经大大简化。若选择线上办理,可登录"浙江政务服务网"(https://www.zjzwfw.gov.cn/)进入"政务服务"板块,在"浙江企业在线"一栏中点击"我要办企业",或直接搜索"企业开办"等关键字;也可下载并登录浙里办 App,首页搜索"企业开办"等关键字,注册登录后即出现浙江省企业登记全程电子化平台(浙江企业在线),选择拟申报的主体类型即可开始申报流程。

(四)确定申报信息

1. 名称

在核准名称时,应充分考虑市场需求、企业定位及品牌效应等因素,确保名称独特、简洁、易于记忆和传播。例如,可以考虑选择与行业相关的词汇,或选用具有象征意义的词语,来展现企业的核心价值和特点。此外,遵循国家相关法律法规,确保企业名称的合法性,避免与已注册企业名称重复。同时,要注意商标注册的问题,确保名称不侵犯任何知识产权。

企业名称应由四段构成:行政区划名称+企业字号+名称行业+组织形式。例如,浙江+四季+信息技术+有限公司。企业名称申报注意事项如表3-2所示。

表3-2　　　　　　　　　　企业名称申报注意事项

行政区划名称	应当是企业所在地的县级以上地方行政区划名称。根据商业惯例等实际需要,企业名称中的行政区划名称置于字号之后、组织形式之前的,应当加注括号
企业字号	(1) 应当具有显著性,由两个以上汉字组成,可以是字、词或组合 (2) 县级以上地方行政区划名称、行业或经营特点用语等具有其他含义,且社会公众可以准确识别,不会认为与地名、行业或经营特点有特定联系的,可以作为字号或字号的组成部分 (3) 自然人投资人的姓名可以作为字号
名称行业	应当根据企业的主营业务和国民经济行业分类标准确定。国民经济行业分类标准中没有规定的,可以参照行业习惯或专业文献等表述 企业为表明主营业务的具体特性,将县级以上地方行政区划名称作为企业名称中的行业或经营特点的组成部分的,应当参照行业习惯或有专业文献依据
组织形式	企业应当依法在名称中标明与组织结构或责任形式一致的组织形式用语,不得使用可能使公众误以为是其他组织形式的字样 (1) 公司应当在名称中标明"有限责任公司""有限公司"或"股份有限公司""股份公司"字样 (2) 合伙企业应当在名称中标明"普通合伙""(特殊普通合伙)""(有限合伙)"字样 (3) 个人独资企业应当在名称中标明"(个人独资)"字样

(续表)

> 企业名称不得含有下列内容和文字：
> (1) 损害国家尊严或利益的内容和文字
> (2) 损害社会公共利益或妨碍社会公共秩序的内容和文字
> (3) 使用或变相使用政党、党政军机关、群团组织名称及其简称、特定称谓和部队番号的内容和文字
> (4) 使用外国国家(地区)、国际组织名称及其通用简称、特定称谓的内容和文字
> (5) 含有淫秽、色情、赌博、迷信、恐怖、暴力的内容和文字
> (6) 有民族、种族、宗教、性别歧视的内容和文字
> (7) 违背公序良俗或可能有其他不良影响的内容和文字
> (8) 可能使公众受骗或产生误解的内容和文字
> (9) 法律、行政法规及国家规定禁止的其他情形

2. 经营场所

经营场所应当具体、明确并相对独立，且同企业所从事的生产经营活动相适应，取得房屋使用权的期限一般要求在1年以上。若该场所系企业(或个体工商户经营者)产权自有，需要出具产权证明，如《房屋所有权证》复印件；若住所系租借的，除提交产权证明外，还应提交使用证明，如《房屋租赁协议》《无偿使用证明》。

原则上经营场所是经营用房，但存在以下特殊情况：若以城区底层住宅作为经营场地须不影响他人生产生活，有合法房产证的，社区出具同意办照意见即可申请；无房产证的，街道、乡镇政府出具同意办照意见也可申请；若是从事计算机软硬件(技术开发、技术咨询、技术服务、成果转让)及广告业、设计业、经济信息咨询、策划业的无污染的服务性行业的大学生创业企业投资人向所属业主委员会或社区居委会申请，经业主委员会或社区居委会公示，书面征求本单元业主意见并无异议后，由业主委员会或社区居委会出具同意的证明；除此之外，则应提交规划部门的审批意见。

经济适用房、廉租房、社区办公用房及车库等政府规定不得作为经营用房的，不得作为经营场所。

3. 经营范围

登录"经营范围规范表述查询系统"(https://jyfwyun.com/)，选择适合的地区，按照经营的产品、服务，在搜索框输入关键词，然后在搜索结果中查看条目详情及相关活动选择适合的条目；如果没有合适的，可尝试更不同的关键词。

企业在注册时，应根据自身的经营方向和计划，选择与之相关的经营范围进行申请。如果企业经营范围确实广泛，那么申请多个经营范围以满足实际需求是合理的。然而，如果企业盲目地申请过多的经营范围，实际上并不需要或无法有效管理这些业务，会导致资源浪费和管理困难。

4. 出资额

个体工商户以个人或家庭为单位进行经营，并承担无限责任，这意味着个体工商户的债务将以其个人或家庭财产来承担。因此，个体工商户在注册时并不需要像公司那样规定具体的出资额或注册资金，而是根据自身的经营需求和经济能力来合理确定。

但若成立的是公司，认缴注册资本是公司设立时的重要指标，它体现了公司的实力和承担债务的能力。注册资本实行认缴制度，降低了注册资本的门槛，允许公司注册资本分期缴纳，为初创企业提供了更多的灵活性。此外，法律明确规定了股东可以以货币、实物、知识产权等多种形式出资，为企业融资提供了更多途径。例如，对于初创企业来说，如果资金有限，

可以适当降低注册资本的金额,便于企业的初期运营和发展。

根据 2024 年 7 月 1 日起施行的《国务院关于实施〈中华人民共和国公司法〉注册资本登记管理制度的规定》,有限责任公司股东出资期限不得超过 5 年,这意味着股东在设立公司时必须具备一定的资金储备和详细规划。该规定有利于营造良好的营商环境,鼓励股东及时缴纳出资,解决认股不缴的问题。

(五) 办理"三小"行业"多证合一"事项

"三小"行业包括食品小作坊(指有固定生产加工场所,从业人员较少,生产加工规模小,生产条件简单,从事食品生产加工活动的生产者)、小餐饮店(指有固定经营场所,使用面积小,经营规模小,经营条件简单,从事餐饮服务的经营者)和小食杂店(指有固定经营场所,使用面积小、经营规模小的副食品店、小卖部、便利店)。

根据《浙江省市场监督管理局关于推行"三小"行业"多证合一"工作的通知》(浙市监注〔2020〕16 号)规定,自 2020 年 10 月 1 日起,按照"多证合一"要求,将食品小作坊、小食杂店、小餐饮店"三小"行业的登记事项与市场主体注册登记同步办理,在办理注册登记同时采集"三小"行业"多证合一"所需的相关数据信息,注册登记后同步推送至浙江省食品安全综合治理协同应用平台。市场监管部门不再核发《食品生产经营登记证》,市场主体经登记注册后即可开展相关经营活动,实现"准入即准营"。

三、任务实施

(一) 企业名称查重

为确定"凤翔酒坊"是否符合规范,周连登录"浙江省企业登记全程电子化平台"(https://gswsdj.zjzwfw.gov.cn/),以个人用户登录后选择"我要企业开办",进入企业开办流程(图 3-1),选择拟申报的主体类型(图 3-2),选择行业名称(图 3-3)后,即可填写拟申报

图 3-1 进入企业开办流程

名称基本信息(图 3-4)。经系统审查,"凤翔酒坊"查重通过(图 3-5),可以确认为申报名称,系统将自动预留该名称 1 天(图 3-6),因此需在该时间内完成市场主体"基本信息"填报。

图 3-2　选择拟申报的主体类型

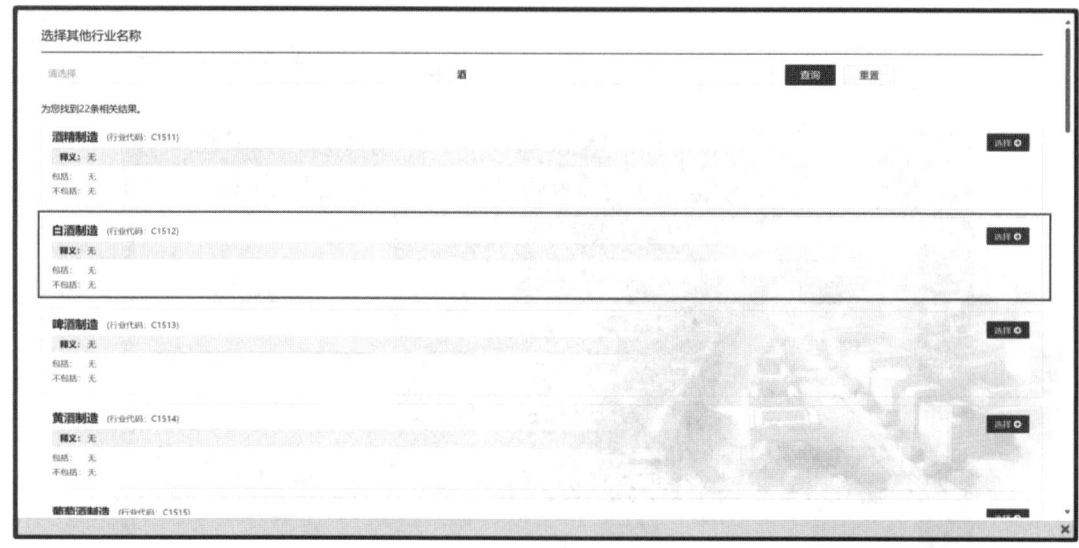

图 3-3　选择行业名称

图 3-4　填写拟申报名称基本信息

图 3-5　名称查重通过

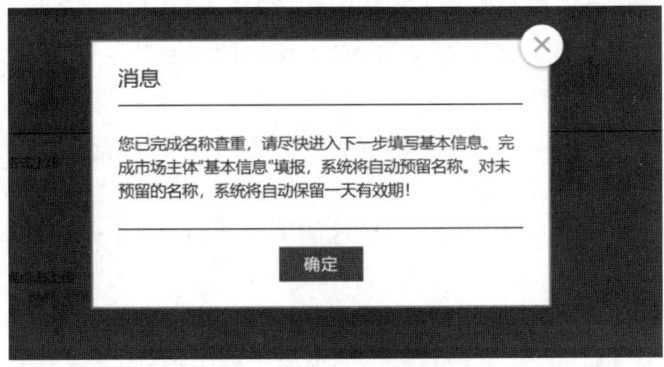

图 3-6　名称预留提示

(二) 基本信息填写

名称核验通过后,须根据实际情况填写个体工商户基本信息(图 3-7),如经营场所、经营范围和出资额等。

图 3-7　填写个体工商户基本信息

1. 经营场所

凤翔酒坊所在的浙江省 A 市 B 县凤翔村 32 号是独立的经营用地,场地内单独设立了与白酒生产相关的三个区域:原料区、加工区、成品区。三区均与生活区分隔,生产场所面积约 100 平方米。周连扫描并在线提交了该用地的产权证明及《房屋租赁协议》。

2. 经营范围

登录"经营范围规范表述查询系统"(https://jyfwyun.com/),输入"三小"关键词,即出现"食品小作坊(三小行业)"(图 3-8),选择、添加后生成结果(图 3-9)。

图 3-8　经营范围选择

报告编号 3300-8141689a2

《经营范围规范表述预查结果报告》

尊敬的用户:

您好！感谢您使用"经营范围规范表述查询系统（网址：jyfwyun.com）"(以下简称"系统")。您的查询结果生成如下:

一、经营范围构成

一般项目：食品小作坊（三小行业）。（除依法须经批准的项目外，凭营业执照依法自主开展经营活动）

二、经营范围涉及审批情况

序号	经营范围条目	许可部门	相关许可事项	许可类型
1	食品小作坊（三小行业）		"三小"行业	取消审批

三、可能涉及事项

序号	经营范围条目	许可部门	相关许可事项	许可类型
1	食品小作坊（三小行业）	海关总署	口岸卫生许可证（涉及食品、饮用水）核发	后置事项

四、环评提示

序号	报告书	报告表	涉及到的所有报告级别	二级分类名录名称

暂无数据

温馨提示:

请保存好您的报告编号：3300-8141689a2（经营范围组合码）

可以在登记系统（部分地区）中输入该组合码，一键导入，一步完成经营范围填写。

可以分享给你的同事、朋友使用。

*声明：本预查结果仅供参考，最终结果以市场监管部门核定为准。

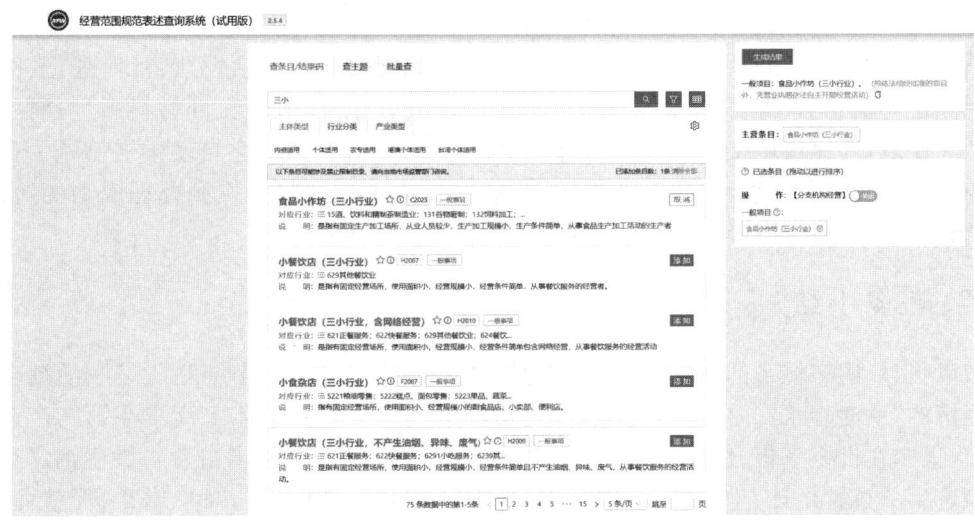

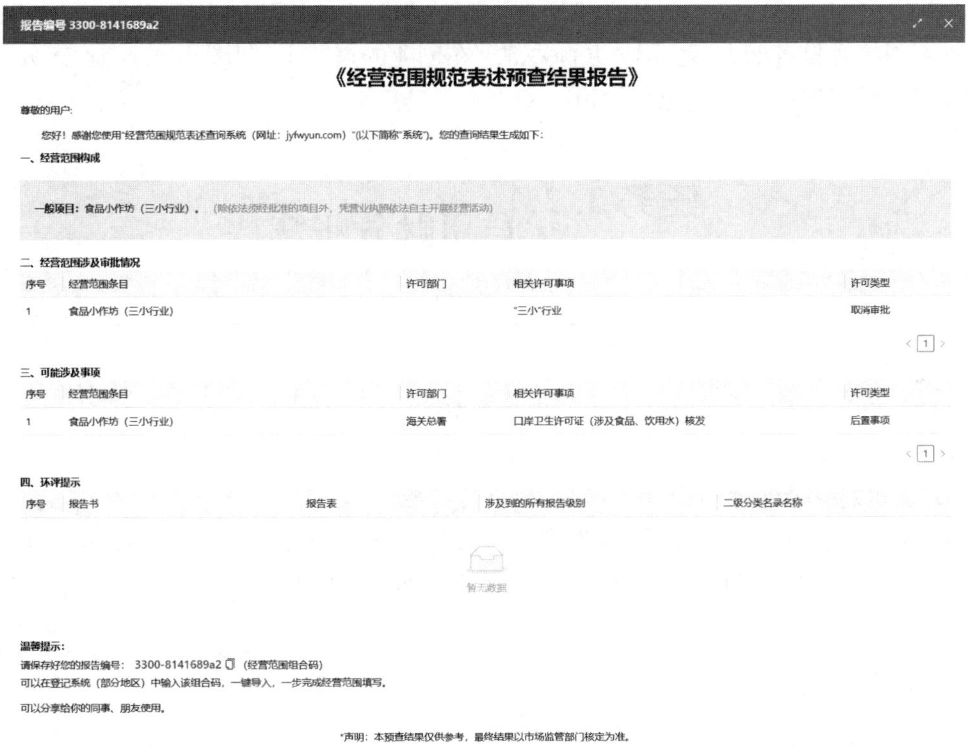

图 3-9　经营范围规范表述预查结果报告

3. 出资额

目前,对于个体工商户注册资金的填写没有严格的限制,可以根据经营规模和认缴出资情况来决定,1 000 元的出资额是比较合适的。

填写完所有信息,确认公章刻制信息,按需填写银行开户、申领发票、社保登记、医疗保险参保登记等信息后,即可办理"多证合一"事项。最后,上传所需文件材料照片,对所填材料确认无误后,即完成申报。市场监管部门材料预审通过后,系统会自动推送一条手机短信告知申请人,由申请人签字确认。正式审核通过后,申请人会收到执照办理成功的短信,可使用"微信"或"支付宝"扫码下载电子营业执照。

四、任务小结

数以亿计、遍布城乡的个体工商户、小微企业是国民经济的"小细胞",是激活社会主义市场经济的"一池春水"。再小的企业,都是市场中的"生命"。个体工商户在第三产业中约占九成,集中在批发零售、住宿餐饮、居民服务等行业,实实在在地丰富着百姓生活。小店商铺里藏着事关百姓生计、生活的大账本,是经济活动的"毛细血管",对稳增长、促就业、惠民生有着十分重要的现实意义。

2019—2023 年,我国个体工商户新增注册量逐年稳定增长,于 2021 年首次突破 2 000 万家。注册个体户乃至注册公司都并非想象中那么复杂。只要了解相关法律法规,准备好必要的手续和文件,就能顺利完成注册。而对于创业者来说,拥有坚定的信念、敢于突破自我、不断提升自身能力,才是成功的关键。在创业的道路上,只要勇往直前,充分利用身边的资源,定能实现自己的梦想和价值。

任务 3.2 启用财务账簿

学习目标

1. 能说出会计的基本职能和会计循环环节。
2. 能选择合适的会计机构设置方式。
3. 能识别会计账簿和会计凭证,并说出其功能。
4. 能践行各行业的职业精神,遵守职业规范,增强职业责任感,培养遵纪守法、爱岗敬业、无私奉献、诚实守信、公道办事、开拓创新的职业品格和行为习惯。

一、任务描述

取得营业执照后,周连兴高采烈地把它挂在酒坊进门最显眼的地方,创业之旅总算是正式起航了!尽管酒坊还没正式开张,在李明的悉心安排下,酒坊购置了生产所需的设备和原料,聘请了经验丰富的酿酒师傅,已经快马加鞭地进行生产。周连将各项支出事无巨细地记录在他的笔记本上。他很犹豫,是否要聘请专职会计人员建立账簿。

二、任务准备

(一) 会计基本职能

会计的基本职能是核算和监督。会计核算职能又称会计反映职能,是指会计以货币为主要计量单位,对特定主体的经济活动进行确认、计量和报告。会计的监督职能是指对特定主体经济活动和相关会计核算的真实性、合法性和合理性进行监督检查。会计监督是一个过程,它分为事前监督、事中监督和事后监督。

(二) 会计机构设置

《中华人民共和国会计法》(以下简称《会计法》)第三条规定,各单位必须依法设置会计账簿,并保证其真实、完整;第三十五条规定,各单位应当根据会计业务的需要,依法采取下列一种方式组织本单位的会计工作:

(1) 设置会计机构。
(2) 在有关机构中设置会计岗位并指定会计主管人员。
(3) 委托经批准设立从事会计代理记账业务的中介机构代理记账。
(4) 国务院财政部门规定的其他方式。

一个单位是否单独设置会计机构,往往取决于其单位规模大小、经济业务和财务收支的繁简,以及经营管理的要求。如果财务收支数额不大、会计业务比较简单,可以配置专职会计人员或委托中介机构代理记账。若配置专职会计,可以一人一岗、一人多岗或一岗多人,各工作岗位应当有计划地进行轮换。

注意:出纳人员不得兼任稽核、会计档案保管和收入、支出、费用、债权债务账目的登记工作,否则存在舞弊风险。会计、出纳职务分离如图3-10所示。

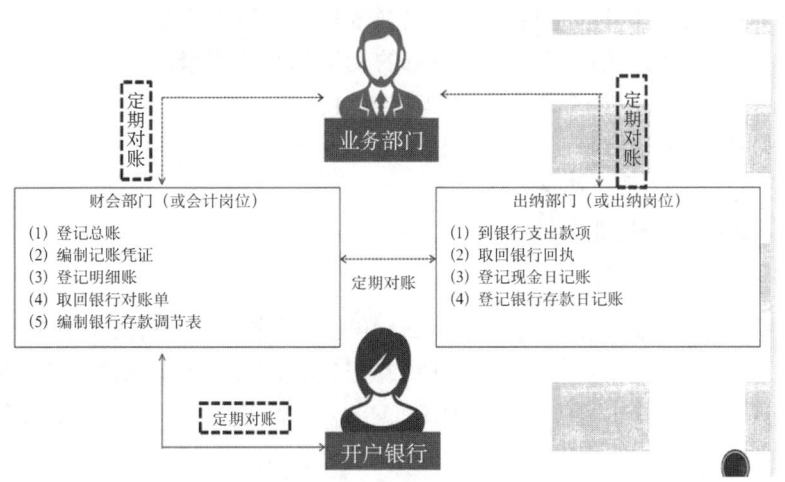

3-2 出纳舞弊案

图 3-10 会计、出纳职务分离

(三) 代理记账

代理记账是指将企业的会计核算、记账、报税等一系列的工作全部委托给专业记账公司完成,企业内部只设立出纳人员,负责日常货币收支业务和财产保管等工作。随着用工成本越来越高,代理记账在企业管理中也扮演着越来越重要的角色。代理记账公司能够提供专业的财税服务,帮助企业降低财务风险和运营成本,是财会监督工作机制的重要一环,其执业水平影响着广大中小微企业的会计信息质量。

根据《代理记账管理办法》第四条规定,设立代理记账机构,除国家法律、行政法规另有规定外,应当符合下列条件:

(1) 为依法设立的企业。

(2) 专职从业人员不少于3名。

(3) 主管代理记账业务的负责人具有会计师以上专业技术职务资格,或者从事会计工作不少于3年,且为专职从业人员。

(4) 有健全的代理记账业务内部规范。

3-3 如何选择代理记账公司

> 💡 "财税"小贴士:
>
> 代理记账机构必须是依法设立的企业,个人代账不受法律保护!

(四) 会计循环

会计循环是指会计部门在记账过程中,将所有经济业务流程统一起来,按照一定规律不断重复执行记账活动,以实现企业会计凭证、账簿、报表的形成,实现及时、准确汇报企业财务信息的完整过程。会计循环的主要流程包括经济业务的发生、登记、记账、编制凭证、编制账簿、编制报表及根据报表复核调整等八个环节。

(1) 对于发生的经济业务进行初步的确认和记录,即填制和审核原始凭证。

(2) 填制记账凭证,即在审核的原始凭证的基础上,通过编制会计分录填制记账凭证。

(3) 登记账簿,包括日记账、总分类账和明细分类账。

(4) 编制调整分录,其目的是将收付实现制转换为权责发生制。

(5) 结账,即根据有关账户结算出本期总的发生额和期末余额。

(6) 对账,包括账证核对、账账核对和账实核对。

(7) 试算平衡,即根据借贷记账法的基本原理进行全部总分类账户的借方与贷方总额的试算平衡。

(8) 编制会计报表和其他财务报告。

(五) 会计账簿

会计账簿简称账簿,是指由具有一定格式、相互联系的账页所组成,用来序时、分类地全面记录一个企业、单位经济业务事项的会计簿籍。设置和登记会计账簿,是重要的会计核算基础工作,是连接会计凭证和会计报表的中间环节,做好这项工作,对于加强经济管理具有十分重要的意义。

3-4 会计账簿范本

新办企业须按照《会计法》《中华人民共和国税收征收管理法实施细则》和统一的国家会计制度规定,并在取得营业执照或发生纳税义务后的15日内,合法设立会计账簿。账簿主要包括以下四种类型:

(1) 总账:用于对企业全部经济业务进行分类登记。

(2) 明细账:针对某一类经济业务进行细致登记。

(3) 日记账:包括银行存款日记账和现金日记账。

(4) 备查账:具辅助性质的账簿,企业可根据需求选择性设立,无强制性规定。

(六) 会计凭证

会计凭证是记录企业经济业务发生和完成情况的书面证明,它是会计账簿数据来源的基础。了解会计凭证的种类、填制要求和审核流程,有助于确保会计信息的真实性和准确性。

会计凭证按其编制程序和用途的不同,分为原始凭证和记账凭证。原始凭证又称单据,是指在经济业务最初发生之时即行填制的原始书面证明,如发票、款项收据等;记账凭证又称记账凭单,是指会计人员根据审核无误的原始凭证,按照经济业务的内容加以归类,并据以确定会计分录后填制的会计凭证,作为登记账簿的直接依据,常用的记账凭证有收款凭证、付款凭证、转账凭证等。

3-5 记账凭证范本

(七) 会计职业道德

党的十八大以来,以习近平同志为核心的党中央从坚持和发展中国特色社会主义全局出发,从实现国家治理体系和治理能力现代化的高度作出了全面依法治国这一重大战略部署。党的二十大报告明确指出,坚持全面依法治国,推进法治中国建设。

经济越发展,会计越重要,经济高质量发展需要高质量会计信息作支撑。会计人员承担着生成和提供会计信息、维护国家财经纪律和经济秩序的重要职责。引导会计人员形成正确的价值追求和行为规范,对于提高会计工作水平和会计信息质量,加强社会信用体系建设,推动经济社会高质量发展具有重要意义。

3-6 会计人员职业道德规范

2023年1月财政部印发《会计人员职业道德规范》,"三坚三守"简明扼要、通俗易懂,内涵丰富、逻辑清晰:"坚持诚信,守法奉公"是对会计人员的自律要求;"坚持准则,守责敬业"是对会计人员的履职要求;"坚持学习,守正创新"是对会计人员的发展要求。

2024年6月28日,第十四届全国人民代表大会常务委员会第十次会议修订了《会计法》,加强单位内部会计监督,要求各单位建立、健全内部会计监督制度,并纳入本单位内部控制管理制度;加大对会计违法行为的处罚力度,对不依法设置会计账簿等10类会计违法行为,提高了罚款额度。

3-7 《中华人民共和国会计法》(2024年)

> 💡 **"职涯"小贴士:**
>
> 作为财务人员,要坚守自己的底线,更应明晰法律红线,了解违法后果。同时,为避免在"不知情"情况下承担连带责任,要筑牢风险底线。远离财务造假,绝不能主动参与造假,走正道是我们安身立命的基础,不能动摇,必须一辈子坚守。

三、任务实施

周连认真研读了相关法规文件,他认识到虽然酒坊是个体工商户,但根据《会计法》《中华人民共和国税收征收管理法实施细则》及《个体工商户建账管理暂行办法》规定,只要从事生产、经营,并有固定生产、经营场所的,都应当设置、使用和保管账簿及凭证,并根据合法、有效的凭证记账核算。除了保证合规经营,也是内部管理的需要。

但是,考虑到酒坊目前的规模小,财务收支都比较简单,周连决定委托第三方财务公司进行代理记账,酒坊内部仅设一名出纳,这不仅能节省人力资源的支出,还能依托第三方的专业经验,提高会计工作的效率和质量,使周连有更多时间用来开拓业务。在选择第三方代理机构时,周连特别关注以下几点:

(1) 代理记账业务需要具备许可证,要检查其经营范围是否有"代理记账",核实其是否取得《代理记账许可证》。

(2) 是否拥有固定的办公场所和完善的硬件设施,并配备经财务部门备案的财务软件。

(3) 专职从业人员人数是否不少于3名,项目负责人是否具备中级会计师职称。

(4) 是否具备较高的专业素质、服务意识和职业道德,做到对企业的财务状况进行保密。

选定代理记账公司后,周连与其签订了合同,合同中明确了双方的权利和义务,包括服务内容、价格、保密协议等条款。在服务过程中,周连需要与代理记账公司保持良好沟通,定期对服务质量进行监督和评估,确保酒坊的财务安全。

四、任务小结

会计是一个特殊的信息系统。如果把一个单位比喻成一个人,那么财务会计工作就是这个人身体中的血液循环系统,但管理好这个血液循环系统是非常重要。从事前到事中,从事中到事后,都要做到全方位、无死角地跟踪、检查、监督、审核和反馈等一系列的工作。

随着经济社会的不断发展,会计工作面临着新形势、新任务。"合规"既是紧箍咒,又是护身符。只有依法合规经营,企业才能行稳致远。除了会计人员,企业经营者也要学习财务规则,了解《会计法》等法律法规,增强合规意识和敬畏意识,充分发挥会计的核算和监督职能,助推诚信体系建设,维护社会经济秩序。

任务3.3 纳税认定申报

学习目标

1. 能描述出税收制度的含义,列举税制构成要素的基本内容。
2. 能说出纳税人的权利和义务。
3. 能认同我国税收本质是取之于民,用之于民。

一、任务描述

凤翔酒坊已取得营业执照并由第三方代理记账公司完成建账,但周连有一个疑问,公司还未开展经济业务,更别谈盈利了,公司就要开始报税了吗?公司日常经营要缴纳哪几种税呢?个体工商户是否有税收优惠?

二、任务准备

(一) 税收的意义

税收是国家为了实现其职能,凭借政治权力,按照法律规定的标准,无偿取得财政收入的一种特定分配方式。与其他财政收入相比,税收具有强制性、无偿性和固定性等三大特点。

1. 税收是国家调节经济的重要手段

税收作为经济杠杆,通过增税、减免税等手段来影响社会经济利益,引导企业、个人的经济行为,对资源配置和社会经济发展产生影响,从而实现调控经济运行的目的。政府运用税收手段,既可以调节宏观经济总量,又可以调节经济结构。

2. 税收是调节收入分配的重要工具

从总体来说,税收是国家参与国民收入分配最主要、最规范的形式,它能够规范政府、企业和个人之间的分配关系。不同的税种在分配领域发挥着不同的作用。例如,个人所得税实行超额累进税率,具有高收入者适用高税率、低收入者适用低税率或不征税的特点,有助于调节个人收入分配,促进社会公平、共同富裕。

> **"财税"小贴士:**
>
> 税收是国之血脉,"无税不国,无国不税"。古往今来,税收直接关系国计与民生,关系国家的各类活动与国民的日常生活。因此,依法纳税是我们每个公民应尽的义务。

(二) 税收的分类

税收的分类方法有很多种,包括按征收对象分类、按计税依据分类、按税负能否转嫁分类及按税收与价格的关系分类等。税收的分类如表3-3所示。

表3-3　　　　　　　　　　税收的分类

分类标准	类别	内容
按征收对象分类	流转税	以货物或劳务的流转额为征税对象的税,包括增值税、消费税、关税等
	所得税	以纳税人各种所得额为课税对象的税,包括企业所得税和个人所得税
	财产税	以纳税人所拥有或支配的特定财产为征税对象的税,包括房产税、车船税
	资源税	以自然资源和某些社会资源作为征税对象的税,包括资源税、土地增值税和城镇土地使用税
	行为税	又称特定目的税,是指国家为了实现特定目的,以纳税人的某些特定行为为征税对象的税,包括车辆购置税、城市维护建设税
按计税依据分类	从价税	以征税对象的价值形态(如销售收入、劳务收入、应纳税所得额等)为依据,按一定比例计算税款的税
	从量税	以征税对象的实物量作为计税依据征收的税,一般采用定额税率
	复合税	对征税对象采用从价和从量相结合的计税方法征收的税

(续表)

分类标准	类别	内容
按税负能否转嫁分类	直接税	税款不能转嫁于他人,须由纳税人自己承担的税
	间接税	可以将税款转嫁给他人,纳税人只是间接地承担税款的税
按税收与价格的关系分类	价内税	税款作为征税对象的商品或劳务的价格的有机组成部分税
	价外税	税款独立于征税对象的价格之外的税

(三) 纳税人的权利和义务

根据《国家税务总局关于纳税人权利与义务的公告》(国家税务总局公告 2009 年第 1 号)的规定,作为纳税人享有 14 项权利,需履行 10 项义务。

1. 纳税人的权利

(1) 知情权:纳税人有权向税务机关了解国家税收法律、行政法规的规定,以及与纳税程序有关的情况。

(2) 保密权:保密权所称的应该保密的信息,是指税务机关在税收征收管理工作中依法制作或采集的,以一定形式记录、保存的涉及纳税人的商业秘密和个人隐私的信息。

(3) 税收监督权:纳税人对税务机关违反税收法律、行政法规的行为,可以进行检举和控告。同时,对其他纳税人的税收违法行为也有权进行检举。

(4) 纳税申报方式选择权:纳税人可以直接到办税服务厅办理纳税申报或报送代扣代缴、代收代缴税款报告表,也可以按照规定采取邮寄、数据电文或其他方式办理上述申报、报送事项。

(5) 申请延期申报权:纳税人如不能按期办理纳税申报或报送代扣代缴、代收代缴税款报告表,应当在规定的期限内向税务机关提出书面延期申请,经核准,可在核准的期限内办理。

(6) 申请延期缴纳税款权:纳税人因有特殊困难,不能按期缴纳税款的,经省、自治区、直辖市国家税务局、地方税务局批准,可以延期缴纳税款,但是最长不得超过 3 个月。

(7) 申请退还多缴税款权:对纳税人超过应纳税额缴纳的税款,发现后,自发现之日起 10 日内办理退还手续。

(8) 依法享受税收优惠权:纳税人可以依照法律、行政法规的规定书面申请减税、免税。

(9) 委托税务代理权:纳税人有权委托税务代理人代为办理,设立、变更或注销税务登记,除增值税专用发票外的发票领购手续,纳税申报或扣缴税款报告等相关涉税业务。

(10) 陈述与申辩权:纳税人对税务机关作出的决定,享有陈述权、申辩权。

(11) 对未出示税务检查证和税务检查通知书的拒绝检查权:税务机关派出的人员进行税务检查时,应当向纳税人出示税务检查证和税务检查通知书;对未出示税务检查证和税务检查通知书的,纳税人有权拒绝检查。

(12) 税收法律救济权:纳税人对税务机关作出的决定,依法享有申请行政复议、提起行政诉讼、请求国家赔偿等权利。

(13) 依法要求听证的权利:对纳税人作出规定金额以上罚款的行政处罚之前,会送达《税务行政处罚事项告知书》,告知已经查明的违法事实、证据、行政处罚的法律依据和拟给予的行政处罚。对此,纳税人有权要求举行听证。

(14) 索取有关税收凭证的权利:税务机关征收税款时,必须给纳税人开具完税凭证。

2. 纳税人的义务

(1) 依法进行税务登记的义务:当自领取营业执照之日起 30 日内,持有关证件向税务机关申报办理税务登记。税务登记主要包括领取营业执照后的设立登记、税务登记内容发生变化后的变更登记、依法申请停业、复业登记、依法终止纳税义务的注销登记等。

(2) 依法设置账簿、保管账簿和有关资料,以及依法开具、使用、取得和保管发票的义务:应当按照有关法律、行政法规和国务院财政、税务主管部门的规定设置账簿,根据合法、有效凭证记账,进行核算;从事生产、经营的,必须按照国务院财政、税务主管部门规定的保管期限保管账簿、记账凭证、完税凭证及其他有关资料;账簿、记账凭证、完税凭证及其他有关资料不得伪造、变造或擅自损毁。

(3) 财务会计制度和会计核算软件备案的义务:纳税人的财务、会计制度,或财务、会计处理办法和会计核算软件,应当报送税务机关备案。

(4) 按照规定安装、使用税控装置的义务:纳税人应当按照规定安装、使用税控装置,不得损毁或擅自改动税控装置。

(5) 按时、如实申报的义务:纳税人必须依照法律、行政法规规定,或依照法律、行政法规规定确定的申报期限、申报内容如实办理纳税申报,报送纳税申报表、会计报表,以及税务机关根据实际需要要求纳税人报送的其他纳税资料。

(6) 按时缴纳税款的义务:纳税人应当按照法律、行政法规规定或依照法律、行政法规的规定确定的期限,缴纳或者解缴税款。

(7) 代扣、代收税款的义务:如纳税人按照法律、行政法规规定负有代扣代缴、代收代缴税款义务,必须依照法律、行政法规的规定履行代扣、代收税款的义务。

(8) 接受依法检查的义务:纳税人有接受税务机关依法进行税务检查的义务,应主动配合按法定程序进行的税务检查,如实地向税务机关反映自己的生产经营情况和执行财务制度的情况,并按有关规定提供报表和资料,不得隐瞒和弄虚作假,不能阻挠、刁难税务机关的检查和监督。

(9) 及时提供信息的义务:纳税人除通过税务登记和纳税申报向我们提供与纳税有关的信息外,还应及时提供其他信息。

(10) 报告其他涉税信息的义务:为了保障国家税收能够及时、足额地征收入库,税收法律还规定了纳税人有义务向税务机关报告相关涉税信息。

(四) 税收构成要素

1. 纳税人

纳税人是税法规定的直接负有纳税义务的自然人、法人和非法人组织。税法对纳税人的规定解决了对谁征税或谁该缴税的问题。

2. 征税对象

征税对象又称课税对象,它在税法构成要素中具有十分重要的地位,指明了对什么征税。征税对象确定征税的范围,是各税种之间相互区别的主要标志,是进行税收分类和税法分类的最重要的依据。

3. 税率

税率是计算应缴纳多少税额的尺度。税率是计算应纳税额的尺度,是衡量税负高低的重要指标,是税法的核心要素。税率的高低直接关系着国家的财政收入和纳税人的税收负担水平,是国家经济政策的具体体现。税率可分为比例税率、累进税率和定额税率。

(1)比例税率,是对同一征税对象,不论其数额大小,均按照同一比例计算应纳税额的税率,如增值税的计征方法。

(2)累进税率,是随着征税对象的数额或比率由低到高逐级累进,适用的税率也随之逐级提高的税率。换言之,按征税对象数额或比率大小划分为若干等级,每级由低到高规定相应的税率,征税对象数额或比率越大,适用的税率越高;反之,则相反。我国现行累进税率包括超额累进税率和超率累进税率。

(3)定额税率,是按征税对象的一定计量单位直接规定固定的税额,因而也称固定税额。定额税率计算简便,适用于从量计征的税种,如消费税黄酒的计征方法。

4. 纳税环节

纳税环节是税法规定的征税对象在从生产到消费的流转过程中应当缴纳税款的环节。一般是指商品流转过程中应缴纳税款的环节。

5. 纳税期限

纳税期限是在纳税义务发生后,纳税人依法缴纳税款的期限。纳税期限分为纳税计算期和税款缴库期两类。

6. 减免税

减免税是某些纳税人或征税对象给予的鼓励或照顾措施。减税是减征部分应纳税款;免税是免征全部应纳税款。

7. 纳税地点

纳税地点是纳税人依据税法规定向征税机关申报纳税的具体地点,它说明纳税人应向哪里的征税机关申报纳税,以及哪里的征税机关有权实施管辖的问题。税法规定的纳税地点主要有机构所在地、经济活动发生地,财产所在地、报关地。

三、任务实施

根据《中华人民共和国税收征收管理法》第十五条规定,企业、企业在外地设立的分支机构和从事生产、经营的场所,个体工商户和从事生产、经营的事业单位(以下统称从事生产、经营的纳税人)自领取营业执照之日起 30 日内,持有关证件向税务机关申报办理税务登记。

(一)新办开户

登录电子税务局,周连先完成自然人注册,登录后点击"我要办税"—"新办开户",选择"两证整合个体工商户登记信息确认",输入统一社会信用代码及法人证件号。系统自动调取市场监督管理部门采集的共享信息,周连核对系统信息准确无误,补充个别信息后点击"提交",系统提示开户成功。

3-8 新办开户和综合申请套餐操作

(二)办理新办个体工商户综合套餐

完成新办开户后,重新登录电子税务局,点击"套餐业务"—"新办个体工商户综合申请套餐",一次性完成"两证整合登记信息确认""存款账户账号报告""财务会计制度及核算软件备案报告""增值税纳税人类型登记""发票开票资格核定"等业务。具体操作步骤可扫描二维码3-8进行查看。

> **"财税"小贴士：**
> 自2023年4月27日以后成立并核定票种的新办纳税人,按规定使用电子发票服务平台开具全面数字化的电子发票,无须再领取税控设备开具发票,可通过"税务数字账户"模块进行发票归集、用途确认、查询、下载和打印等业务。

注意：个体工商户可选择查账征收或定期定额征收两种方式。查账征收又称查账计征或自报查账,是一种更加正规的缴税方式,它是指纳税人根据账簿记载情况,先自行计算税款并予以缴纳,然后在事后由税务机关进行查账核实的征收方式。如发现不符之处,进行多退少补的调整。这种征收方式主要适用于已经建立会计账簿且会计记录完整的单位。

定期定额征收是指纳税人的会计账簿不健全或其他原因难以准确确定纳税人应纳税额时,由税务机关采用合理的方法依法核定纳税人应纳税款的征收方式。

> **"财税"小贴士：**
> 根据《个体工商户建账管理暂行办法》(国家税务总局令2006年第17号)规定,符合下列情形之一的个体工商户,应当设置复式账：
> (1) 注册资金在20万元以上的。
> (2) 销售增值税应税劳务的纳税人或营业税纳税人月销售(营业)额在40 000元以上的;从事货物生产的增值税纳税人月销售额在60 000元以上的;从事货物批发或零售的增值税纳税人月销售额在80 000元以上的。
> (3) 省级税务机关确定应设置复式账的其他情形。

在征管系统逐渐完善,以及核定征收存在税务风险的情况下,出于规范经营和内部管理需要,凤翔酒坊凭借代理记账公司的专业服务,建立了基本的财务核算体系,可选择查账计征的方式进行纳税申报。

(三) 征收管理

经核定,凤翔酒坊需要缴纳的税费包括增值税(小规模纳税人,增值税征收率为3%)、个人所得税(经营所得)、消费税(白酒是应税消费品)、城市维护建设税、教育费附加和地方教育附加。

为更好地了解征税规定,周连花了一下午的时间学习"纳税人学堂"的相关内容,并咨询代理记账公司,他清楚了在办理税务登记后,选择"查账征收"方式的个体工商户应按月或季度申报期内通过电子税务局申报,申报后需按时缴纳税费。个体工商户无特殊情况下按季度申报,若选择以1个月为纳税期限,一经选择,一个会计年度内不得变更。

通过"企业业务"身份登录电子税务局后,周连依次点击"我的信息"—"纳税人信息"—"税(费)种认定信息",查询应申报税费和纳税期限。经营初期没有业务,可以申请零申报;发生业务后要申报增值税及附加税,可通过"企业业务"登录电子税务局,依次点击"我要办税"—"税费申报及缴纳"—"增值税及附加税费申报表(小规模纳税人适用)"。如果长时间不进行税务申报,会导致企业的纳税信用等级降低,限制企业后期正常业务,不允许企业贷款,甚至会产生罚款、拉入税务黑名单等。

(四)税收优惠

近年来,党中央、国务院高度重视小微企业、个体工商户发展,出台了一系列税费支持政策,持续加大减税降费力度,助力小微企业和个体工商户降低经营成本、缓解融资难题。凤翔酒坊作为个体工商户,其适用的税收优惠政策如下:

(1)增值税小规模纳税人月销售额10万元以下免征增值税政策。
(2)个体工商户年应纳税所得额不超过200万元部分减半征收个人所得税政策。
(3)个体工商户减半征收"六税两费"政策。
(4)重点群体创业税费减免政策。

3-9 小微企业、个体工商户税费优惠政策

四、任务小结

依法办理纳税申报,不仅是纳税人履行纳税义务的重要环节,而且是维护国家税收正常运行、保障纳税人合法权益、提高纳税人诚信度和防范税收风险的必要手段。一个有社会责任的企业不仅要合规经营,而且要按规定缴纳税款,为社会公共事业做出自己的贡献。

项目实训

一、单项选择题

1. 下列各项中,不属于个体工商户特点的是(　　)。
   A. 无独立法人资格　　　　　　　　B. 无注册资金要求
   C. 无固定场所　　　　　　　　　　D. 承担无限责任
2. 下列各项中,可能作为经营场所的是(　　)。
   A. 经济适用房　　　　　　　　　　B. 廉租房
   C. 车库　　　　　　　　　　　　　D. 城区底层住宅
3. 下列各项中,不可以用于出资的是(　　)。
   A. 货币　　　　B. 知识产权　　　　C. 实物　　　　D. 劳务
4. 会计的基本职能是(　　)。
   A. 决策、分析　　　　　　　　　　B. 控制、考核
   C. 核算、监督　　　　　　　　　　D. 反映、控制
5. 2023年12月甲公司成立,依规定其经济业务需要委托代理记账。下列各项中,甲公司可以委托其办理代理记账业务的是(　　)。
   A. M会计师事务所　　　　　　　　B. 会计专业在校生李某
   C. N公司会计师宋某　　　　　　　D. 退休会计人员徐某
6. 按照一定的步骤反复运行的会计程序是(　　)。
   A. 会计循环　　B. 会计核算　　　　C. 会计监督　　D. 会计审核
7. 会计凭证按其编制程序和用途的不同,分为(　　)。
   A. 内部凭证和外部凭证　　　　　　B. 原始凭证和记账凭证
   C. 收款凭证和付款凭证　　　　　　D. 临时凭证和正式凭证
8. 下列各项中,不属于税收特征的是(　　)。
   A. 强制性　　　B. 无偿性　　　　　C. 法定性　　　D. 固定性
9. 下列各项中,不属于纳税人基本义务的是(　　)。
   A. 财务会计制度备案的义务
   B. 依法进行税务登记的义务
   C. 使用特定会计软件的义务
   D. 代扣、代收税款的义务
10. 下列各项中,不属于纳税人基本权利的是(　　)。
    A. 申请延期申报权　　　　　　　　B. 依法享受税收优惠权
    C. 申请退还多缴税款权　　　　　　D. 申请税收减免权

二、判断题

1. 公司必须聘用专职会计人员。　　　　　　　　　　　　　　　　　　　(　　)
2. 公司可以只聘用一名专职会计人员,兼任出纳。　　　　　　　　　　　(　　)

3. 在校学生不是纳税人。   (   )
4. 税收的本质是"取之于民,用之于民"。   (   )
5. 纳税人既有义务,又有权利。   (   )
6. 营业执照分为正本和副本,具有同等法律效力。   (   )
7. 公司经营范围越大越好。   (   )
8. 有限责任公司注册资本可以分期缴纳,没有出资期限限制。   (   )
9. 从事技术开发的大学生创业者的居民用房,经业主委员会或社区居委会公示,书面征求本单元业主意见并无异议后,可用作经营场所。   (   )
10. 自然人投资人的姓名可以作为企业字号。   (   )

三、实践拓展

假如你的爸爸、叔叔、哥哥三人准备分别出资50万元(现金)、20万元(专利技术折价)、10万元(现金)合办一家玩具厂。请你为他们选择一种企业形式,为他们顺利创办和经营做参谋,并回答以下问题:

(1) 你建议他们选择哪种企业形式?为什么?
(2) 你对于玩具厂的命名有什么建议?
(3) 你对于玩具厂的选址有什么建议?
(4) 你建议注册资本认缴多少金额?
(5) 你建议如何开展财税工作?
(6) 你认为企业创办过程中应注意哪些问题?
(7) 应于何时到税务局办理报到?
(8) 玩具厂经营初期未实现盈利,是否可以不用纳税申报?

自 我 测 评

任务	学习目标	自评结果				
3.1 办理营业执照	1. 能阐述所在省份注册登记企业的流程	□A+	□A	□B	□C	□C−
	2. 能根据组织形式的特点和自身条件，选择合适的企业类型	□A+	□A	□B	□C	□C−
	3. 能按要求确定企业注册登记的必要信息，如名称、住所等	□A+	□A	□B	□C	□C−
	4. 能说明认缴注册制的含义及《中华人民共和国公司法》认缴要求	□A+	□A	□B	□C	□C−
	5. 能建立系统思维，形成程序公正、社会公正和法治社会的意识	□A+	□A	□B	□C	□C−
3.2 启用财务账簿	1. 能说出会计的基本职能和会计循环环节	□A+	□A	□B	□C	□C−
	2. 能选择合适的会计机构设置方式	□A+	□A	□B	□C	□C−
	3. 能识别会计账簿和会计凭证，并说出其功能	□A+	□A	□B	□C	□C−
	4. 能践行各行业的职业精神，遵守职业规范，增强职业责任感，培养遵纪守法、爱岗敬业、无私奉献、诚实守信、公道办事、开拓创新的职业品格和行为习惯	□A+	□A	□B	□C	□C−
3.3 纳税认定申报	1. 能描述出税收制度的含义，列举税制构成要素的基本内容	□A+	□A	□B	□C	□C−
	2. 能说出纳税人的权利和义务	□A+	□A	□B	□C	□C−
	3. 能认同我国税收本质是取之于民，用之于民	□A+	□A	□B	□C	□C−

	3-2-1 反思	
3	我的三个收获	
2	我的两点建议	
1	我的一个问题	

模块 II 守业过程

绿源优选成立于2018年,建立"互联网＋精准帮扶"电商平台"以买代帮",助力乡村产业振兴。绿源优选采用订单农业模式,向农户提供技术支持和市场信息,收购后对散货、土货等初级农产品进行包装和品牌打造,线上线下打通农产品进城双通道建设,真正发挥电子商务助农作用。10天累计销售新疆吐鲁番葡萄、哈密瓜、番茄、小红杏3 000斤。目前,公司团队成员已扩展至200余名,品牌影响力稳步提升……

项目 4
管好钱袋子

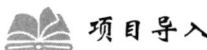
项目导入

近日,绿源优选精心策划的一场芒果秒杀活动,让消费者享受到实实在在的优惠,为果农打开了销售渠道,展现了绿源优选作为电商平台的社会责任感。

如今,"三农"已成为各大电商平台争相竞逐的"高质量赛道"。从最早搭建县村两级网络的农村淘宝,到淘天集团推出对接产销的中国农民丰收节系列活动;拼多多在打造"农地云拼"供应链的基础上,成功举办三届"科技小院大赛",通过产学研方式赋能农产品加工及销售;京东3年为一周期的"奔富计划",目前已实现农村产值数千亿元。原生态健康食品受到更多消费者青睐。农产品上行及工业品下行协同发展,新鲜优质的乡村好物通过互联网被大众熟知,形成了范围更广的品牌影响力。2023年,中央一号文件就推动乡村产业高质量发展在培育乡村新产业新业态方面提出了新要求,强调深入实施"数商兴农"和"互联网+"农产品出村进城工程,打通农村电商"最初一公里"和农产品进城的"最后一公里"。

自 2019 年,绿源优选首次尝试农产品电商业务,前期经历了一些波折,但在国家政策的不断加码支持下,绿源优选坚定不移地在惠农助农的路上走了下去,成果积累一定的市场资源,建立了较为全面的供应链体系,源源不断地将田野的甜蜜送达消费者手中,实现了从枝头到舌尖的无缝对接。

然而,随着业务逐渐扩大,管理层意识到,绿源优选的内部管理水平须进一步提升,特别是在财务管理方面。如何有效管控应收账款、成本费用、预算执行和利润分配,成为摆在他们面前的一道难题。他们需要更为精细的管理模式,以确保公司稳健经营。

请思考:

(1)业务销售员为了完成考核业绩,只管销售而不在乎公司能否收回款项,这样的管理模式对公司是否有利?

(2)公司某月销售量很大,但是利润却很低,原因可能是什么?

(3)资金是公司经营的血液,想要估算公司月末剩余资金,需要根据哪些数据呢?

(4)因经营得当,公司当年实现了 200 万元的利润,随即有股东提出将本年度全部的利润发放给股东。该股东的提议是否合理?

知识地图

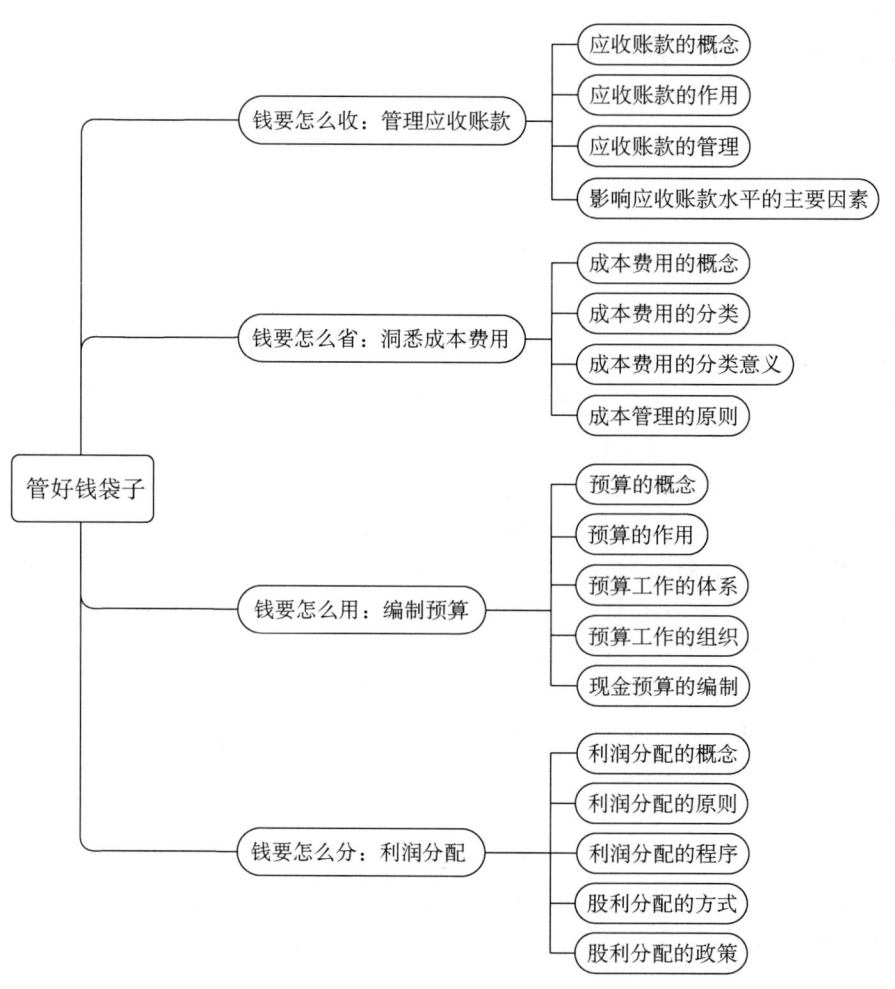

项目目标

通过本项目的学习,学生能理解应收账款管理,识别成本类别,形成资金管理思维和形成节流意识;了解现金预算编制,提高数字敏感度,形成整体思考;熟悉利润分配,包括概念、原则、政策和程序,树立合法合规意识。

任务 4.1 钱要怎么收：管理应收账款

 学习目标

1. 能说出应收账款的概念和作用。
2. 能识别应收账款的成本类别。
3. 能计算应收账款带来的收益和成本，并进行权衡。
4. 能养成资金管理的思维，形成平衡收益与成本的意识。

一、任务描述

收入是企业盈利的起点，是企业扩大市场规模的直接体现，是企业获得回报和资金的主要途径，但并非所有的收入都能在销售商品时取得货款，而是在销售后未来一段时间内取得，形成了应收账款。为加快资金回流，保证充足的现金流量，绿源优选准备加强应收账款管控，提高应收账款管理效率，对应收账款进行"全流程、全节点、精细化、科学化"精益化管控，搭建资信一体化平台、建立客户价值度分析模型、设置客户服务部专职管理应收账款、提升信息化管控手段的应用等，将应收账款的回款率保持在95%以上。

A公司是绿源优选最大的批发客户，绿源优选计划调整其收账政策。在公司内部会议上，各位经理提出了不同的意见。作为参会人员之一的财务助理小祝，也开始了自己的思考，到底是延长收账期还是缩短收账期呢？

二、任务准备

（一）应收账款的概念

应收账款是指企业在正常经营过程中，因销售商品或产品、提供劳务、办理工程结算等，应向购货单位或接受劳务单位收取的款项。应收账款是企业在一定时期内可以收回的一种经营债权，故又称应收销货款。它主要包括企业出售商品、产品、材料，提供劳务，办理工程结算等应向债务人收取的价款、增值税及代购货方垫付的运杂费等。它表示企业未来能获得的现金流入。

（二）应收账款的作用

应收账款是企业销售商品过程中，因赊销（商品已销售但款项尚未收到）而形成的应收款项。虽然未及时收回款项会导致企业现金流量不足，进而遭受损失，但应收账款极大地缓解了客户的资金压力，对企业的销售有很大的促进作用，主要表现在以下两个方面。

1. 扩大销售

在市场竞争日益激烈的情况下，赊销是促进销售的一种重要方式。如向两位客户提供相同数量的同类型产品，但分别设定现款支付和90日内付款的条件，显然90日内付款的条件对客户更有利。因此,赊销实际上是向顾客提供了两项交易:向顾客销售产品及在一个有限的时期内向顾客提供资金。赊销对顾客来说十分有利,所以顾客在一般情况下都选择赊购。赊销具有比较明显的促销作用,对企业销售新产品、开拓新市场具有重要的意义。

2. 减少库存

赊销不但可以扩大销售,还可以减少企业的商品库存。企业持有存货,不但资金被存货占用,无法周转,还需要追加管理费、仓储费和保险费等支出,甚至要承担商品过期、损毁和灭失的风险;相反,企业通过赊销,持有收账款,减少商品积压,则无须上述支出。因此,当企业商品存货较多时,一般都可采用较为优惠的信用条件进行赊销,把存货转化为应收账款,减少产成品存货,节约相关的开支。

(三)应收账款的管理

1. 应收账款的成本

应收账款作为企业为扩大销售和减少库存的手段,是否越多越好呢?非也,应收账款的存在会发生一定的成本,主要表现在以下三个方面:

(1)机会成本。在形成应收账款后,该部分资金将在未来某一时间后收回,在此期间内企业将无法用于其他投资并收取可能获得收益,这便是应收账款的机会成本。例如,绿源优选应收 A 客户 100 万元应收账款,将在 3 个月后到期,若将该笔 100 万元投资于股票市场,3 个月内将获得 20 万元的收益。因应收账款的资金占用,绿源优选已无法取得该笔 20 万元收益,这就是应收账款所产生的机会成本。

> **"财税"小贴士:**
>
> 机会成本是从事某项经营活动而放弃另一项经营活动的机会,或利用一定资源获得某种收入时所放弃的另一种收入。

(2)管理成本。应收账款的管理成本主要是指在进行应收账款管理时增加的费用,主要包括调查顾客信用状况的费用、收账费用、相关管理人员成本等。

(3)坏账成本。在赊销交易中,债务人由于种种原因无力偿还债务,债权人就有可能因为无法收回应收账款而发生损失,这种损失就是坏账成本。可以说,企业发生坏账成本一般与应收账款的金额成正比,应收账款金额越大,坏账成本金额也越大。此外,应收账款收回的时间越长,发生坏账成本的可能性越大。

2. 应收账款的管理目标

应收账款会增加企业的销售收入,也会增加企业的成本——过多的应收账款会使企业资金过多地被客户占用,导致机会成本增加,也会增加管理成本和坏账损失。但过少的应收账款可能会将资金压力转移给客户,使企业丧失部分客户,减少收入,最后导致存货积压。为此,企业应当制定合理的信用政策,权衡应收账款带来的收益和成本,使企业利益最大化。

(四)影响应收账款水平的主要因素

经营状况、产品定价、产品质量和信用政策是影响企业应收账款水平的主要因素。但除了信用政策,其他因素基本上都不是财务部门能够控制的。

信用政策是指企业为对应收账款进行规划与控制而确立的基本原则性行为规范,是企业财务政策的一个重要组成部分,包括信用标准、信用条件和收账政策三部分内容,主要作用是调节企业应收账款的水平和质量。此部分将在任务8.1作进一步学习。

三、任务实施

客户服务部小刘根据应收账款管理的平台的历史数据和分析工具,得出在信用期改变的情况下,A公司的业务量和收账费用的变化。根据小刘提供的数据,小祝计算了信用期变化的影响,如表4-1所示,并据此选择最优的信用政策。

表4-1　　　　　　　　信用政策变化对绿源优选的预估影响表　　　　　　　单位:万元

信用期变化	收益:预计销售额增加	收益:销售额带来的毛利变化（毛利率20%）	成本:应收账款收账费用变化
缩短20天	−10.0	−2.0	−1.5
缩短10天	−5.0	−1.0	−1.1
不变	0	0	0
增加10天	8.0	1.6	1.5
增加20天	12.0	2.4	2.5

经计算,小祝得出以下结论:

(1) 当信用期缩短20天时,销售额减少10万元,从而使销售毛利减少2万元,但收账费用减少1.5万元,总利润减少0.5万元(−2+1.5)。

> **"财税"小贴士:**
>
> 销售毛利是指营业收入扣除营业成本(即制造成本,如直接材料、直接人工和制造费用)后的利润部分,本例中毛利率为20%。营业成本不包括企业的非制造成本,如管理费用、销售费用和财务费用等。

(2) 当信用期缩短10天时,销售额减少5万元,从而使销售毛利减少1万元,但收账费用减少1.1万元,总利润增加0.1万元(−1+1.1)。

(3) 当信用期增加10天时,销售额增加8万元,从而使销售毛利增加1.6万元,但收账费用增加1.5万元,总利润增加0.1万元(1.6−1.5)。

(4) 当信用期增加20天时,销售额增加12万元,从而使销售毛利增加2.4万元,但应收账费用增加2.5万元,总利润减少0.1万元(2.4−2.5)。

因此,当信用期缩短或增加10天时,绿源优选的总利润将增加0.1万元。那么,此时应当选择信用期缩短10天,还是增加10天?

在深思熟虑后,财务助理小祝向财务经理王总反馈了分析结果,并提出将信用延长10天的建议:"不管是缩短10天,还是增加10天,对利润的影响都是一样的。但站在客户的角度,若缩短信用期,会增大客户的资金压力,不利于企业与客户的长期合作,因此应该延长信用期。"

财务总监王总很高兴,肯定了小祝善于分析问题的能力,有感而发:"2018年1月16日,华为任正非跟财务部分员工座谈时讲了一段话,他说:'财务在经线管理上已是世界一流,要加强纬线管理的优化。同时,努力夯实底座,让优秀的管理继续往下沉,到现场去解决问题,在作战中赋能。'"

小祝有些困惑,王总继续说道:"什么叫经线?地球仪南北谓之经,东西谓之纬。专业条件,如资金、预算、核算、报告、报表、税务、内控等,叫作经线,经线管理专业领域很强。其实这方面很多企业都做得好,只要财务人员基本素质不太差、爱学习,在经线上一般都能成为专业人才。"王总停了停,"那什么是纬线?业财融合讲的就是纬线。经线是基础,纬线是横向的。纬线管理就是在横向上,使财务跟上游的研发、前端的销售,还有采购、制造、人力资源这些职能部门协同。"

小祝问:"您多次跟我们强调,财务应该发挥数据中心的作用,是不是就是这个意思?财务能看到企业的所有数据,所以要通过末端业务、最后的财务数据结果来驱动前端的运营改进、合同质量的优化及研发效率的提高。"

王总笑道:"非常好,你理解了。财务不仅是第三只眼,财务也是业务的伙伴,在业务端财务要相对独立,但也要支撑业务打胜仗。"

四、任务小结

赊销是企业向客户提供的常见的信用方式,具有扩大销售和减少库存的作用。但应收账款并非越多越好,过多的应收账款会使企业资金被客户占用,导致机会成本增加,同时会增加管理成本和坏账损失;过少的应收账款会使企业丧失部分客户,收入减少,导致存货积压。为此,企业应当权衡应收账款带来的收益和成本,使企业利益最大化。企业不仅要考虑收益的金额,还要考虑与客户的长期关系,以及企业的信用形象。

任务 4.2 钱要怎么省:洞悉成本费用

 学习目标

1. 能说出成本费用的概念。
2. 能说出成本费用的类别。
3. 能根据成本管理原则进行成本控制。
4. 能养成节流的意识,形成成本控制和管理的意识。

一、任务描述

绿源优选计划丰富水果品类。年初,销售团队提出上架莲雾,理由是参考水果黄瓜和小番茄的走红,当下年轻人开始喜欢相对"含糖量低、甜度低"的水果,而莲雾恰好赶上这个变化趋势,且莲雾单价高,全国很多省份都有生产,绿源优选应该增加莲雾品类。依托自媒体流量推广、举办线下试吃活动,莲雾"抢先购"活动开始后1个月内销量就冲到了20万元,产品毛利率达到50%。近期天气炎热,销售部门提出要进一步加大优惠力度,多举办"秒杀"活动。在内部经营会上,销售部、采购部和财务部对此进行了激烈讨论。

二、任务准备

(一)成本费用的概念

成本费用泛指企业在生产经营中所发生的各种资源耗费的货币表现。从狭义的角度来说,成本和费用有各自的概念和内涵。成本与企业业务有直接关系,而费用与企业业务只存在间接关系。但实际生活中人们往往并不对两者进行区分,而是使用广义的成本概念,将成本费用统称为成本,只在特定场合分别计算其金额。

(二)成本费用的分类

按经济用途分类,成本费用可分为制造成本和非制造成本,这是一种最基本的分类方法。成本按经济用途分类如图4-1所示。

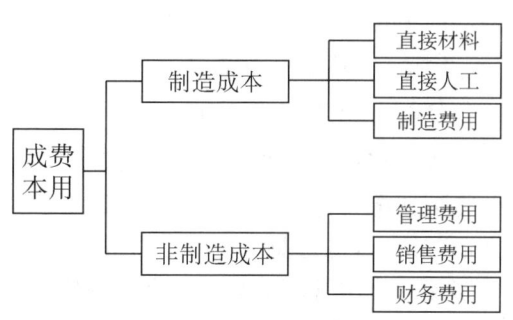

图4-1 成本按经济用途分类

1. 制造成本

生产单位(如车间)在生产产品过程中所发生的各项费用,包括直接材料、直接人工和制造费用。

(1)直接材料,是指企业生产过程中直接用于产品生产,构成产品实体的原材料、辅助材料、外购半成品及有助于产品形成的其他材料等。

(2)直接人工,是指企业在制造产品的过程中,为获得直接参加产品生产人员提供的服务而给予的各种形式的报酬及其他相关支出。直接材料和直接人工统称为直接成本。

(3)制造费用,是指企业为生产产品和提供劳务而发生的各项间接费用,包括车间管理人员的薪酬,机器设备和厂房的价值磨损及修理费,车间的水电费、物料消耗、办公费、劳动保护费及其他制造费用。企业应当根据制造费用的性质,选择合理的制造费用分配方法,将其分配计入产品生产成本。制造费用的分配标准可以是生产工人职工薪酬的比例、工时比例、耗用原材料的数量或成本等。

2. 非制造成本

非制造成本又称期间费用,是指管理部门在组织和管理过程中所发生的各项费用,包括管理费用、销售费用和财务费用等,在期末一次性计入当期利润表。

(1)管理费用,是指行政管理部门为组织和管理企业生产经营所发生的各种费用。

(2)销售费用,是指企业在销售商品、提供劳务过程中发生的各种费用。

(3)财务费用,是指企业为筹集和使用生产经营所需资金等而发生的筹资和用资费用,包括利息支出(减利息收入)、汇兑损益,以及相关的手续费、企业发生的现金折扣或收到的现金折扣等。

这些费用的共同点是其支出可以使企业整体受益,但难以描述该支出与特定产品之间的关系,因此作为期间费用直接计入当期损益。

> 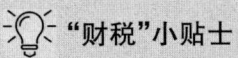**"财税"小贴士：**
>
> 毛利率又称销售毛利率，是指毛利占销售收入的百分比，其中毛利是销售收入与销售成本（制造成本）的差额。毛利率很重要，是一个衡量盈利能力的指标，毛利率越高，说明企业的盈利能力越高，控制成本的能力越强。毛利率的计算公式如下：
>
> 毛利率＝（销售收入－销售成本）÷销售收入×100％

（三）成本费用的分类意义

在实际工作中，许多创业者错误地认为凡是耗费都可以计入产品成本，这种对成本概念的不正确认知会导致其在日常成本管理时无意中触犯法律法规。

企业应严格遵守国家规定的成本开支范围和费用开支标准，保证产品成本的真实性，可以和同类企业，或本企业历史数据进行横向、纵向对比，能正确计算企业利润并进行分配。

因此，创业企业应认真学习和成本管理相关的法律法规，做到科学管理、守法经营。

（四）成本管理的原则

企业获得盈利的途径是开源和节流，在创业初期收入难以快速增长的时候，成本管理就变得更加重要，因为生存时间越长，企业就越接近成功。节流是摆在每一个创业者面前不可回避的话题，也是非常重要的管理内容。只有了解成本管理的基本原则和技巧，才能实现科学节流。成本管理的基本原则包括成本效益原则、融合性原则和重要性原则等。

1. 成本效益原则

成本效益原则要求成本的发生需以提高经济效益为出发点，但提高经济效益，不能仅依靠成本节约，更重要的是实现相对节约，如一笔巨额的广告支出能够带来可观的收入增长，应该支持该预算，但即便是小额的浪费，如果不能产生效益，也应该果断杜绝。

2. 融合性原则

成本管理应以企业业务模式为基础，将成本管理嵌入业务的各领域、各层次、各环节，实现成本管理责任到人、控制到位、考核严格、目标落实。企业的预算应当与各部门相关，并由企业牵头让所有部门参与，落实到企业的每一位员工。

3. 重要性原则

成本管理应重点关注对成本具有重大影响的项目，对于不具有重要性的项目可以适当简化处理。在成本核算中采用重要性原则，能够提高成本控制工作的效率，企业管理人员对控制标准以内的问题，不必事无巨细、不分大小地逐项控制，而应将控制重点集中在重要的事项上。

三、任务实施

问题1：采购部小林提出，最近是雨季，莲雾产量下降，整体成本有所上升，不可继续加大优惠力度。销售部小金反驳丁小林，他认为控制成本是采购部的工作，销售部只负责分析市场趋势，了解消费者需求，将产品上架，创造收入即可。

问题2：采购部小林展示了当地果农提出的两种收购方案：一是绿源优选一次性购买2 000斤，单价5元/斤，运输费800元；二是绿源优选一次性优选购买5 000斤，单价

4.5元/斤,运输费1500元。采购部无法定夺选择哪一种方案。

问题3:财务部小田认为:在线下举办的试吃活动缺乏详细记录,销售部需逐项统计试吃品和发放宣传册等费用;销售部小金认为:营销活动主要在线上,线下举办的试吃活动次数少,金额小,无须逐一关注。

运用成本管理的基本原则,小祝对以上三个问题进行了思考:

(1)企业将成本管理嵌入业务的各领域、各层次、各环节,实现成本管理责任到人、控制到位、考核严格、目标落实。因此,销售部认为成本管理与其无关不符合成本管理的融合性原则,不恰当。

小祝另外测算了莲雾的真实利润情况:莲雾平均活动价为30元/斤,直接材料成本(进货价)为15元/斤。电商平台没有制造加工,因此不存在直接人工、制造费用等与生产加工相关的直接和间接成本,计算毛利率约50%[(30-15)÷30×100%]。看似非常可观,但其中有10%左右的货物在进货过程中因运输及保管不当而损耗,另外,绿源优选为支持该业务,额外发生的管理部门办公费、人员工资、行政楼及其设备的折旧损耗等,属于管理费用;销售部门发生的办公费、人员工资、销售楼及其设备的折旧损耗等,属于销售费用;财务部门发生的借款利息,银行手续费等,属于财务费用。这些间接费用均需考虑在内,再加上物流成本——莲雾对保鲜要求较高,只能通过空运,运送不到40元的一单货,快递费就高达12元,真实利润微乎其微,切不可再进一步加大优惠力度!

(2)从采购价格上看,购买5 000斤不但采购单价更低,运输单价也更低,购买越多越划算。但从市场开发的角度考虑,莲雾口味平淡,其直接竞争对象是黄瓜、小番茄等"半菜半水果"的品类,与它们相比莲雾性价比过低。若大量备货,可能存在较高积压、变质损坏的风险。因此,按照成本效益原则,应选择较低的、合理的进货量以降低风险。

(3)企业应重点关注对成本具有重大影响的项目,对于不具有重要性的项目可以适当简化处理。在线下提供试吃,有助于提高莲雾的热度,其费用与线上促销相比,影响较小。根据成本管理的重要性原则,无须对其继续细分。

> **"职涯"小贴士:**
>
> 现今很多电商平台都会推出各种促销手段,如买一赠一、满300元减50元等。但消费要量入为出,理性消费。身处物质世界,我们每个人都会有物质追求,要对物质欲望有一个清醒的认知。根据自己现阶段的家庭财务状况和收入水平,衡量哪些消费是必要的,哪些消费是可有可无的,合理地分配资金,兼顾消费的顺序,这才是正确的消费理念。就算很有钱,如果无度地消费,最终也会变成穷光蛋。
>
> 建议要养成量入为出的习惯,购物前列出清单及预算;尽量不使用信用卡消费,别充大佬,为了有面子花钱。还要养成储蓄的好习惯,财富积少成多,独立积累人生的第一桶金。

四、任务小结

成本费用泛指企业在生产经营中所发生的各种资源耗费的货币表现,按经济用途分类可分为制造成本和非制造成本。企业应严格遵守国家规定的成本开支范围和费用开支标准,既能保证产品成本的真实性,使同类企业及企业不同时期之间的产品成本内容一致,具有分析对比的可能,又能正确计算企业利润并进行分配。在实际工作中,企业应严格区分产品成本与费用,做到分类清晰,不记错类别。

成本是影响企业利润的核心因素,因此成本管理是经营活动中非常重要的工作。成本管理需要遵循成本效益原则、融合性原则和重要性原则,确保企业能够以最小的成本,获得最大的经济利益,在市场竞争中保持领先地位。

任务 4.3 钱要怎么用:编制预算

学习目标

1. 能说出预算的概念和特征。
2. 能说出预算的类别和作用。
3. 能编制现金预算。
4. 能养成整体思考的管理思维,提高对数字的敏感度。

一、任务描述

2024 年,绿源优选新投资设立干果炒货品牌。为了实现更精细化的管理,保证资金安全和经营稳定,2024 年 6 月月末,公司要求财务部门抓紧编制干果炒货业务第三季度的现金预算,以评估是否要进行外部融资。

作为财务助理,小祝在协助财务经理完成预算编制工作之前,需要收集哪些数据?小祝想到自己的买车计划:每个月收到工资 5 000 元,1 年可以得到 60 000 元,但考虑到每个月的各项生活费支出,1 年需要支出 30 000 元。此外,还要在年中购买一部 5 000 元的手机以替换旧手机。综上所述,还需要向爸爸妈妈借款 25 000 元。

二、任务准备

(一)预算的概念

预算是企业在预测和决策的基础上,以数量和金额的形式反映企业未来一定时期内经营、投资、财务等活动的具体计划,是为实现企业目标而对各种资源和企业活动做出的详细安排。预算是一种可以据以执行和控制经济活动的、最为具体的计划,是对目标的具体化,是将企业活动导向预定目标的有力工具。

(二)预算的作用

预算的作用主要表现在以下三个方面:

(1)预算通过引导和控制经济活动,使企业经营达到预期目标。企业通过预算指标可以控制实际活动过程,随时发现问题并采取必要的措施。因此,预算具有规划、控制、引导企业经济活动有序进行,以最经济有效的方式实现预定目标的功能。

(2) 预算可以实现企业内部各个部门之间的协调。从系统论的观点来看,局部计划的最优化,对全局来说不一定是最合理的。因此,为了使各个职能部门向着共同的战略目标前进,它们的经济活动必须密切配合、相互协调、统筹兼顾、全面安排、综合平衡。

(3) 预算可以作为业绩考核的标准。预算作为企业财务活动的行为标准,使各项活动的实际执行有章可循。预算标准可以作为各部门责任考核的依据。经过分解落实的预算规划目标能与部门责任人的业绩考评结合起来,成为绩效考核、评估优劣的准绳。

(三) 预算工作的体系

各种预算是一个有机联系的整体。一般将由业务预算、专门决策预算和财务预算(总预算)组成的预算体系,称为全面预算体系,其结构如图 4-2 所示。

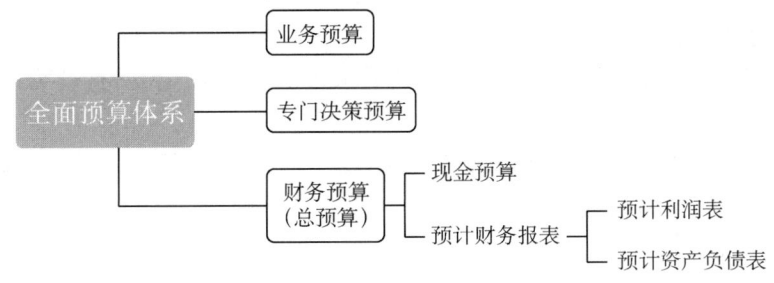

图 4-2 全面预算体系结构

(四) 预算工作的组织

1. 决策层

决策层一般由企业董事会或类似机构构成,对企业预算的管理工作负总责。企业董事会或经理办公会可以根据情况设立预算委员会或指定财务管理部门负责预算管理事宜。

2. 管理层

管理层一般由预算委员会或财务管理部门构成,主要负责拟定预算的目标、政策,制定预算管理的具体措施和办法。

3. 执行层

执行层主要包括企业内部生产、投资、物资、人力资源、市场营销等职能部门,以及企业所属基层单位,具体负责本部门业务涉及的预算编制、执行、分析等工作。

4. 考核层

考核层一般由企业财务管理部门具体负责,进行企业预算的跟踪管理,监督预算的执行情况,分析预算与实际执行的差异及原因,提出改进管理的意见与建议。

(五) 现金预算的编制

现金预算的编制主要分为以下五个步骤。

1. 确认预算期初的资金

现金预算是围绕现金流量展开的,所以确认预算期初的资金数额是现金预算的基础。预算期初的资金数额来自财务部门编制的资产负债表。

2. 收入预算

收入是现金预算的起点。收入预算应确定预计的收入来源和金额,包括销售产品或服务取得的收入、投资收益和其他收入。收入预算的数据来自销售部门,但收入与现金流量匹配时,必须考虑预算期的收入产生的现金流量是否能在本期收回。例如,某企业的销售收款政策为本月收款 60%,下月收款剩余的 40%,则当月收入预算导致的现金流入为本月收入的 60% 与上月收入的 40% 之和。

3. 支出预算

支出预算应根据预计的支出项目和金额进行预算,包括原材料采购、员工薪资、税费、租金、利息和其他支出项目。

原材料采购支出数据主要来自采购部门,当支出与现金流量匹配时,必须考虑预算期的采购产生的现金流量是否需要在本期支出。与收入预算类似,若某企业供应商的信用政策为本月付款 60%,下月付款剩余的 40%,则当月采购导致的现金流出为本月采购成本的 60% 与上月采购成本的 40% 之和。

员工薪资、税费、租金等支出也同样需要考虑预算期是否需要支付,若为以后期间支付,则无资金支出。

利息支出不仅需要考虑在预算期已借入的借款产生的利息,而且需要考虑若资金不够,需提前借入借款所产生的利息支出。

4. 资本预算支出

若企业有对重大投资项目,如固定资产投资、股权投资和长期债务偿还的,在预算时也要考虑预算期是否需要支出。

5. 现金流预算

有了期初资金、预算收入、预算支出和资本预算支出后,可以得出预算期的现金净流量。若预算期资金净流量为负数,则表示企业资金不足,需要向银行贷款。

注意:在预算期需要资金借入时,一般借款发生在预算期期初,以保证预算期内不会出现资金链断裂。若预算期资金净流量为正数,可以考虑在预算期期末归还借款本金,或进行投资,以获得更多的收益。

三、任务实施

截至 2024 年 6 月 30 日,干果炒货业务可用的货币资金余额为 80 000 元。小祝收集的 7 月相关数据如下:

预计营业收入为 1 000 000 元,其中 700 000 将于 7 月收到。此外,7 月还会收到 6 月销售的货款 200 000 元。

材料采购成本为 600 000 元,其中 400 000 元将于 7 月支付。此外,7 月还需支付 6 月采购的价款 200 000 元。

本期应支付的各部门工资总额为 100 000 元,应支付的门店租金为 50 000 元,应支付的办公费、水电费等日常支出 10 000 元;按 7 月预计收入,计算应缴纳的税费为 50 000 元。

此外,该业务线计划在 7 月购入一台设备,用于新产品的生产。该设备的价款为 200 000 元,需要在 7 月月末全额支付。

根据财务部门提供的数据,若资金不足,需向银行借入以 10 000 元为最小单位的借款,年利率为 6%。

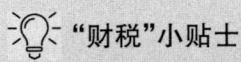"财税"小贴士：

借款利息＝借款本金×年利率×资金实际借用的时间权重
资金实际借用的时间权重＝实际借款的月数÷12

向银行贷款时必须考虑成本效益原则，不可无节制地贷款。

为季度现金预算编制做好准备，小祝编制了绿源优选干果炒货业务7月现金预算表，如表4-2所示。

表4-2　　　绿源优选干果炒货业务线2024年7月现金预算表1　　　单位：元

项目		金额
	期初资金	80 000
加：预算收入	营业收入	900 000
减：预算支出	材料采购支出	600 000
	工资总额	100 000
	办公楼租金	50 000
	日常支出	10 000
	应缴纳的税费	50 000
减：资本预算支出	设备购买款	200 000
资金结余或不足		－30 000

经测算，截至7月月末，干果炒货业务线资金不足，需借入借款40 000元，每月借款利息支出为200元(40 000×6％×1÷12)，7月现金结余为9 800元(40 000－30 000－200)，计算过程如表4-3所示。

表4-3　　　绿源优选干果炒货业务线2024年7月现金预算表2　　　单位：元

项目		金额
资金结余或不足		－30 000
加：借入资金	银行借款	40 000
减：借入资金产生的利息	利息支出	200
减：归还的借款本金		0
资金余额		9 800

四、任务小结

财务预算是企业短期财务目标的具体化，是以经营预算和专项决策预算为基础编制的综合性预算，它规定了企业一定时期的规划和各个部门的具体目标。科学的财务预算能使各业务环节和相关部门明确具体目标，能有效协调各业务环节和部门之间的业务关系，能对各业务环节的财务活动进行控制,并组织业绩考核。

现金预算作为财务预算的关键,必须做好收入和支出预算的计算,尤其是该项资金是否在本期收到或支出。此外,在资金不足时,需要在期初向银行贷款,此时不要忘记该笔贷款的利息支出。完成现金预算需要全面了解企业的业务,并统筹各部门的预算,需要编制者具备一定的财务管理意识。

任务 4.4　钱要怎么分:利润分配

 学习目标

1. 能说出利润分配的概念、股利支付的方式。
2. 能理解利润分配的原则、股利分配的政策。
3. 能讲明利润分配的程序。
4. 能树立合法、合规、科学分配的意识。

一、任务描述

绿源优选的主要股东张三在股东会上提出:既然公司盈利了,每年都应分配利润。他提出四种方法:一是直接分红,二是工资现金,三是个人消费报销,四是直接借走。其他主要股东则认为:为了维护企业的长期发展和稳定,仍需要持续加大研发和营销力度,进一步扩大市场规模,以公司发展需要资金为由,拒绝分配利润。

小祝旁听参与了本次股东会,他不禁思考:公司盈利就要给股东分配利润吗?利润分配是否有一定步骤?对张三提出的分配方法,公司应如何选择?

二、任务准备

(一)利润分配的概念

利润分配就是将利润进行分配。那我们就需要弄清楚三点:一是利润是什么,二是分配给谁,三是如何分配。广义的利润分配是指对企业收入和利润总额进行分配的过程。狭义的利润分配是指对企业净利润的分配。本项目中的利润分配是指对净利润的分配。

利润分配是将企业在一定期间(通常是年度)所实现的净利润,按照国家财务制度规定的分配形式和分配顺序,在企业和投资者之间进行的分配。净利润是指扣减所有相关成本和费用后,企业所获得的盈利金额。企业利润分配的主体是投资者和企业,利润分配的对象是企业实现的净利润。

(二)利润分配的原则

因利润分配的过程与结果,关系所有投资者(股东)的合法权益能否得到保护,企业能否长期、稳定发展的重要问题。所以,企业必须加强利润分配的管理和核算,并遵循利润分配的原则。

1. 依法分配原则

企业利润分配的对象是企业缴纳所得税后的净利润,这些利润是企业的权益,企业有权自主分配。但国家为了保障企业利润分配的有序进行,维护企业和所有者、债权人及职工的合法权益,促使企业增加积累,增强风险防范能力,所以制定了有关利润分配的法律和法规。利润分配虽是企业内部重大事项,但也必须在不违背国家有关规定的前提下,对本企业利润分配的原则、方法、决策程序等内容作出具体且明确的规定。

2. 利益兼顾原则

企业在分配时应该从全局出发,充分考虑企业、所有者、债权人、职工等的利益。必须统筹兼顾,合理安排。投资者作为企业资本的所有者,依法享有利润的分配权,职工作为企业利润的创造者,除了获得工资及奖金等劳动报酬,还要以适当的方式参与利润分配。

3. 分配与积累并重原则

企业在进行利润分配的过程中,应该兼顾长远利益和近期利益,处理好分配和积累的比例关系。

4. 投资与收益对等原则

企业利润分配时,应当体现投资与收益对等的原则,即做到"谁投资谁收益",收益大小与投资比例相适应,这是正确处理投资者利益关系的关键。

5. 无利不分原则

原则上认为,当企业有税后盈余时,才可进行分配利润。因此,当企业亏损时,企业不得分配股利或进行投资分红。

(三) 利润分配的程序

按照《中华人民共和国公司法》(以下简称《公司法》)规定,企业的利润分配应按一定的顺序进行,具体如图4-3所示。

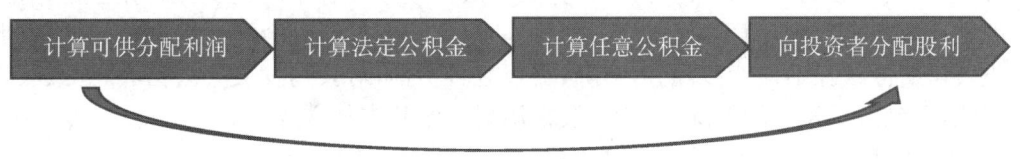

图 4-3 利润分配流程

1. 计算可供分配利润

需要特别说明的是,可供分配利润必须是弥补企业以前年度亏损之后的。企业在提取法定公积金之前,应当先用当年利润弥补以前年度亏损。企业年度亏损可以用下一年度的税前利润弥补,下一年度不足弥补的,可以在5年之内用税前利润连续弥补,连续5年未弥补的亏损则用税后利润弥补。其中,税后利润弥补亏损可以用当年实现的净利润,也可以用盈余公积转入。

2. 计算法定公积金

《公司法》规定,法定盈余公积金的提取比例为当年税后利润(弥补亏损后)的10%。当年法定盈余公积金的累积额已达注册资本的50%时,可不再提取。法定盈余公积金可用于弥补亏损、扩大公司生产经营或转增资本,但公司用盈余公积金转增资本后,法定盈余公积金的余额不得低于转增前公司注册资本的25%。

3. 计算任意公积金

《公司法》规定,公司从税后利润中提取法定公积金后,经股东会或股东大会决议,还可以从税后利润中提取任意公积金。这是为了满足公司经营管理的需要,控制向投资者分配利润的水平,以及调整各年度利润分配的波动。

4. 向投资者分配股利

《公司法》规定,公司弥补亏损和提取公积金后所余税后利润,可以向股东(投资者)分配股利(利润)。公司股东会、股东大会或董事会违反上述利润分配顺序,在弥补亏损和提取法定盈余公积金之前向股东分配利润的,股东必须将违反规定分得的利润退还公司。另外,公司持有的本公司股份不得分配利润。

(四) 股利支付的方式

公司常见的股利支付方式主要包括以下四种。

1. 现金股利

现金股利是指公司以现金向股东支付的股利。它是一种运用最为普遍的股利支付方式,也是投资者最容易接受的方式。这种方式能满足大多数投资者希望得到一定数量现金作为投资收益的需求,但会增加公司的现金流出量,给公司带来现金支付的压力。当公司现金充裕时,会发放较多的现金股利;而当公司现金紧张时,为了应对意外情况的发生,公司往往不愿意发放过多的现金股利。因此,公司必须根据实际情况进行权衡,制定合理的现金股利政策。

2. 财产股利

财产股利又称实物股利,是指公司以现金以外的其他资产支付的股利,主要是以公司所拥有的其他公司的有价证券,如债券、股票等,作为股利发放给股东,或以公司的物资、产品或不动产等充当股利。这种形式不会增加公司的现金流出,因此当公司资产变现能力较弱时,可以选取财产股利支付方式。但这种方式一般不被广大股东所接受,因为股东持有股票的目的是获取现金收入,而不是分得实物;另外,以实物支付股利会严重影响公司形象,股东会认为公司财务状况不佳、变现能力下降、资金流转不畅,对公司发展失去信心,导致股价大跌。因此,不到万不得已的情况,一般不会采用财产股利支付方式。

3. 负债股利

负债股利是指公司以负债支付的股利,通常以公司的应付票据支付给股东,在不得已的情况下也有发行公司债券支付股利的情况。这种股利发放方式只是公司的一种权宜之计,股东往往不喜欢负债股利支付方式。

4. 股票股利

股票股利是指公司以增发股票的方式支付给股东的股利,即公司按现有股东所持有股份的比例增发同类股票。股票股利的发放并不会增加股东财富,也不会增加公司价值,因为对公司来说,股票股利的宣布与发放既不构成公司的负债,又没有现金流出公司,不会导致公司的财产减少,而只是将股东权益中留存收益的一部分转化为股本及资本公积,它只改变股东权益内部结构,不会改变公司股东权益总额。

(五) 股利分配的政策

公司常见的股利分配政策主要包括以下五种。

1. 剩余股利政策

剩余股利政策是指公司为了维持一定的目标资本结构(最佳资本结构),将税后利润先用于满足公司权益资本要求,若有剩余再对外分配的股利政策。剩余股利政策是保持公司的目标资本结构优先,在公司有良好的投资机会时,先用留存收益保证投资项目的资金需求,如有剩余才用于分配。该股利政策完全从自身的需求出发,而不关心市场对于公司的反馈,其理论依据是股利无关论。

2. 固定股利政策

固定股利政策是指公司每年派发固定金额的股利,且在较长时间内保持不变的股利政策。该股利政策要求在公司盈利发生一般变化时,不影响股利的支付,并使其保持稳定的水平;只有管理层预计公司未来的盈余会显著并持续性地上涨或下跌时,才可以调整公司的股利发放额。在此政策下,由于公司每年都支付相等金额的股利,容易向外界传递公司稳定发展的信息,有利于公司股价的稳定。实行这种股利政策者支持股利相关论,他们认为公司的股利政策会对公司股票价格产生影响,股利的发放是向投资者传递公司经营状况的某种信息。

3. 稳定增长股利政策

稳定增长股利政策是指在一定的时期内,保持公司的每股股利额按照一定的增长率逐年增长的股利政策。这种股利分配政策是把股利分配额作为优先考虑的目标,先确定一个稳定的股利增长率,保证股利不断增长,而不是随着公司利润和资金需求的波动而变化。

4. 固定股利支付率政策

固定股利支付率政策是指公司确定一个股利支付率,然后长期都按此比率向股东发放股利的股利政策。每年发放的股利额等于净利润乘以固定的股利支付率。在这种股利政策下,公司在盈余多的年份会发放较多的股利,在盈余少的年份会发放较少的股利,充分体现了"多盈多分,少盈少分、无盈不分"的原则。也就是说,采用这一政策发放股利时,公司每年发放的股利额是波动的,股利额的多少主要与公司每年的净利润及股利支付率的高低有关。

5. 低正常股利加额外股利政策

低正常股利加额外股利政策是指公司事先设定一个固定的、数额较低的经常性股利额,在盈利比较多的年份,根据实际情况发放额外股利的一种股利政策。在该政策下,公司每年都按固定金额支付较低的正常股利,只有在公司盈利较多的年份,向股东发放额外股利。该额外股利并不固定化,不意味着公司永久地提高了规定的股利率。采用此政策,股东分得的是"低固定+额外"的股利,体现了"稳健+灵活"的原则。

三、任务实施

(一) 计算可供分配利润

绿源优选年初未分配利润的余额为600万元;扣减所有相关成本和费用后,本年实现税后利润180万元,可供分配利润为780万元(600+180),存在税后盈余,可以进行利润分配。

股东张三作为企业的投资者,是企业资本的所有者,依法享有利润的分配权,但是利润分配的过程和结果不仅关系股东的合法权益,而且关系企业能否长期、稳定和健康地发展。按照《公司法》相关规定,企业应依法进行利润分配,并按照利益兼顾原则,从全局出发、合理安排。

(二)实施利润分配

按照《公司法》规定,在分配利润前,需要弥补亏损,并提取法定盈余公积金和任意盈余公积金等,具体步骤如下:

第一步,本年度利润总额应先弥补以前年度亏损(5年之内的亏损)。

第二步,弥补亏损后的利润总额缴纳企业所得税。

第三步,用净利润弥补以前年度亏损(5年之外的亏损)。

第四步,提取法定盈余公积金。法定盈余公积金按照本年企业实现净利润(扣除5年之外的亏损)的一定比例提取,股份制企业按照10%的比例提取,其他企业可以根据需要确定提取比例,但至少应按10%提取。法定盈余公积金已达注册资本的50%时可不再提取。

第五步,支付应付的优先股股利(在我国现阶段,所有上市公司的股本结构中都没有优先股)。

第六步,提取任意盈余公积金。

第七步,企业董事会制订利润分配预案,经股东大会决议批准后对外公布并支付普通股股利,包括分配给普通股股东的现金股利和股票股利。

第八步,剩余利润转作未分配利润,可在下期分配。

(三)选择利润分配方法

股东张三提出的四种利润分配方法,只有第一种方法"直接分红"是合法、合理的。发放分红又称分配股利,是公司合理分配利润的方式,公司可采取的利润分配方法有现金股利、财产股利、负债股利和股票股利。

任务拓展:

绿源优选实现税后利润为180万元,公司讨论决定股利分配的金额。预计次年需要增加投资资金200万元。公司的目标资金结构是权益资金占60%,债务资金占40%。公司采用剩余股利政策。筹资的优先顺序是留存收益、借款和增发股份。请问公司可以用于分配现金股利的净额有多少?

解析:

(1) 公司应筹集的留存收益=200×60%=120(万元)

(2) 股利可分配金额=180-120=60(万元)

四、任务小结

股利分配是指企业向股东分派股利,是企业利润分配的一部分。股利政策是企业的核心财务问题之一。股利政策主要有剩余股利政策、固定股利政策、稳定增长的股利政策、固定股利支付率政策、低正常股利加额外股利政策五种类型。一般情况下,企业需要综合考虑法律因素、债务契约因素、企业自身因素和股东因素等方面,结合实际情况选择合适的股利政策。企业在发放股利时,可采取现金股利或财产股利、股票股利、负债股利等方式,大部分企业采用的都是现金股利和股票股利的方式。

项目实训

一、单项选择题

1. 下列各项中,属于应收账款作用的是( )。
   A. 扩大销售　　B. 增加存货　　C. 增加利润　　D. 增强信誉
2. 下列各项中,不属于企业应收账款成本的是( )。
   A. 机会成本　　B. 管理成本　　C. 短缺成本　　D. 坏账成本
3. 下列各项中,不属于按经济用途分类的成本费用的是( )。
   A. 直接材料　　B. 直接人工　　C. 直接设备　　D. 管理费用
4. 下列各项中,不属于制造成本的是( )。
   A. 直接材料　　B. 直接人工　　C. 制造费用　　D. 销售费用
5. 下列各项中,属于成本管理原则的是( )。
   A. 成本效益原则　　　　　　　　B. 可比性原则
   C. 真实性原则　　　　　　　　　D. 可持续发展原则
6. 预算是以企业的( )和决策为基础的。
   A. 预测　　　　　　　　　　　　B. 控制
   C. 财务分析　　　　　　　　　　D. 业绩考核
7. 下列各项中,不属于预算作用的是( )。
   A. 预算通过规划、控制和引导经济活动,使企业经营实现预期目标
   B. 预算可以实现企业各部门之间的协调
   C. 预算是业绩考核的重要依据
   D. 预算可以有效地控制成本
8. 下列各项中,属于资本预算支出的是( )。
   A. 材料采购支出　　　　　　　　B. 工资支出
   C. 日常支出　　　　　　　　　　D. 固定资产采购支出
9. 下列各项中,表述正确的是( )。
   A. 利润分配应遵循"先到先得"的原则,即先投入资本的股东应优先获得利润分配
   B. 在利润分配时,应优先考虑企业的长期发展需求,确保企业有足够的资金用于未来的投资和扩张
   C. 利润分配应根据股东的个人需求和财务状况进行,以满足股东的个人利益
   D. 在企业盈利不足时,股东仍需按照持股比例进行利润分配,以确保公平
10. 下列关于《公司法》规定的利润分配程序的表述中,正确的是( )。
    A. 计算可供分配利润→计算法定公积金→计算任意公积金→向投资者分配股利
    B. 计算任意公积金→计算可供分配利润→计算法定公积金→向投资者分配股利
    C. 计算法定公积金→计算可供分配利润→计算任意公积金→向投资者分配股利
    D. 计算可供分配利润→计算任意公积金→计算法定公积金→向投资者分配股利

二、判断题

1. 如向两位客户提供相同数量的同类型产品,但分别设定50日内支付和90日内付款的条件,在理性角度考虑下,客户会选择在50日内支付。( )
2. 当企业商品存货较少时,一般都可采用较为优惠的信用条件进行赊销,把存货转化为应收账款,减少产成品存货,节约相关的开支。( )
3. 财务费用属于制造成本。( )
4. 期间费用包含管理费用、财务费用和销售费用。( )
5. 管理部门发生的办公费、人员工资、行政楼及其设备的折旧损耗等,属于管理费用。( )
6. 成本费用计算既是确定利润、编制报表的基础,又是成本费用预测、加强管理的抓手。( )
7. 提高经济效益,必须依靠绝对成本节约。( )
8. 收入是现金预算的起点。( )
9. 所有支出预算都会导致资金流出企业。( )
10. 利润分配方法由企业自主决定。( )

三、实践拓展

小杨计划在镇上开办一家手表修理店。他为经营的前5个月准备了现金流量计划,如表4-4所示。考虑一下这个现金流量计划,并回答以下问题:

(1) 4月流入企业的现金总量是多少?
(2) 5月流出企业的现金总量是多少?
(3) 小杨期望在几月份购买新设备?
(4) 你认为小杨实际需要多少钱来开办手表修理店?

表4-4　　　　　　　　　　　小杨创业现金流量计划　　　　　　　　　　　单位:元

项目		1月	2月	3月	4月	5月
现金流入	月初现金	1 500	250	250	3 000	855
	现金销售	1 250	2 250	3 750	4 250	4 250
	其他现金收入	0	0	1 450	0	0
	可支配现金	2 750	2 500	5 450	7 250	5 105
现金流出	现金采购支出	1 800	1 550	1 750	1 850	1 850
	工资	450	450	450	545	545
	办公开支	250	250	250	250	250
	购买设备	0	0	0	3 750	0
	其他现金支出	0	0	0	0	0
	现金总支出	2 500	2 250	2 450	6 395	2 645
	月底现金	250	250	3 000	855	2 460

自 我 测 评

任务	学习目标	自评结果				
4.1 钱要怎么收:管理应收账款	1. 能说出应收账款的概念和作用	□A+	□A	□B	□C	□C−
	2. 能识别应收账款的成本类别	□A+	□A	□B	□C	□C−
	3. 能计算应收账款带来的收益和成本,并进行权衡	□A+	□A	□B	□C	□C−
	4. 能养成资金管理的思维,形成平衡收益与成本的意识	□A+	□A	□B	□C	□C−
4.2 钱要怎么省:洞悉成本费用	1. 能说出成本费用的概念	□A+	□A	□B	□C	□C−
	2. 能说出成本费用的类别	□A+	□A	□B	□C	□C−
	3. 能根据成本管理原则进行成本控制	□A+	□A	□B	□C	□C−
	4. 能养成节流的意识,形成成本控制和管理的意识	□A+	□A	□B	□C	□C−
4.3 钱要怎么用:编制预算	1. 能说出预算的概念和特征	□A+	□A	□B	□C	□C−
	2. 能说出预算的类别和作用	□A+	□A	□B	□C	□C−
	3. 能编制现金预算	□A+	□A	□B	□C	□C−
	4. 能养成整体思考的管理思维,提高对数字的敏感度	□A+	□A	□B	□C	□C−
4.4 钱要怎么分:利润分配	1. 能说出利润分配的概念、股利支付的方式					
	2. 能理解利润分配的原则、股利分配的政策	□A+	□A	□B	□C	□C−
	3. 能讲明利润分配的程序	□A+	□A	□B	□C	□C−
	4. 能树立合法、合规、科学分配的意识	□A+	□A	□B	□C	□C−
3-2-1 反思						
3	我的三个收获					
2	我的两点建议					
1	我的一个问题					

项目 5
做明白的纳税人

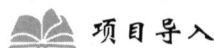 项目导入

在经历了一段时间的锻炼后,小祝得到了显著的成长与进步。为进一步提升他的专业技能,财务总监王总派经验丰富的税务会计陈姐做小祝的师父。今天,陈姐要求小祝登录电子税务局完成本季度企业所得税的申报。为了更好地完成陈姐交代的工作,小祝查阅了公司业务涉及的税种及网上申报流程。小祝感慨道,税务总局推出的"非接触式"办税服务真是方便快捷,方便了纳税人。

忽然,办公室电话响了。小祝接起电话后,发现是来自税务局的电话。原来税务部门利用税收大数据,对涉农企业销售信息开展了数据梳理,搜索到了绿源优选,希望帮助绿源优选打通与农户的沟通渠道。财务总监王总知道了这个消息,非常高兴:"税务局的大数据真了不得!不仅丰富了我们的产品供给,而且打开了农户的销路,实现多赢局面。"陈姐也感慨:"公司去年被认定为国家需要重点扶持的高新技术企业,不仅享受15%的优惠税率,在最新的政策下,今年研发费用预计可以加计扣除80万元!"

乡村发展有需求,税务部门有响应。近些年,电商在农村发展迅猛,各地税务部门充分发挥税收职能和引导扶持作用,联合多方资源,把优质服务同优惠政策一起送到乡村纳税人、缴费人身边,为乡村振兴注入源源不断的"税动能",激发乡村创业、就业活力。

请思考:

(1) 税收是什么?目前我国有几大税种?

(2) 目前我国的第一大税种是什么?它占我国税收规模的多少?

(3) 税收大数据是什么?

(4) 你交过税吗?

项目 5　做明白的纳税人

知识地图

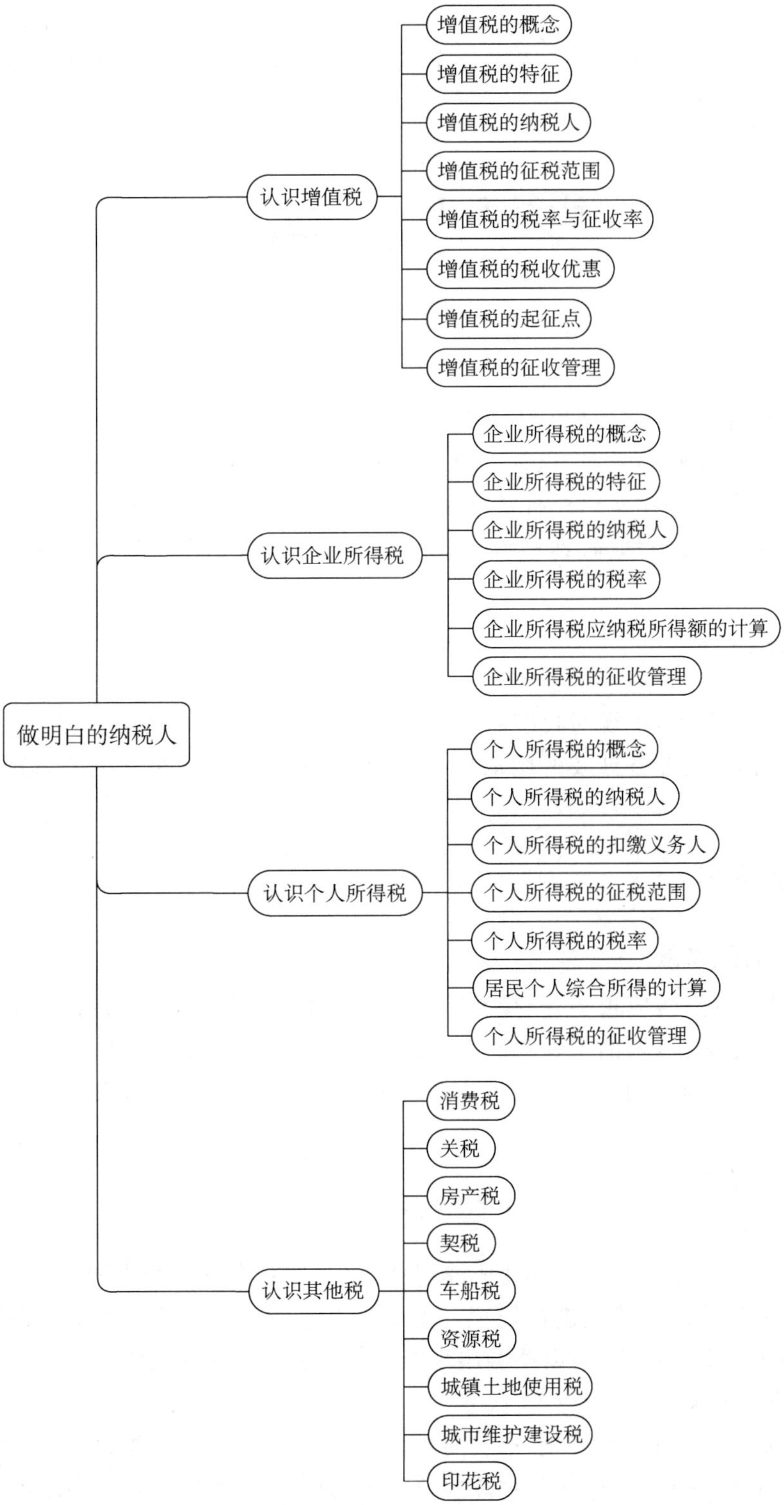

- 做明白的纳税人
  - 认识增值税
    - 增值税的概念
    - 增值税的特征
    - 增值税的纳税人
    - 增值税的征税范围
    - 增值税的税率与征收率
    - 增值税的税收优惠
    - 增值税的起征点
    - 增值税的征收管理
  - 认识企业所得税
    - 企业所得税的概念
    - 企业所得税的特征
    - 企业所得税的纳税人
    - 企业所得税的税率
    - 企业所得税应纳税所得额的计算
    - 企业所得税的征收管理
  - 认识个人所得税
    - 个人所得税的概念
    - 个人所得税的纳税人
    - 个人所得税的扣缴义务人
    - 个人所得税的征税范围
    - 个人所得税的税率
    - 居民个人综合所得的计算
    - 个人所得税的征收管理
  - 认识其他税
    - 消费税
    - 关税
    - 房产税
    - 契税
    - 车船税
    - 资源税
    - 城镇土地使用税
    - 城市维护建设税
    - 印花税

 **项目目标**

通过本项目的学习,学生能深入理解增值税、企业所得税、个人所得税及其他税种的基本概念、征税对象、税率、优惠政策和征收管理;能分析解决企业税务问题,并树立依法诚信纳税的责任感和自豪感。

任务 5.1 认识增值税

 学习目标

1. 能列举增值税的征税对象、计税依据。
2. 能区分增值税的税率、税目、纳税人、税收优惠政策和征收管理。
3. 能运用相关法律知识分析解决企业与增值税相关的实际税务问题。
4. 能养成"诚信纳税"的自觉性,形成依法纳税理念和"纳税光荣"的自豪感。

一、任务描述

为更好地适应工作,小祝对我国的税收制度进行全面的了解,特别是公司经营过程中缴纳的增值税,包括公司业务涉及的增值税税率、相关税收优惠政策和征收管理规定,做好岗前准备工作。

二、任务准备

(一)增值税的概念

增值税是以商品(含应税劳务)在流转过程中产生的增值额作为计税依据而征收的流转税。从计税原理上来说,增值税是对商品生产和流通的各环节,以及服务环节的增值价值征收的一种流转税,是与我们关系最为密切的税种之一。从税收占比角度看,增值税是我国第一大税种。

(二)增值税的特征

1. 不重复征税

一个鸡蛋经过孵化、加工,最终变成炸鸡腿,每流转一次就会产生增值额,增值税只对生产过程中纳税人创造的增值额进行征税。增值税并不是对销售全额征收,以前环节已征过税的那部分销售额不再征税,所以不会出现"道道征税、税上加税"的现象。

2. 实行普遍征收

无论是商业、工业还是服务业,只要有增值带来的收入就要纳税;而每一种货物或服务无论经过多少经营、生产环节,都要对各环节实现的增值额分别征税,征税范围非常广,税基广阔,有力地保障了国家的财政收入。

3. 消费者承担全部税款

在流转过程中,增值税税款并不由纳税人自己承担,而是随着各环节交易活动而不断缴纳。作为纳税人的生产经营者并不是增值税的真正负担者,只有最终消费者才是全部税款的负担者。

> **"财税"小贴士:**
> 我国税收的基本原则是:取之于民,用之于民。《中华人民共和国宪法》第五十六条明确规定,中华人民共和国公民有依照法律纳税的义务。依法纳税是我们每个公民应尽的法律义务。

(三)增值税的纳税人

增值税的纳税人是指在中华人民共和国境内销售货物或加工、修理修配劳务,销售服务、无形资产、不动产及进口货物的单位和个人。在我国,增值税的纳税人分为一般纳税人和小规模纳税人。

(1)增值税一般纳税人:年应税销售额超过财政部、国家税务总局规定的小规模纳税人标准的企业和企业性单位。一般纳税人实行登记制,除另有规定外,应当向税务机关办理登记手续。

(2)增值税小规模纳税人:年应征增值税销售额500万元及以下,并且会计制度不健全,不能按规定报送相关税务资料的增值税纳税人。

另外,应纳税销售额超过规定标准的其他个人不认定为一般纳税人;不经常发生应税行为的单位和个体工商户可按照小规模纳税人纳税。

(四)增值税的征税范围

增值税的征税范围包括在中华人民共和国境内销售货物或劳务,销售服务、无形资产、不动产及进口货物。增值税征税范围如表5-1所示。

表5-1 增值税征税范围

情形		主要内容
销售、进口货物		货物是指有形动产,包括电力、热力和气体
销售劳务		劳务是指纳税人提供的加工、修理修配劳务
销售服务	交通运输服务	陆路运输、水路运输、航空运输、管道运输服务
	邮政服务	邮政普通服务、邮政特殊服务和其他邮政服务
	电信服务	基础电信服务和增值电信服务
	建筑服务	工程、安装、修缮、装饰等服务
	金融服务	贷款服务、直接收费金融服务、保险服务及金融商品转让服务
	现代服务	研发和技术服务、信息技术服务、文化创意服务、物流辅助服务、租赁服务、鉴证咨询服务、广播影视服务、商务辅助服务和其他现代服务
	生活服务	文化体育、教育医疗、旅游娱乐、餐饮住宿、居民日常等服务

(续表)

情形	主要内容
销售无形资产	包括技术、商标、著作权、自然资源使用权和其他权益性无形资产
销售不动产	包括建筑物、构筑物等

（五）增值税的税率与征收率

1. 增值税的税率

增值税税率及其适用范围如表 5-2 所示。

表 5-2　　　　　　　　　　　增值税税率及其适用范围

税率	适用范围
13%	纳税人销售货物、劳务、有形动产租赁服务或进口货物（另有举例的除外）
9%	纳税人销售交通运输、邮政、基础电信、建筑、不动产租赁服务，销售不动产，转让土地使用权，销售或进口特定货物
6%	纳税人销售服务、无形资产（另有规定的情形除外）
零税率	国际运输服务、航天运输服务、向境外单位提供的完全在境外消费的特定服务

2. 增值税的征收率

增值税征收率及其适用范围如表 5-3 所示。

表 5-3　　　　　　　　　　　增值税征收率及其适用范围

征收率	适用范围
3%	除另有规定外，小规模纳税人及一般纳税人选择简易办法计税
3%减按2%	（1）一般纳税人销售自己使用过的不得抵扣且未抵扣进项税额的固定资产 （2）小规模纳税人（除了其他个人）销售自己使用过的固定资产 （3）纳税人销售旧货
5%	（1）小规模纳税人转让其取得的不动产 （2）一般纳税人转让和出租其 2016 年 4 月 30 日前取得的不动产 （3）小规模纳税人出租其取得的不动产（不含个人出租住房） （4）房地产开发企业（一般纳税人）销售自行开发的房地产老项目选择简易计税方法 （5）房地产开发企业（小规模纳税人）销售自行开发的房地产老项目 （6）纳税人提供劳务派遣服务，选择差额纳税

（六）增值税的税收优惠

1. 销售货物、提供应税劳务的免税项目

（1）农业生产者销售的自产农产品。

（2）避孕药品和用具。

（3）古旧图书。

（4）直接用于科学研究、科学试验和教学的进口仪器、设备。

(5) 外国政府、国际组织无偿援助的进口物资和设备。

(6) 由残疾人组织直接进口供残疾人专用的物品。

(7) 销售自己使用过的物品。

2. 销售应税服务、无形资产和不动产的免税项目

(1) 托儿所、幼儿园提供的保育和教育服务。

(2) 养老机构提供的养老服务。

(3) 残疾人福利机构提供的育养服务。

(4) 婚姻介绍服务。

(5) 殡葬服务。

(6) 残疾人员本人为社会提供的服务。

(7) 医疗机构提供的医疗服务。

(8) 从事学历教育的学校提供的教育服务。

(9) 学生勤工俭学提供的服务。

(10) 农业机耕、排灌、病虫害防治、植物保护、农牧保险及相关技术培训业务,家禽、牲畜、水生动物的配种和疾病防治。

(11) 纪念馆、博物馆、文化馆、文物保护单位管理机构、美术馆、展览馆、书画院、图书馆在自己的场所提供文化体育服务取得的第一道门票收入。

(12) 寺院、宫观、清真寺和教堂举办文化、宗教活动的门票收入。

(13) 行政单位之外的其他单位收取的符合《营业税收增值税试点实施办法》第十条规定的政府性基金和行政事业性收费。

(14) 个人转让著作权。

(15) 个人销售自建自用住房。

(16) 中国台湾航运公司、航空公司从事海峡两岸海上直航、空中直航业务在大陆取得的运输收入。

5-1 增值税现行优惠政策

(17) 纳税人提供的直接或间接国际货物运输代理服务。

(18) 国家助学贷款、国债、地方政府债、人民银行对金融机构的贷款、金融同业往来等取得的利息收入。

(19) 被撤销金融机构以货物、不动产、无形资产、有价证券、票据等财产清偿债务。

(20) 保险公司开办的1年期以上人身保险产品取得的保费收入。

(21) 符合规定的再保险业务。

(22) 纳税人提供技术转让、技术开发和与之相关的技术咨询、技术服务。

(23) 家政服务企业由员工制家政服务员提供家政服务取得的收入。

(24) 福利彩票、体育彩票的发行收入。

(25) 将土地使用权转让给农业生产者用于农业生产。

(26) 涉及家庭财产分割的个人无偿转让不动产、土地使用权。

(七) 增值税的起征点

(1) 纳税人未达到增值税起征点的,免征增值税。

(2) 增值税起征点幅度的规定如下:销售货物的,为月销售额5 000~20 000元;销售应税劳务的,为月销售额5 000~20 000元;按次纳税的,为每次(日)销售额300~500元。

(3) 省、自治区、直辖市财政厅(局)和国家税务总局应在规定的幅度内,根据实际情况确定本地区适用的起征点。

(八) 增值税的征收管理

1. 增值税的纳税期限

增值税的纳税期限分别为1日、3日、5日、10日、15日、1个月或1个季度。纳税人的具体纳税期限,由主管税务机关根据纳税人应纳税额的大小分别核定;不能按照固定期限纳税的,可以按次纳税。

2. 增值税的纳税地点

一般来说,固定业户应当向其机构所在地的主管税务机关申报纳税;非固定业户销售货物或劳务,应当向销售地或劳务发生地的主管。

3. 增值税的出口退税

我国对货物出口实行退税政策;对服务出口实行免税或零税率政策。就出口退税而言,在内涵上包括两层含义:一是免除出口环节应缴纳的增值税、消费税;二是对国内生产和流通环节实际缴纳的增值税和消费税予以退还。出口退税的意义在于,使本国产品以不含税价格进入国际市场,公平参与国际竞争。

三、任务实施

1. 明确公司业务涉及的增值税税率

绿源优选的经营范围包括:技术服务、技术开发、技术咨询、技术交流、技术转让、技术推广,涉及增值税税率为6%;互联网直播服务,涉及增值税税率为6%;图文设计制作和专业设计服务,涉及增值税税率为6%;食品互联网销售(仅销售预包装食品),涉及增值税税率为13%。

2. 明确公司可享受的相关税收优惠政策

(1) 根据《财政部 国家税务总局关于全面推开营业税改征增值税试点的通知》(财税〔2016〕36号)附件3《营业税改征增值税试点过渡政策的规定》第一条第二十六款规定,绿源优选提供技术转让、技术开发和与之相关的技术咨询、技术服务免征增值税。

(2) 纳税人购进农业生产者销售自产的免税农业产品可以抵扣进项税额。2019年4月1日起,纳税人购进农产品允许按照农产品收购发票或者销售发票上注明的农产品买价和9%的扣除率抵扣进项税额;其中,购进用于生产或委托加工13%税率货物的农产品,按照农产品收购发票或销售发票上注明的农产品买价和10%的扣除率抵扣进项税额。

若纳税人购进农产品进项税额已实行核定扣除的,按核定扣除的相关规定执行。

3. 明确增值税征收管理的相关规定

绿源优选主管税务机关为A市B区税务局,实行按季报税。小祝进一步查阅资料发现,为了支持直播经济发挥正能量,创新培育新经济业态,当地税务部门积极落实税收优惠政策,推动企业健康发展,并同步推进"非接触式"办税,做好优惠政策申报提醒,保障企业能正常享受优惠。

5-2 走近和了解税收大数据

四、任务小结

增值税是我国的第一大税种,2023年我国增值税税收收入为6.93万亿元,约占全国税收收入的38.26%,对于国家财政收入的稳定和增长具有重要作用。增值税的征税范围非常广泛,基本上涵盖了商品和劳务的生产、流通及进口等环节,其征收方式有助于避免重复征税,确保了企业之间的公平竞争,征收过程相对透明,对经济的调节性较强。

对个人来说,出门打车、饭店吃饭、旅行住宿等都会开具发票;对企业来说,有生产就有销售,有销售就要开具增值税发票。纳税人开具的每一张发票、发票上记载的每一个数据都会及时传输到国家税务总局的大数据平台。可别小看这些税收数据,企业经营好不好、产业链条通不通、经济发展是否有活力,通过税收大数据都能看得一清二楚。

任务5.2 认识企业所得税

学习目标

1. 能说出企业所得税的概念。
2. 能正确区别企业所得税纳税人、征税对象和税率。
3. 能运用相关法律知识分析解决企业实际遇到的与企业所得税有关的问题。
4. 能感受国家坚持"人民至上"的执政理念,养成"依法纳税"的责任意识。

一、任务描述

小祝完成了对增值税相关内容的学习,需对公司第一季度的企业所得税进行纳税申报。但小祝对企业所得税的内容知之甚少,于是他上网全面学习了企业所得税税率、相关税收优惠政策和征收管理规定,为纳税申报做好准备工作。

二、任务准备

(一)企业所得税的概念

企业所得税是指对我国境内的企业和其他取得收入的组织的生产经营所得和其他所得征收的税,是目前我国主要税种之一。

(二)企业所得税的特征

1. 通常以纯所得为征税对象

企业所得税是企业按照税法规定将收入减去成本费用后剩下的"所得"按一定比例缴纳的一种税。企业所得税在征收过程中,贯彻量能负担原则,即所得多的多征,所得少的少征,无所得的不征。

2. 需要经过一定的计算

企业所得税并不等于企业的利润总额乘以所得税税率。平时所说的企业利润是会计上的概念,并不能直接拿来适用所得税税率。需要将其按照税法规定进行一定的调整,变成税法上的"利润"才可以,这就是税法中的企业应纳税所得额。

3. 可直接调节纳税人收入

企业所得税的纳税人和实际负担人通常是一致的,可直接调节纳税人的收入,实现税法的宏观调控功能。

> **"财税"小贴士:**
>
> 近年来,国家出台系列优惠政策帮助小微企业减税降费,共渡难关。例如,《财政部 税务总局关于小微企业和个体工商户所得税优惠政策的公告》(财政部 税务总局公告2023年第6号)对小型微利企业年应纳税所得额不超过100万元的部分,减按25%计入应纳税所得额,按20%的税率缴纳企业所得税;对年应纳税所得额超过100万元但不超过300万元的部分,减按50%计入应纳税所得额,按20%的税率缴纳企业所得税。

(三)企业所得税的纳税人

企业所得税的纳税人是指我国境内的企业和企业取得收入的组织,但个人独资企业和合伙企业除外。根据企业纳税义务范围不同,企业所得税的纳税人分为居民企业和非居民企业。居民企业与非居民企业对比如表5-4所示。

表5-4　　　　　　　　　　　居民企业与非居民企业对比

	居民企业		非居民企业	
区别标准	在中国境内成立	依照外国(地区)法律成立,但实际管理机构在中国境内	依照外国(地区)法律成立且实际管理机构不在中国境内,但在中国境内设立机构、场所的	在中国境内未设立机构、场所,但有来源于中国境内所得的企业
纳税义务	无限纳税义务: 来源于中国境内和境外的所得都要缴纳企业所得税		有限纳税义务: (1)在中国境内设立机构、场所的,应当就其所设机构、场所取得的来源于中国境内的所得,以及发生在中国境外但与其所设机构、场所有实际联系的所得,缴纳企业所得税 (2)在中国境内未设立机构、场所的,或者虽设立机构、场所但取得的所得与其所设机构、场所没有实际联系的,应当就其来源于中国境内的所得缴纳企业所得税	

(四)企业所得税的税率

企业所得税实行比例税率,不同类型的企业执行不同的税率,具体如表5-5所示。

表5-5　　　　　　　　　　　企业所得税税率

分类	税率	适用企业
基本税率	25%	(1)居民企业 (2)在我国境内设有机构、场所且场所所得与机构、场所有关联的非居民企业
优惠税率	20%	(1)在中国境内未设立机构、场所的,或者虽设立机构、场所但取得的所得与其所设机构、场所没有实际联系的,应当就其来源于中国境内的非居民企业 (2)符合条件的小型微利企业:①从事国家非限制和禁止行业。②年度应纳税所得额不超过300万元。③从业人数不超过300人。④资产总额不超过5 000万元

(续表)

分类	税率	适用企业
优惠税率	15%	(1) 国家需要重点扶持的高新技术企业[是指拥有核心自主知识产权,产品(服务)属于国家重点支持的高新技术领域规定的范围、研究开发费用占销售收入的比例不低于规定比例、高新技术产品(服务)收入占企业总收入的比例不低于规定比例、科技人员占企业职工总数的比例不低于规定比例,以及高新技术企业认定管理办法规定的其他条件的企业] (2) 经认定的技术先进型服务企业 (3) 符合条件从事污染防治的第三方企业 (4) 设在西部地区的鼓励类型企业(2021年1月1日至2030年12月21日)

5-3 企业所得税现行优惠政策

(五)企业所得税应纳税所得额的计算

企业所得税应纳税所得额是企业所得税的计税依据,其计算公式如下:

应纳税所得额＝收入总额－不征税收入－免税收入－各项扣除－允许弥补的以前年度亏损

应纳税额＝应纳税所得额×适用税率－减免税额－抵免税额

1. 收入总额

收入总额是企业以货币形式和非货币形式从各种来源取得的收入。它包括销售货物收入,提供劳务收入,财产转让收入,股息、红利等权益性投资收益,利息收入,租金收入,特许权使用费收入,接受捐赠收入及其他收入。

2. 不征税收入

不征税收入包括财政拨款、行政事业性收费、政府性基金和其他不征税收入。

3. 免税收入

免税收入包括国债利息收入,符合条件的居民企业之间的股息、红利等权益性投资收益,符合条件的非营利组织的收入。

4. 准予扣除项目

准予扣除项目是企业实际发生的与取得收入有关的合理支出,包括成本、费用、税金、损失和其他支出等。

5. 不得扣除项目

(1) 向投资者支付的股息、红利等权益性投资收益款项。

(2) 企业所得税税款。

(3) 税收滞纳金。

(4) 罚金、罚款和被没收财物的损失。

(5) 公益性以外的捐赠支出。

(6) 赞助支出,特指企业发生的与生产经营活动无关的各种非广告性质支出。

(7) 未经核定的准备金支出。

(8) 企业对外投资期间,投资资产的成本在计算应纳税所得额时不得扣除。

(9) 与取得收入无关的其他支出。

6. 亏损弥补

企业发生年度亏损的，可以用下一纳税年度的所得弥补；下一纳税年度的所得不足以弥补的，可以逐年延续弥补，但延续弥补期最长不得超过5年。

（六）企业所得税的征收管理

1. 纳税地点

居民企业一般以企业登记注册地为纳税地点，但登记注册地在境外的，以企业实际管理机构所在地为纳税地点。在中国境内设立机构、场所的非居民企业，取得的来源于中国境内的所得，以及发生在中国境外但与其所设机构、场所有实际联系的所得，以机构、场所所在地为纳税地点。

2. 纳税时间

企业所得税实行按年（自公历1月1日起至12月31日止）计算，分月或分季预缴，年度终了后，企业进行汇算清缴，结清全年应缴、应退税款，多退少补。

3. 纳税申报

目前，我国实行纳税人自行申报制度。按月或按季预缴的，应当自月份或季度终了之日起15日内，向税务机关报送预缴企业所得税纳税申报表。逾期不进行纳税申报、进行虚假的纳税申报、不缴或少缴应纳税款的，都将依法受到相应处罚。

三、任务实施

1. 明确公司的企业所得税税率

绿源优选在中国境内成立，是居民企业，适用的基本税率为25%，但同时适用小型微利企业的条件：①从事国家非限制和禁止行业。②年度应纳税所得额不超过300万元。③从业人数不超过300人。④资产总额不超过5 000万元。因此，绿源优选适用20%的优惠税率。

同时，绿源优选按规定被认定为国家需要重点扶持的高新技术企业，减按15%的税率征收企业所得税。

2. 明确公司可享受的相关税收优惠政策

（1）作为小型微利企业，对年应纳税所得额不超过100万元的部分，减按25%计入应纳税所得额，按20%的税率缴纳企业所得税；对年应纳税所得额超过100万元但不超过300万元的部分，减按50%计入应纳税所得额，按20%的税率缴纳企业所得税。

（2）居民企业转让5年（含）以上非独占许可使用权取得的技术转让所得，纳入享受企业所得税优惠的技术转让所得范围。居民企业的年度技术转让所得不超过500万元的部分，免征企业所得税；超过500万元的部分，减半征收企业所得税。2023年绿源优选转让一项计算机软件著作权，可享受此优惠政策。

（3）创新是引领发展的第一动力，是推动高质量发展、建设现代化经济体系的战略支撑。企业开展研发活动中实际发生的研发费用，未形成无形资产计入当期损益的，在按规定据实扣除的基础上，自2023年1月1日起，再按照实际发生额的100%在税前加计扣除；形成无形资产的，自2023年1月1日起，按照无形资产成本的200%在税前摊销。

注意：按照《国家税务总局关于发布修订后的〈企业所得税优惠政策事项办理办法〉的公告》（国家税务总局公告2018年第23号）规定，适用优惠政策的留存备查资料，应从企业享受优惠事项当年的企业所得税汇算清缴期结束次日起保留10年,由企业对留存备查资料的真实性、合法性承担法律责任。

3. 明确企业所得税征收管理的相关规定

绿源优选主管税务机关为A市B区税务局,选择按季预缴企业所得税。应当自季末15日预缴,年终汇算清缴,多退少补,年终5个月内完成汇算清缴。

四、任务小结

国家对于技术创新和科技进步型企业,环保、节能节水、资源综合利用、安全生产及基础设施建设型企业,涉及民生、公益事业的企业,给予税收优惠政策,体现了我国税收在支持可持续发展、关心照顾民生等方面的调控作用,使企业充分感受到税法的高度和温度。

任务 5.3 认识个人所得税

> **学习目标**
> 1. 能区分个人所得税的纳税人、征税范围和适用税率。
> 2. 能计算个人所得税的应纳税额。
> 3. 能进行个人所得税的纳税申报。
> 4. 能体会到国家在税收改革中"以民为本"的情怀。

一、任务描述

新一年度的个人所得税综合所得汇算清缴工作正如火如荼地进行,公司的好几名员工纷纷向小祝咨询如何办理汇算申报。面对同事们的咨询,小祝耐心地一一为他们解答,并根据每个人的实际情况,帮助他们填写了专项附加扣除。

小祝明白,这不仅关系员工个人的切身利益,更体现了公司的责任和担当。他以专业素养和责任心,认真对待。在解答同事的问题时,小祝不仅提供了具体的办理方法,而且详细解释了个税汇算的相关政策和规定。

二、任务准备

(一)个人所得税的概念

个人所得税是以自然人取得的各类应税所得为征税对象而征收的一种所得税,是政府利用税收对个人收入进行调节的一种手段。

(二)个人所得税的纳税人

个人所得税的纳税人不仅包括自然人,而且包括个体工商户业主、个人独资企业投资者、合伙企业个人合伙人;不仅包括中国公民,而且包括在中国境内有所得的外籍人员。《中华人民共和国个人所得税法》(以下简称《个人所得税法》)将个人所得税的纳税人分为居民个人与非居民个人。居民个人与非居民个人的区别如表5-6所示。

表5-6　　　　　　　　　居民个人与非居民个人的区别

区别	居民个人	非居民个人
住所标准	在中国境内有住所	在中国境内无住所又不居住
居住时间标准	无住所且一个纳税年度内在中国境内居住满183天	无住所且一个纳税年度内在中国境内居住不满183天
纳税义务	无限纳税义务：从中国境内和境外取得的所得都要缴纳个人所得税	有限纳税义务：从中国境内的所得缴纳个人所得税

(三) 个人所得税的扣缴义务人

个人所得税以所得人为纳税人,以支付所得的单位或个人为扣缴义务人。扣缴义务人应当依法办理全员全额扣缴申报。扣缴税款时,纳税人应当向扣缴义务人提供纳税人识别号,通常纳税人识别号为中华人民共和国居民身份证号码。

(四) 个人所得税的征税范围

我国《个人所得税法》根据纳税人取得收入的实际情况,列举了9项应税个人所得,分为综合所得与分类所得两类。

1. 综合所得

(1) 工资、薪金所得：工资、薪金、奖金、年终加薪、劳动分红、津贴、补贴及与任职或受雇有关的其他所得。

(2) 劳务报酬所得：个人独立从事各项非雇佣的各种劳务所取得的所得,包括从事设计、安装、测试、医疗、法律、会计、咨询、讲学等劳务取得的所得。

(3) 稿酬所得：作品以图书、报刊等形式出版、发表而取得的所得。

(4) 特许权使用费所得：提供专利权、商标权、著作权、非专利技术及其他特许权的使用权取得的所得。

2. 分类所得

(1) 经营所得：个体工商户、个人独资企业投资人、合伙企业的个人合伙人的所得,个人依法从事办学、医疗、咨询及其他有偿服务活动取得的所得,个人对企业事业单位承包经营、承租经营,以及转包、转租取得的所得等。

(2) 利息、股息、红利所得：个人拥有债权、股权等而取得的利息、股息、红利所得。

(3) 财产租赁所得：个人出租不动产、机器设备、车船及其他财产取得的所得。

(4) 财产转让所得：个人转让有价证券、股权、合伙企业中的财产份额、不动产、机器设备、车船及其他财产取得的所得。

(5) 偶然所得：个人得奖、中奖、中彩及其他偶然性质的所得。

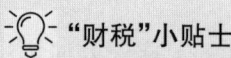"财税"小贴士：

《国家税务总局关于落实支持个体工商户发展个人所得税优惠政策有关事项的公告》

(国家税务总局公告 2023 年第 5 号)规定,2023 年 1 月 1 日至 2024 年 12 月 31 日,对个体工商户年应纳税所得额不超过 100 万元的部分,在现行优惠政策基础上,减半征收个人所得税。

(五)个人所得税的税率

1. 综合所得

居民个人的综合所得按纳税年度合并计算个人所得税,综合所得适用 7 级超额累进税率,税率为 3%~45%。综合所得个人所得税税率如表 5-7 所示。

表 5-7　　　　　　　　　　综合所得个人所得税税率

级数	全年应纳税所得额	税率	速算扣除数(元)
1	不超过 36 000 元的	3%	0
2	超过 36 000 元至 144 000 元部分	10%	2 520
3	超过 144 000 元至 300 000 元部分	20%	16 920
4	超过 300 000 元至 420 000 元部分	25%	31 920
5	超过 420 000 元至 660 000 元部分	30%	52 920
6	超过 660 000 元至 960 000 元部分	35%	85 920
7	超过 960 000 元的部分	45%	181 920

注:① 本表中的应纳税所得额是指依照税法规定,居民个人取得综合所得以每年收入额减除费用 60 000 元及专项扣除、专项附加扣除和依法确定的其他扣除余额。
② 综合所得中的劳务报酬所得、稿酬所得和特许权使用费所得以收入减除 20% 的费用后的余额为收入额(稿酬的收入额在此基础上减按 70% 计算)。

2. 分类所得

(1)经营所得适用 5 级超额累进税率,税率为 5%~35%。经营所得个人所得税税率如表 5-8 所示。

表 5-8　　　　　　　　　　经营所得个人所得税税率

级数	全年应纳税所得额	税率	速算扣除数(元)
1	不超过 30 000 元的	5%	0
2	超过 30 000 元至 90 000 元的部分	10%	1 500
3	超过 90 000 元至 300 000 元的部分	20%	10 500
4	超过 300 000 元至 500 000 元的部分	30%	40 500
5	超过 500 000 元的部分	35%	65 500

(2)财产租赁所得、财产转让所得,利息、股息、红利所得和偶然所得适用税率,税率为 20%。

(六)居民个人综合所得的计算

居民个人综合所得以每一个纳税年度的收入额减除费用 6 万元,以及专项扣除、专项附加扣除和依法确定的其他扣除后的余额,为应纳税所得额。

(1) 专项扣除:包括居民个人按照国家规定的范围和标准缴纳的基本养老保险、基本医疗保险、失业保险等社会保险和住房公积金等。

(2) 专项附加扣除:包括规定的子女教育、继续教育、大病医疗、住房贷款利息或住房租金、赡养老人、3岁以下婴幼儿照护等7项专项附加扣除。专项附加扣除信息如表5-9所示。

表5-9　　　　　　　　　　专项附加扣除信息

项目	扣除金额	满足条件
大病医疗	在80 000元以内据实扣除	在一个纳税年度内,发生的与基本医保相关的医药费用支出,扣除医保报销后个人负担(指医保目录范围内的自付部分)累计超过15 000元的部分,在80 000元限额内据实扣除
住房贷款利息	1 000元/月	本人或其配偶购买中国境内住房,发生的首套住房贷款利息支出
住房租金	1 500元/月 1 100元/月 800元/月	在主要工作城市没有自有住房而发生的住房租金支出:直辖市、省会(首府)城市、计划单列市及国务院确定的其他城市,扣除标准为每月1 500元;除了前述所列城市,市辖区户籍人口超过100万人的城市,扣除标准为每月1 100元;市辖区户籍人口不超过100万人的城市,扣除标准为每月800元
子女教育	2 000元/(月·孩)	子女接受全日制学历教育,包括义务教育、高中阶段教育、高等教育,或者年满3岁至小学入学前处于学前教育
继续教育	400元/月	在中国境内接受学历(学位)继续教育
	3 600元/年	技能人员职业资格继续教育、专业技术人员职业资格继续教育
赡养老人	3 000元/月	独生子女:按照每月3 000元的标准定额扣除 非独生子女:兄弟姐妹分摊每月3 000元的扣除额度,每人分摊的额度不能超过每月1 500元
3岁以下婴幼儿照护	2 000元/月	父母可以选择由其中一方按扣除标准的100%扣除,也可以选择由双方分别按扣除标准的50%扣除

(3) 依法确定的其他扣除:包括个人缴付符合国家规定的企业年金、企业年金,个人购买符合国家规定的商业健康保险、税收递延型商业养老保险的支出,以及国务院规定可以扣除的其他项目。

(七) 个人所得税的征收管理

个人所得税纳税人在纳税年度内只要有从我国境内取得综合所得的,就可以在次年3月1日至6月30日办理年度汇算清缴,其主要包括以下四个步骤。

1. 下载个人所得税App

通过手机应用市场搜索"个人所得税",下载安装App。

2. 实名注册

目前,个人所得税App支持两种注册方式:人脸识别认证注册、大厅注册码注册。

3. 绑定银行卡

点击"个人中心"—"银行卡",点击添加功能进行银行卡的绑定。

4. 年度汇算清缴准备

(1) 查询专项附加扣除。点击"常用业务"—"我要查询"—"服务—申报信息查询",即可进行专项附加扣除的信息查询。

(2) 查询收入纳税明细。点击"常用业务"—"我要查询"—"服务—申报信息查询",即可进行收入纳税明细的信息查询。

三、任务实施

1. 确定专项附加扣除项目

人事部小李请小祝帮忙填写自己的专项附加扣除。小祝了解到小李作为独生子女,父母均已超过60岁,可申请赡养老人专项附加扣除;小李夫妻在本市购买了两人的第一套住房,并办理了公积金贷款,可申请住房贷款利息,由小李全额扣除。因此,小李本年度专项附加扣除金额为48 000元。

2. 个人所得税App填报

(1) 赡养老人专项扣除办理路径:打开个人所得税App,依次点击"专项附加扣除填报"—"赡养老人"—"被赡养人信息"—"分摊方式"—"申报方式"。具体如图5-1所示。

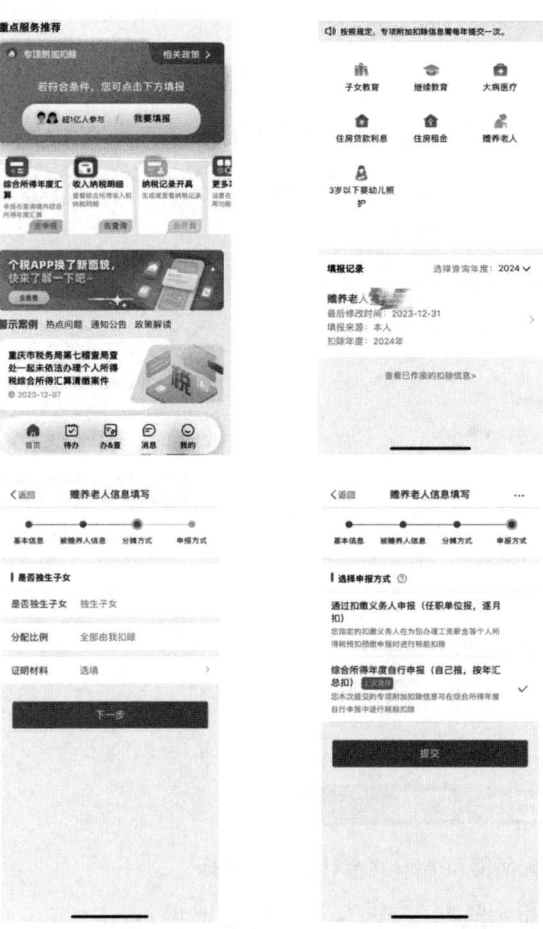

图5-1 个人所得税App赡养老人专项附加扣除申报

(2)住房贷款利息办理路径:依次点击"住房贷款利息"—"填报房贷基本利息"—"房贷信息"—"扣除比例"—"申报方式"。

3. 综合所得年度汇算清缴

综合所得年度操作路径,如图5-2所示。确认选择后,阅读并点击"我已阅读并知晓",选择确认"任职受雇单位",点击"下一步",逐一确认收入和税前扣除。

图5-2　个人所得税App综合所得年度汇算

其中,奖金有两种计税方式,可选择一笔作为全年一次性奖金单独计税,也可全部并入综合所得计税,两种方式可自行选择,具体如图5-3所示。

图5-3　个人所得税App奖金计税方式选择

对"收入""费用""免税收入和税前扣除"等项目一一核对或填报,点击"下一步",系统根据计算结果在左下方显示"应补税额"或"应退税额",核对无误后点击"提交申报",勾选"我已阅读并同意",点击"确认",即可完成申报。

四、任务小结

个人所得税是调节收入分配的主要税种,征收的收入主要用于补助弱势群体等。近年来,国家不断加大对教育、就业、再就业等方面的投入,着力保障民生,提高低收入者的生活水平。一方面,大多数低收入者因收入低于扣除标准而免于纳税;另一方面,低收入者不同程度地得到了政府提供的公共福利和补贴。

任务5.4 认识其他税

 学习目标

1. 能说出消费税、关税、房产税、契税、车船税和资源税等税种的概念和特征。
2. 能区别消费税、关税、房产税、契税、车船税和资源税等税种的征税范围、纳税人、税率及计税依据。
3. 养成依法纳税、诚信纳税的法律意识。

一、任务描述

小祝了解了增值税、企业所得税和个人所得税的相关知识。根据公司的经营业务,公司还要缴纳城市维护建设税、印花税等,于是小祝没有停止学习的步伐,又认真学习了我国其他税种的基本知识,做好岗前准备工作。

二、任务准备

(一)消费税

1. 消费税的概念及特征

消费税是指对在我国境内从事生产、委托加工和进口应税消费品的单位和个人征收的一种税。

消费税属于流转税。消费税的纳税人就是我国境内生产、委托加工、零售和进口《中华人民共和国消费税暂行条例》规定的应税消费品的单位和个人。

消费税征税项目具有选择性,主要针对奢侈品、高能耗产品、高污染产品等征税。消费税是价内税,实行从价定率、从量定额及从价从量复合计征三种方法征税。消费税征收环节单一,税收负担最终转嫁到消费者身上。

2. 消费税的征税范围及税率

现行消费税的征收范围主要包括烟,酒,高档化妆品,贵重首饰及珠宝玉石,鞭炮、焰火,成品油,摩托车,小汽车,高尔夫球及球具,高档手表,游艇,木制一次性筷子,实木地板,电池,涂料 15 个税目,有的税目还进一步划分若干子目。消费税税目税率如表 5-10 所示。

表 5-10　　消费税税目税率

税目	比例税率	定额税率	计量单位
一、烟			
1. 卷烟			
(1) 甲类卷烟[调拨价每条 70 元(不含增值税)以上(含 70 元)]	56%	30 元/万支	万支
(2) 乙类卷烟[调拨价每条 70 元(不含增值税)以下(不含 70 元)]	36%	30 元/万支	
(3) 商业批发	11%	50 元/万支	
2. 雪茄烟	36%		支
3. 烟丝	30%		千克
二、酒			
1. 白酒	20%	0.5 元/500 克(毫升)	斤(500 毫升)
2. 黄酒		240 元/吨	吨
3. 啤酒			
(1) 甲类啤酒[出厂价格每吨 3 000 元(不含增值税)以上(含 3 000 元)]		250 元/吨	吨
(2) 乙类啤酒[出厂价格每吨 3 000 元(不含增值税)以下(不含 3 000 元)]		220 元/吨	
4. 其他酒	10%		吨
三、高档化妆品	15%		实际使用计量单位
四、贵重首饰及珠宝玉石			
1. 金银首饰,铂金首饰和钻石及钻石饰品	5%		实际使用计量单位
2. 其他贵重首饰和珠宝玉石	10%		
五、鞭炮、焰火	15%		实际使用计量单位
六、成品油			
1. 汽油		1.52 元/升	升
2. 柴油		1.20 元/升	
3. 航空煤油		1.20 元/升	
4. 石脑油		1.52 元/升	
5. 溶剂油		1.52 元/升	
6. 润滑油		1.52 元/升	
7. 燃料油		1.20 元/升	

(续表)

税目	比例税率	定额税率	计量单位
七、摩托车			辆
摩托车(气缸容量=250毫升)	3%		
摩托车(气缸容量>250毫升)	10%		
八、小汽车			辆
1. 乘用车			
(1) 气缸容量(排气量,下同)≤1.0升	1%		
(2) 1.0升<气缸容量≤1.5升	3%		
(3) 1.5升<气缸容量≤20升	5%		
(4) 2.0升<气缸容量≤2.5升	9%		
(5) 2.5升<气缸容量≤3.0升	12%		
(6) 3.0升<气缸容量≤4.0升	25%		
(7) 气缸容量>4.0升	40%		
2. 中轻型商用客车	5%		
3. 超豪华小汽车	10%		
九、高尔夫球及球具	10%		实际使用计量单位
十、高档手表	20%		支
十一、游艇	10%		艘
十二、木制一次性筷子	5%		万双
十三、实木地板	5%		平方米
十四、电池	4%		支
十五、涂料	4%		吨

(二) 关税

1. 关税的概念及特征

关税是指一国海关根据该国法律规定,对通过其关境的进出口货物征收的一种税。政府对进出口商品都可征收关税,但进口关税最为重要,是主要的贸易措施。关税属于流转税。

关税主要具有以下特征:①纳税上的一次性,即征收一次关税后,不再另外征收关税。②征收上的"过关性",即是否征收,以货物是否通过关境为标准。③税率上的复式性,同意进口货物设置优惠税率和普通税率。④关税对进出口贸易具有调节性。

2. 关税的纳税方式

关税由海关负责征收管理的,通常的关税纳税方式是由接受按进(出)口货物正式进(出)口的通关手续申报的海关逐票计算应征关税并填发关税缴款书,由纳税人凭以向海关或指定的银行办理税款交付或转账入库手续后,海关(凭银行回执联)办理结关放行手续。

2024年我国调整部分商品的进出口关税,对1 010项商品实施低于最惠国税率的进口暂定税率,履行关税在统筹国内、国际两个市场两种资源中的重要职能。

(三)房产税

1. 房产税的概念及特征

房产税是指以房屋为征税对象,以房屋的计税价值或租金收入向产权所有人征收的一种财产税。房产税在城市、县城、建制镇和工矿区征收。

房产税的纳税人是在征税范围内拥有房屋产权的单位和个人,包括产权所有人、承典人、房产代管人或使用人,即谁受益谁纳税。

2. 房产税的税率

我国现行房产税采用比例税率,从价计征和从租计征实行不同标准的比例税率,如表5-11所示。从价计征的,税率为1.2%;从租计征的,税率为12%。

对个人出租住房的,不区分实际用途,均按4%税率征收房产税;对企业事业单位、社会团体及其他组织按市场价格向个人出租用于居住的住房,减按4%的税率征收房产税。房产税税率如表5-11所示。

表5-11　　房产税税率

计税方法	比例税率
从价计征	1.2%(自有房产用于生产经营)
从租计征	12%
	4%(个人出租住房、向个人出租用于居住的住房)

(四)契税

1. 契税的概念及特征

契税是指以所有权发生转移变动的不动产为征税对象,向产权承受人征收的一种税。

在中华人民共和国境内转移土地、房屋权属,承受的单位和个人为契税的纳税人,应当依照《中华人民共和国契税法》的规定缴纳契税。

契税属于财产转移税,以发生转移的不动产为征税对象。另外,契税由财产承受人缴纳,即买方纳税。

2. 契税的征税对象及税率

契税的征税对象是我国境内转移的土地、房屋权属,具体包括:

(1) 土地使用权出让。

(2) 土地使用权转让,包括出售、赠与、互换(不包括土地承包经营权和土地经营权的转移)。

(3) 房屋买卖、赠与、互换。其中,如果是把土地使用权当成投资(入股)、偿还债务、划转、奖励等方式转移土地、房屋权属的,也要征收契税。契税税率为3%~5%。具体适用税率,由省、自治区、直辖市人民政府在前款规定的税率幅度内提出,报同级人民代表大会常务委员会决定,并报全国人民代表大会常务委员会和国务院备案。目前,个人购买90平方米及以下,且属家庭唯一住房的普通标准住宅,减按1%的税率征收契税。

(五)车船税

1. 车船税的概念及特征

车船税是指在中华人民共和国境内的车辆、船舶的所有人或管理人按照《中华人民共和国车船税法》的规定应缴纳的一种税。

车船税涉及面广,税源流动性强。目前,车船税根据我国各地经济发展的不平衡性及车船种类繁多等原因,采用定额幅度税率。车船税由从事机动车交通事故责任强制保险业务的保险机构代收代缴,实行税源管控政策。

2. 车船税的征税范围及税率

车船税的征税范围是指在我国境内属于《中华人民共和国车船税法》所附《车船税税目税额表》规定的车辆、船舶。车船税采用定额税率。车船税税目税率如表5-12所示。

表5-12 车船税税目税率

税目		计税单位	年基准税额	备注
乘用车[按发动机汽缸容量(排气量)分档]	1.0升(含)以下的	每辆	60元至360元	核定载客人数9人(含)以下
	1.0升以上至1.6升(含)的		300元至540元	
	1.6升以上至2.0升(含)的		360元至660元	
	2.0升以上至2.5升(含)的		660元至1 200元	
	2.5升以上至3.0升(含)的		1 200元至2 400元	
	3.0升以上至4.0升(含)的		2 400元至3 600元	
	4.0升以上的		3 600元至5 400元	
商用车	客车	每辆	480元至1 440元	核定载客人数9人以上,包括电车
	货车	整备质量每吨	16元至120元	包括半挂牵引车、三轮汽车和低速载货汽车等
挂车		整备质量每吨	按照货车税额的50%计算	
其他车辆	专用作业车	整备质量每吨	16元至120元	不包括拖拉机
	轮式专用机械车		16元至120元	
摩托车		每辆	36元至180元	
船舶	机动船舶	净吨位每吨	3元至6元	拖船、非机动驳船分别按照机动船舶税额的50%计算
	游艇	艇身长度每米	600元至2 000元	

(六)资源税

资源税是指对在我国境内从事应税矿产品开采或生产盐的单位和个人征收的一种税。

5-4 资源税税目税率表

资源税只对特定资源征税,我国现行资源税只对矿产品、盐等部分资源征税。资源税的征收是国家政治权力和所有权的统一。我国资源税按照"普遍征收、级别调节"的原则,具有级差收入税的特点。

(七)城镇土地使用税

1. 城镇土地使用税的概念及特征

城镇土地使用税是指以国有土地或集体土地为征税对象,对拥有土地使用权的单位和个人,以其实际占用的土地面积为计税依据,按规定的税额计算征收的一种税。

在我国,城镇土地的所有权归国家,单位和个人对占用的土地只有使用权并无所有权。城镇土地使用税的征税范围为在城市、县城、建制镇、工矿区范围内的国家所有和集体所有的土地,征税范围广。城镇土地使用税实行差别幅度税额,征税对象是国有土地或集体土地。

2. 城镇土地使用税的税率

城镇土地使用税采用有幅度的差别税额,按大城市、中等城市、小城市和县城、建制镇、工矿区分别规定每平方米城镇土地使用税年应纳税额。城镇土地使用税税率如表5-13所示。

表5-13　　　　　　　　　城镇土地使用税税率

级别	人口	每平方米年税额(元)
大城市	50万人以上	1.5～30
中等城市	20万～50万人	1.2～24
小城市	20万人以下	0.9～18
县城、建制镇、工矿区	—	0.6～12

(八)城市维护建设税

1. 城市维护建设税的概念及特征

城市维护建设税又称城建税,是指以纳税人实际缴纳的增值税、消费税税额为计税依据,依法计征的一种税。

城建税属于附加税,没有独立的征税对象或税基,而是以增值税、消费税实际缴纳的税额之和为计税依据。城建税专用于城市的公用事业和公共设施的维护建设,是一种收益税,根据城建规模涉及税率。基于附加税的特点,城建税征收范围广。

2. 城市维护建设税的征税范围及税率

城市维护建设税的征税范围包括城市、县城、建制镇,以及税法规定征税的其他地区。城市、县城、建制镇的范围应根据行政区划作为划分标准,不得随意扩大或缩小各行政区域的管辖范围。城市维护建设税税率如表5-14所示。

表5-14　　　　　　　　　城市维护建设税税率

征税范围	税率
纳税人所在地在市区的	7%
纳税人所在地在县城、建制镇的	5%
纳税人所在地不在市区、县城或建制镇的	1%

(九) 印花税

1. 印花税的概念及特征

印花税是指对经济活动和经济交往中书立、领受具有法律效力的凭证的行为所征收的一种税。在我国境内书立应税凭证、进行证券交易的单位和个人,为印花税纳税人。

印花税具有征税范围广、税率低、税负低、征收简便、费用低廉等特点。

2. 印花税的税率

印花税的税率非常低,对于各类合同、产权转移书据、营业账簿和证券交易,适用的比例税率分为 5 个档次。印花税税目税率如表 5-16 所示。

表 5-15　　　　　　　　　　　印花税税目税率

税目		税率	备注
合同 (指书面合同)	借款合同	借款金额的 0.5‰	指银行业金融机构,经国务院银行业监督管理机构批准设立的其他金融机构与借款人(不包括同业拆借)的借款合同
	融资租赁合同	租金的 0.5‰	
	买卖合同	价款的 3‰	指动产买卖合同(不包括个人书立的动产买卖合同)
	承揽合同	报酬的 3‰	
	建设工程合同	价款的 3‰	
	运输合同	运输费用的 3‰	指货运合同和多式联运合同(不包括管道运输合同)
	技术合同	价款、报酬或使用费的 3‰	不包括专利权、专有技术使用权转让书据
	租赁合同	租金的 1‰	
	保管合同	保管费的 1‰	
	仓储合同	仓储费的 1‰	
	财产保险合同	保险费的 1‰	不包括再保险合同
产权转移书据	土地使用权出让书据	价款的 5‰	转让包括买卖(出售)、继承、赠与、互换、分割
	土地使用权、房屋等建筑物和构筑物所有权转让书据(不包括土地承包经营权和土地经营权转移)	价款的 5‰	
	股权转让书据(不包括应缴纳证券交易印花税的)	价款的 5‰	
	商标专用权、著作权、专利权、专有技术使用权转让书据	价款的 3‰	

(续表)

税目	税率	备注
营业账簿	实收资本（股本）、资本公积合计金额的 2.5‰	
证券交易	成交金额的 1‰	自 2023 年 8 月 28 日起，证券交易印花税实施减半征收

> **"财税"小贴士：**
>
> 2022 年 1 月 1 日至 2024 年 12 月 31 日，由省、自治区、直辖市人民政府根据本地区实际情况，以及宏观调控需要确定，对增值税小规模纳税人、小型微利企业和个体工商户可以在 50％的税额幅度内减征资源税、城市维护建设税、房产税、城镇土地使用税、印花税（不含证券交易印花税）、耕地占用税和教育费附加、地方教育附加。

三、任务实施

1. 明确公司需要缴纳的其他税种

绿源优选地处 A 市 B 区，公司需要缴纳 7％城市维护建设税。另外，在经营过程中，公司还需要缴纳印花税。2023 年 3 月，公司进口了一批新西兰产的红酒，需要缴纳关税、增值税和消费税。

2. 确定进口红酒业务的税率

绿源优选进口了一批新西兰产的红酒，新西兰与中国签署自贸协定并已经生效的国家，红酒进入中国享受零关税，但还需要缴纳 13％增值税和 10％消费税，因此进口综合税率为 25.56％。

3. 了解其他税种

我国目前开征的税种有 18 个，小祝认为应该全面了解我国的税种，同时还应该了解我国税制的改革历史，做到全面了解我国的税收制度。小祝还计划去报考税务师资格证，提高自身的专业能力。

四、任务小结

财税管理在企业发展中的重要性已经不言而喻，再加上现在政策频出，创业者需要懂得如何规避经营风险，合法节税。财税管理具有安全性、敏感性、隐蔽性、规范性、专业性，不管是创业者还是企业员工，都需要对其深入了解。

项目实训

一、单项选择题

1. 下列各项中,对增值税特征描述错误的是( )。
   A. 增值税只对增值额征税,不重复征税
   B. 增值税实行普遍征收,包括商业、工业和服务业
   C. 增值税的税款全部由纳税人自己承担
   D. 增值税的税基广阔,有利于保障国家财政收入

2. 下列各项中,不属于增值税征税范围的是( )。
   A. 销售服务(如餐饮服务) B. 销售无形资产(如技术专利)
   C. 销售不动产(如房屋)   D. 继承遗产

3. 下列各项中,对增值税税率描述正确的是( )。
   A. 所有纳税人的税率都是统一的
   B. 一般纳税人销售货物、劳务的税率为6%
   C. 纳税人销售不动产的税率为13%
   D. 国际运输服务适用零税率

4. 下列各项中,对企业所得税描述正确的是( )。
   A. 以企业的销售额为计税依据的税
   B. 对企业和其他所得收入的组织来源于生产经营的所得和其他所得征收的税
   C. 专门针对小微企业的税
   D. 以企业资产总额为计税依据的税

5. 下列各项中,不适用20%的企业所得税税率的企业类型是( )。
   A. 在中国境内设立机构、场所的,但所得与该机构、场所无关的非居民企业
   B. 符合条件的小型微利企业
   C. 在中国境内未设立机构、场所的非居民企业
   D. 国家需要重点扶持的高新技术企业

6. 下列各项中,对企业所得税纳税人描述正确的是( )。
   A. 个人独资企业须缴纳企业所得税
   B. 居民企业和非居民企业的纳税义务都是无限的
   C. 居民企业仅对其来源于中国境内的所得缴纳企业所得税
   D. 非居民企业在中国境内未设立机构、场所但有来源于中国境内所得的,应缴纳企业所得税

7. 个人所得税的征收对象是( )。
   A. 企业取得的所得   B. 自然人取得的各类应税所得
   C. 个体工商户的经营所得   D. 财产转让所得

8. 下列各项中,对《个人所得税法》描述正确的是( )。

A. 居民个人的综合所得适用统一的税率
B. 经营所得适用 5%~35% 的超额累进税率
C. 稿酬所得以收入全额为应纳税所得额
D. 全年应纳税所得额不超过 36 000 元的,税率为 10%

9. 下列各项中,不属于消费税特征的是(　　)。
A. 征税项目具有选择性
B. 实行从价定率和从量定额的计征方法
C. 税收负担最终转嫁到消费者身上
D. 征税环节多样化

10. 负责征收、管理关税的机关是(　　)。
A. 税务局　　　　B. 海关　　　　C. 工商局　　　　D. 财政局

二、判断题

1. 增值税实行的是道道征税、税上加税的原则。（　）
2. 小规模纳税人的年应征增值税销售额通常不超过 500 万元。（　）
3. 企业所得税的税率对所有企业都是统一的。（　）
4. 企业所得税的应纳税所得额计算中,所有与取得收入有关的支出都可以作为扣除项目。（　）
5. 居民企业对其来源于中国境内和境外的所得都要缴纳企业所得税。（　）
6. 小型微利企业年应纳税所得额不超过 100 万元的部分,减按 25% 计入应纳税所得额,按 20% 的税率缴纳企业所得税。（　）
7. 个人所得税的纳税人只包括中国公民。（　）
8. 根据《个人所得税法》的规定,居民个人的综合所得适用 7 级超额累进税率,税率为 3%~45%。（　）
9. 消费税是价内税,即消费税包含在商品或劳务的价格中。（　）
10. 房产税的纳税人包括在征税范围内拥有房屋产权的单位和个人。（　）

三、实践拓展

1. 大学生就业关系民生福祉、经济发展和国家未来。近年来,围绕支持高校毕业生等青年就业创业,党中央、国务院部署实施了一系列税费优惠政策。请查阅相关资料,说一说大学生创业可享受哪些企业所得税优惠政策。

2. 同事小陈在个人所得税纳税申报时遇到了两个问题,请你帮他解答：
(1) 小陈在公司所在地租房住,同时又贷款买了自己的首套房,请问能同时享受个税专项附加扣除吗?
(2) 小陈的妻子可以要求与其共同分摊住房贷款利息专项附加扣除吗? 比例怎么规定?

3. 帮助你的家人完成本年度的个人所得税的汇算清缴工作。

自 我 测 评

任务	学习目标	自评结果				
5.1 认识增值税	1. 能列举增值税的征税对象、计税依据	□A+	□A	□B	□C	□C−
	2. 能区分增值税的税率、税目、纳税人、税收优惠政策和征收管理	□A+	□A	□B	□C	□C−
	3. 能运用相关法律知识分析解决企业与增值税相关的实际税务问题	□A+	□A	□B	□C	□C−
	4. 能养成"诚信纳税"的自觉性,形成依法纳税理念和"纳税光荣"的自豪感	□A+	□A	□B	□C	□C−
5.2 认识企业所得税	1. 能说出企业所得税的概念	□A+	□A	□B	□C	□C−
	2. 能区别企业所得税纳税人、征税对象和税率	□A+	□A	□B	□C	□C−
	3. 能运用相关法律知识分析解决企业实际遇到的与企业所得税有关的问题	□A+	□A	□B	□C	□C−
	4. 能感受国家坚持"人民至上"的执政理念,养成"依法纳税"的责任意识	□A+	□A	□B	□C	□C−
5.3 认识个人所得税	1. 能区分个人所得税的纳税人、征税范围和适用税率	□A+	□A	□B	□C	□C−
	2. 能计算个人所得税的应纳税额	□A+	□A	□B	□C	□C−
	3. 能进行个人所得税的纳税申报	□A+	□A	□B	□C	□C−
	4. 能体会到国家在税收改革中"以民为本"的情怀	□A+	□A	□B	□C	□C−
5.4 认识其他税	1. 能说出消费税、关税、房产税、契税、车船税和资源税等税种的概念和特征	□A+	□A	□B	□C	□C−
	2. 能区别消费税、关税、房产税、契税、车船税和资源税等税种的征税范围、纳税人、税率及计税依据	□A+	□A	□B	□C	□C−
	3. 养成依法纳税、诚信纳税的法律意识	□A+	□A	□B	□C	□C−
3-2-1 反思						
3	我的三个收获					
2	我的两点建议					
1	我的一个问题					

项目 6
读懂财务报表

 项目导入

习近平总书记指出,人工智能是新一轮科技革命和产业变革的重要驱动力量,加快发展新一代人工智能是事关我国能否抓住新一轮科技革命和产业变革机遇的战略问题。未来已来,大力发展人工智能技术,推动人工智能和实体经济深度融合,加快形成新质生产力,才能在新一轮国际科技竞争中掌握主导权,为推进中国式现代化提供更加有力的支撑。

要实现在人工智能时代的高质量发展,巩固乡村振兴成果,拉动特色农品新消费、新品牌的孵化与升级,绿源优选需进一步进行技术创新,融合运用虚拟数字人、5G、VR、AI、云计算、大数据、微服务、网络直播等新技术,创新实现虚拟人直播、5G+VR直播、AI语音搜索、私域融合支付、数字驾驶舱等场景应用。经全面评估,绿源优选于2022年参股了东方智合,持股比例为5%。东方智合是国内人工智能新秀,绿源优选与其合作,将有利于进一步提升公司在人工智能上的综合实力。

为实现对投资项目的有效管理,绿源优选制定了详细的投后管理机制。具体而言,由财务部负责定期收集东方智合的财务报表,根据各项财务指标的测算与分析,评估东方智合的财务健康状况,以便及时发现潜在的风险和问题。分析结果将撰写成投资管理报告,提交给公司管理层。

2023年10月,东方智合财务部按时向小祝发送了2023年第三季度的财务报表,小祝收到后转发给了财务总监王总,王总询问小祝:"东方智合这个季度的财务表现怎么样?明天到我办公室说下情况。"小祝感到很为难,针对财务报表所列报的不同内容,他应如何解读?

请思考:
(1)企业的财务报表包括哪几张?它们分别反映企业的什么信息?
(2)投资者可能最关注哪些报表项目和财务指标?
(3)为什么解读财务报表这么重要?普通投资者也要学习解读财务报表吗?

项目6 读懂财务报表

 知识地图

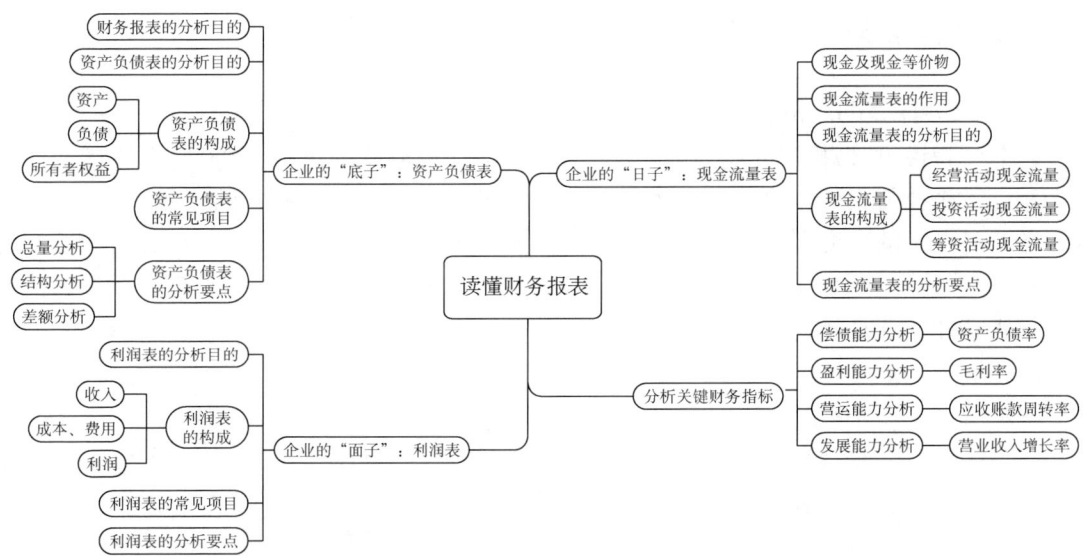

 项目目标

通过本项目的学习,学生能初步分析资产负债表、利润表和现金流量表,掌握重要财务指标的计算与解读,培养数字化财经素养和现金流思维,学会将财务分析结果清晰呈现。

任务6.1 企业的"底子":资产负债表

> 学习目标
>
> 1. 能说出资产负债表分析目的和资产负债表恒等式。
> 2. 能解释资产负债表常见项目含义。
> 3. 能从总量、结构和差额三个方面解读资产负债表。
> 4. 能养成善于学习思考的习惯,形成自主探索新知识和新技术、追求卓越的工作态度,具备数字化意识和基本财经素养。

一、任务描述

小祝为了准备汇报,要求自己保持镇定,并制定了三个计划。首先,他复习了大学时期财务报表分析课程的笔记,回顾了财务报表的基础知识与主要分析方法;其次,他在网络上

6-1 东方智合资产负债表

121

搜索了东方智合的最新报道,以确认是否存在影响经营的重大事件;最后,他向部门内经验丰富的同事积极请教。在充分准备的基础上,小祝开始对东方智合的财务报表进行分析,并详细研读了公司的资产负债表,他希望看看东方智合的家底如何。

二、任务准备

(一)财务报表的分析目的

巴菲特曾说过,做投资的应当去学会计,因为会计是商业的语言,是投资者读懂商业秘密的钥匙。企业将人、财、物进行有效的组织管理进而形成能对外销售的产品或服务,产品或服务通过一定的渠道到达客户手中。整个商业行为完成后,企业按照一定的规则编制财务报表,以全面反映企业的财务状况、经营成果和现金流量情况。企业财务报表背后的商业行为逻辑如图6-1所示。

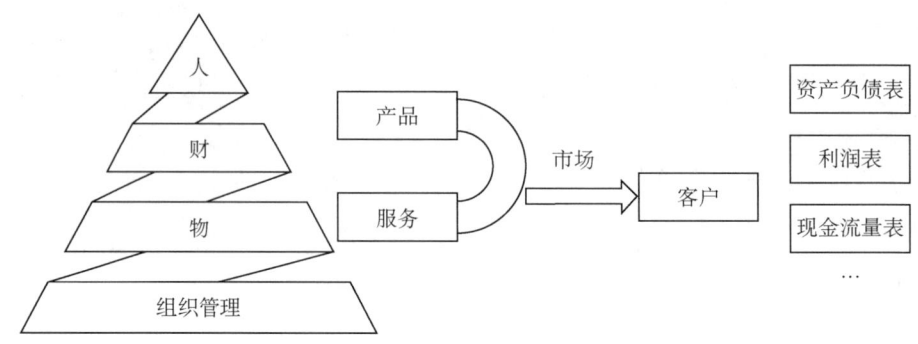

图6-1 企业财务报表背后的商业行为逻辑

财务报表分析是将财务报表数据转换成有用的信息,反映企业在运营过程中的利弊得失和发展趋势,对存在的问题应提出解决的策略和措施,以达到扬长避短、提高经营管理水平的经济效益目的,具体如下:

(1)判断企业的财务实力。通过对资产负债表和利润表有关资料进行分析,计算相关指标,可以了解企业的资产结构和负债水平是否合理,从而判断企业的偿债能力、营运能力及获利能力等财务实力,揭示企业在财务状况方面可能存在的问题。

(2)评价和考核企业的经营业绩,揭示财务活动存在的问题。通过指标的计算、分析和比较,能够评价和考核企业的盈利能力和资金周转状况,揭示其经营管理的各方面和各环节的问题,找出差距,得出分析结论。

(3)挖掘企业潜力,寻求提高企业经营管理水平和经济效益的途径。企业进行财务分析的目的不仅仅是发现问题,更重要的是分析问题和解决问题。企业通过财务分析,应保持和进一步发挥生产经营管理中成功的经验。

(4)评价企业的发展趋势。通过各种财务分析,可以判断企业的发展趋势,预测其生产经营前景及偿债能力,从而为企业领导层进行生产经营决策、投资者进行投资决策和债权人进行信贷决策提供重要的依据,避免因决策错误给其带来重大的损失。

(二)资产负债表的分析目的

资产负债表全面体现了在某一特定日期,基于企业会计准则和相关规定,该企业的资产、负债和所有者权益状况,对资产负债表的整体分析有助于全面了解企业的财务状况。

注意:资产负债表反映的不是市场价值。

(三)资产负债表的构成

资产负债表主要包括三个部分:资产、负债和所有者权益。资产部分反映了企业拥有的各种资源,包括货币资金、应收账款、存货、固定资产、无形资产等;负债部分反映了企业需要偿还的债务,包括应付账款、短期借款、长期借款等;所有者权益部分反映了企业所有者对企业的投资和收益。

资产在资产负债表的左侧,负债和所有者权益在资产负债表的右侧,左右两侧保持平衡,因此,"资产=负债+所有者权益"的等式永远成立!

要理解资产负债表,可以把企业想象成一台"现金制造机",如图6-2所示。企业的活动就是"用现金来制造现金"——用手头现有的现金投入制造机,在传统制造业中,固定资产就是这台制造机。现金在机器中经过很多步骤(原材料→半成品→产成品→应收账款),最终转化为现金形态被机器吐出来(应收账款→现金)。要启动"现金制造机",首先需要资金来支付员工工资、电费、修理费和工具费等,顺利的话,这台"现金制造机"将源源不断地产生更多的现金。

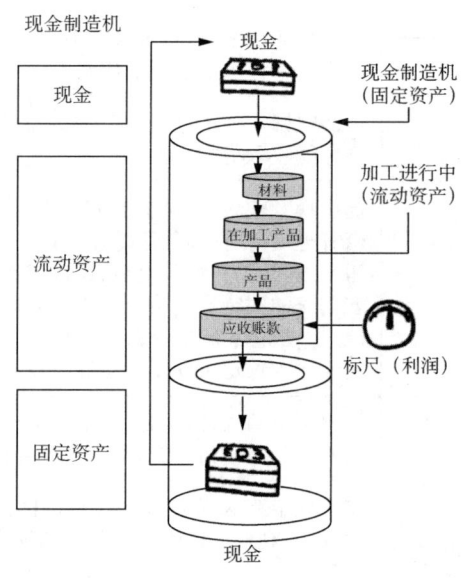

图6-2 资产负债表左侧隐藏的"现金制造机"

因此,资产负债表的左侧,展示的是现金、"现金制造机"(固定资产等)及现金制造机内部(原材料、半成品、产成品、应收账款等),表现的是募集资金(现金)的用途,即企业的资产就是现金的各种变形。

资产负债表右侧,展示的是所用资金的源头。一家公司可调用的资金源头有四个,分别是供应商、银行、股东和企业自身。从供应商处调用的资金体现为赊欠账款,从银行调用的是贷款,两者都需按期偿还,属于外部资金。投资者(股东)和公司经营累积的资金,均属于公司自有资产,无须偿还,又称为自有资金,即公司股东的权益,在报表中体现为所有者权益。所有者权益的来源可分为两大部分:一是公司经营过程中累积的利润,包括日常活动及非日常活动产生的收益;二是股东投入的资本,包括现金、固定资产、无形资产等各项资产。因此,所有者权益又称为净资产,即总资产扣除全部负债后,由所有者享受的剩余权益。

(四)资产负债表的常见项目

资产负债表的常见项目如表6-1所示。

表6-1　　　　　　　　　　　　资产负债表的常见项目

项目类别	项目名称	通俗理解
流动资产 (可在1年内转化为现金)	货币资金	存在保险柜里的现金:已经收到的现金
	交易性金融资产	可灵活变现的现金:计划近期内出售,为赚取差价而持有的债券、股票和基金等投资
	应收票据	未来收回的现金:卖东西没收到现金,收了一张票,票上写明了还款时间等信息
	应收账款	暂未收回的现金:买东西没收到现金,口头欠着,可能收得回,也可能收不回
	预付款项	预先支付给卖方的现金:不利于买方,实际上是向卖方提供无息贷款
	存货	待转化的现金:包括准备出售的成品、生产线上的半成品,以及在生产过程中所消耗的物料
	合同资产	可能收回的现金:已向客户发出商品,但还需要满足其他附加条件才能收取货款
非流动资产 (无法在1年内转化为现金)	固定资产	支出现金购入"现金制造机":为生产产品、提供劳务、出租或经营管理而持有的,使用寿命超过一个会计年度的有形资产,包括房屋、建筑物、机器、机械、运输工具及其他; 若购入的固定资产需要安装,或使用后需进行改、扩建,或技术改造、设备更新和大修理工程等,需先转入"在建工程"项目,待完工达到预定可使用状态后,再转入"固定资产"项目
	在建工程	
	使用权资产	支出现金租入"现金制造机":资产可以买,也可以租:按使用期限或使用量支付租金,可以有效降低投入成本
	无形资产	支出现金购入隐形"现金制造机":看不见、摸不着的资产,如商标权、专利权、著作权等,可以长期为企业提供经济效益
流动负债	短期借款	欠银行的现金:还款期限在1年内的贷款
	应付票据	欠供应商的现金:企业承诺在未来某个时间支付供应商
	应付账款	欠供应商的现金:企业尚未支付给供应商款项,且未承诺支付时间
	合同负债	欠客户的现金:企业先收到了客户的款项,但还没有给客户提供商品或服务
	应付职工薪酬	欠职工的现金:未支付给职工的工资、奖金、福利等
流动负债	应交税费	欠国家的现金:企业在经营过程中,根据税法规定,需要向国家缴纳的各种税费的金额

(续表)

项目类别	项目名称	通俗理解
非流动负债	长期借款	欠银行的现金:还款期限在1年以上的贷款
	应付债券	欠债券持有人的现金:企业发行债券筹资以扩大生产、投资新项目等,出具"借条"承诺在未来的某个时间点(期限通常较长,长于1年)偿还本金和利息
所有者权益（或股东权益）	实收资本	股东投入的原始资本,即国家监管的"注册资本"
	资本公积	因资本增值等原因,投资者投入的资金超过实收资本的部分
	盈余公积	企业经营过程赚的利润,按照一定比例提取到盈余公积中的部分
	未分配利润	企业盈利后决定保留部分利润,用于公司日后发展,不在投资者间分配

（五）资产负债表的分析要点

在分析资产负债表时,先抓住最主要的信息,即资产、负债和所有者权益总额。资产总额反映企业的生产结构和经营规模,即企业生产经营能力的集中反映。负债总额表明企业承担债务的多少,是企业利用外部资金情况的反映。所有者权益总额是企业的自有资金,是企业自主经营、自负盈亏能力的反映。进行财务分析时,先要对企业这三个方面的总量有一个基本的了解,弄清企业资产为多少,负债为多少,自有资金为多少,这三个方面的组成是掌握企业财务状况的起点,也是进一步分析企业资金结构、偿债能力的基础。

1. 总量分析

（1）关注企业资产、负债、所有者权益的总额。资产负债表遵循"资产＝负债＋所有者权益"的编制原则,可通过资产总计推知负债和所有者权益的总计,进而评估企业经营规模。若了解企业所在行业的平均资产情况,还可以判断企业在行业中的地位。对于工业企业和建筑企业,单从资产总额方面考虑,4亿元以上为大型企业,4 000万元以下为小型企业,介于两者之间为中型企业。

（2）关注资产的来源,即负债总额和所有者权益总额的高低,把握企业债务规模和净资产的大小,为后续计算资产负债率或产权比例,分析企业的财务风险做好准备。

2. 结构分析

企业可以通过结构分析,观察各项资产、负债和所有者权益在资产总额、负债总额和所有者权益总额中的比重。

（1）资产方面:计算流动资产与长期资产在总资产中的比重。长期资产比重大的企业一般都是传统企业,长期资产的金额和比重能反映企业资本经营的规模和水平;而高新技术企业一般不需要很多的固定资产,更看重资产的流动性和质量。

（2）负债方面:计算流动负债与长期负债在总负债中的比重。如果流动负债比重大,说明企业偿债压力大;如果长期负债比重大,说明企业财务负担重。

（3）所有者权益方面:实收资本反映企业所有者对企业利益要求权的大小,资本公积反映投入资本本身的增值,留存收益(即盈余公积和未分配利润)是企业经营过程中的资本增值。如果留存收益大,意味着企业自我发展的潜力大。

3. 差额分析

企业可以对资产的期末期初金额进行差额分析,了解企业资产的发展趋势。资产总额的持续增长表明资产发生了增值,需结合负债项目和所有者权益项目分析资产增值的原因是借入资金、投资者投入还是企业自我积累转入。

如果借入资金和投资者投入金额较大,自我积累转入少,说明企业可能在扩大规模;如果自我积累转入金额大,说明企业自我发展的潜力大。把握了总体变化情况后,再结合账簿和科目汇总表,对各资产项目和所有者权益项目的期末、期初差额分析变化的具体原因。

要对资产负债表中的各项目进行深入的分析,以了解资产质量、负债结构和偿债能力等,需要运用指标对资产负债表进行质量分析,详见任务6.4。

三、任务实施

通过信息搜索,小祝对东方智合近期的新闻报道进行了梳理。他发现公司近期签订了一批重要项目,业务拓展顺利,预计未来业绩将继续保持增长。尽管多点发力,在人工智能领域占有了一席之地,但面临诸多竞争,并没有取得一枝独秀的优势,这给公司的长远发展带来一定挑战。为了更好地呈现分析效果,小祝制作了图表加以说明,以下是他对东方智合资产负债表的分析。

(一)资产总量分析

东方智合2023年9月资产总量分析如表6-2所示。

表6-2　　　　　　　　东方智合2023年9月资产总量分析　　　　　　　单位:万元

类型	2023-1-1		2023-9-30		增减变动	
	金额	比重	金额	比重	金额	比重
流动资产	4 180.29	51.78%	4 137.82	51.10%	−42.47	−1.02%
非流动资产	3 892.18	48.22%	3 959.30	48.90%	67.12	1.72%
总资产	8 072.47	100%	8 097.12	100%	24.65	0.31%

分析:由表6-2可知,2023年9月30日,东方智合资产规模达8 097.12万元,与年初相比(2023年1月1日)增加24.65万元,涨幅0.31%;其中流动资产达到4 137.82万元,占资产总量的51.10%,相比年初减少1.02%,非流动资产达到3 959.30万元,占资产总量的48.90%,比年初增加1.72%,变化均不显著,需对明细项目进行具体分析。

(二)资产结构分析

东方智合2023年9月资产结构分析如图6-3所示。

分析:由图6-3可知,2023年9月30日,流动资产与非流动资产比例相当,流动资产达到4 137.82万元,占资产总量的51%;进一步分析,依次为应收账款(19%)、存货(16%)、货币资金(8%)和合同资产(5%)等。其中,应收账款高达1 497.95万元(小祝认为,坏账风险较高,应沟通是否调整信用政策)。在非流动资产中,长期投资、固定资产、在建工程和无形资产等占比较大,表明公司注重长期发展和技术研发。

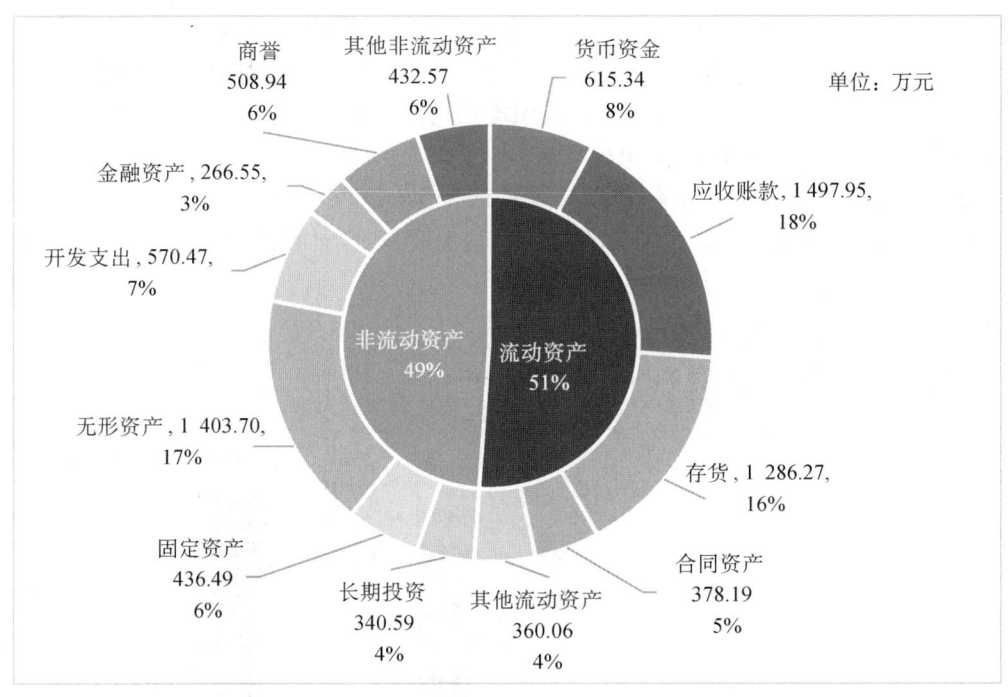

图 6-3　东方智合 2023 年 9 月资产结构分析

（三）资产差额分析

东方智合 2023 年 9 月资产差额分析如图 6-4 所示。

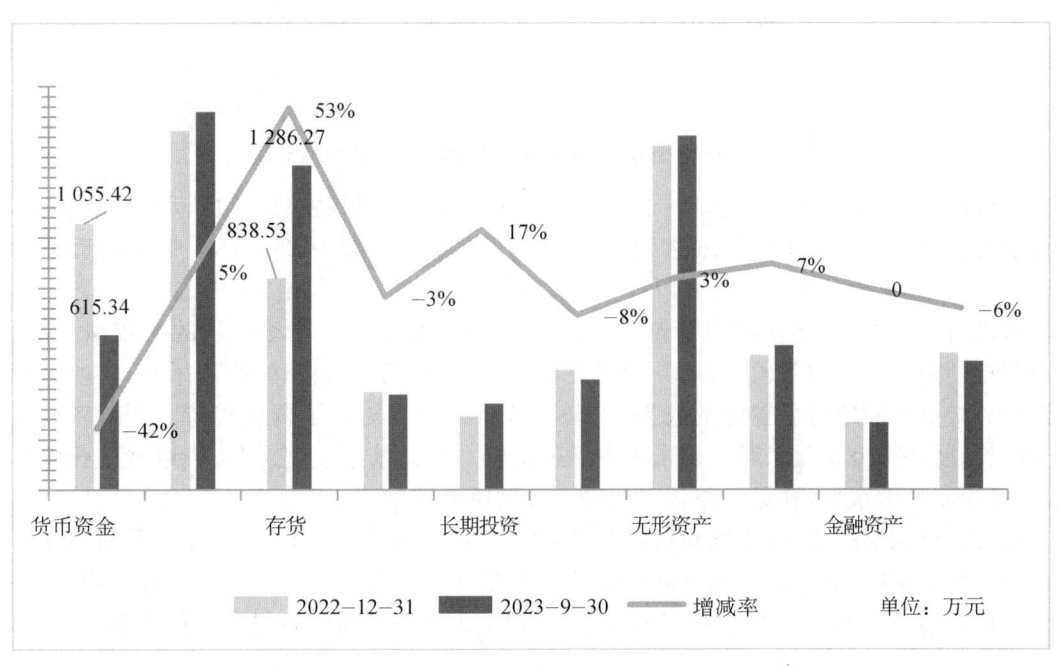

图 6-4　东方智合 2023 年 9 月资产差额分析

分析：由表 6-2 可知，2023 年 9 月 30 日，东方智合资产规模达到 8 097.12 万元，与 2023 年

1月1日相比,增加24.65万元,基本持平。进一步分析具体项目变动,由图6-4可知,货币资金同比减少42%,说明近期有一定的资金流出,一方面为应收账款增加,回款主要集中在下季度,另一方面为应付职工薪酬及项目款项增加;存货同比增加53%,主要为公司新签重要项目,相关人工及采购成本等增加。

综上,小祝认为要关注东方智合应收账款的变动,是否及时回收款项,以缓解资金压力;同时,针对存货的增加,要加强库存管理,确保存货的周转速度,避免积压导致资金占用。

(四)负债和所有者权益分析

东方智合2023年9月负债和所有者权益分析如图6-5所示。

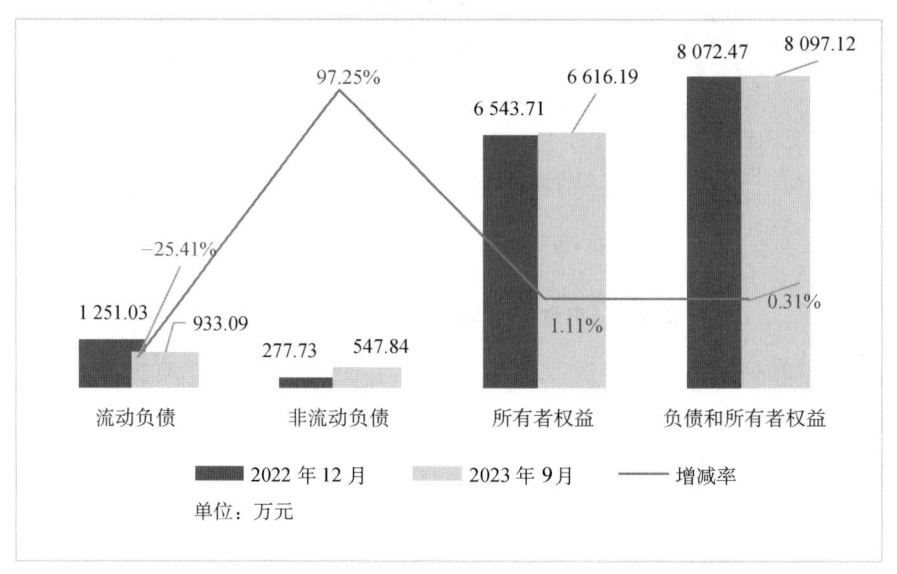

图6-5 东方智合2023年9月负债和所有者权益分析

分析: 由图6-5可知,2023年9月,东方智合负债和所有者权益总额达到8 097.12万元,比年初增加0.31%;其中流动负债达到933.09万元,比年初减少25.41%,非流动负债达到547.84万元,比年初增加97.25%;所有者权益达到6 616.19万元,比年初增加1.11%。

可以看出,东方智合在负债管理方面取得了一定的成果。流动负债的大幅减少,说明公司在短期内减轻了债务压力,财务状况更加稳健。而非流动负债的快速增长,表明公司在长期债务融资方面取得了较好的成果,为公司的持续发展提供了资金支持。所有者权益的稳步增长,反映了公司股东对公司未来发展的信心。在此基础上,公司应当继续优化资本结构,合理控制负债水平,确保财务状况的稳定和健康发展。

综合各位同事的建议,小祝对分析报告进行了进一步完善。他在报告中详细阐述了东方智合的财务状况,并针对公司可能面临的风险和挑战提出了相应的应对措施。最后,他将报告整理成清晰的PPT,以便向主管汇报时能够更加直观地展示自己的分析成果。

四、任务小结

通过阅读资产负债表,可以全面了解企业的资产状况、负债结构和所有者权益情况。从资产总量、资产结构、资产差额、负债和所有者权益等多个方面进行分析,展示企业在某一特定日期的财务状况及变化原因,分析企业可能面临的风险和挑战,为利润表和现金流量表分析工作打好坚实基础。

任务 6.2 企业的"面子":利润表

学习目标

1. 能说出利润表的分析目的和利润表恒等式。
2. 能解释利润表常见项目含义。
3. 能从利润构成、收入、成本项目三个方面解读利润表。
4. 能形成全局思维,用整体性、联系性的思维方式看待业务和财务数据。

一、任务描述

小祝了解了东方智合的"底子"后,对后面的工作更有信心了,为了进一步掌握公司的财务状况,他开始分析第二张财务报表——利润表。通过剖析利润表,小祝希望能够全面了解公司的盈利能力、盈利水平及盈利趋势。

6-2 东方智合利润表

二、任务准备

(一) 利润表的分析目的

利润表又称损益表,"损"为亏损,"益"为利润,主要展示了企业在一定时期内的盈亏情况,包括收入、成本和利润等。业内流传一个故事,会计领域的资深人士杨纪琬曾在一次研讨会中指出,企业经营的初衷是实现盈利,然而制度却在反映盈利状况的报表中将"损"字置于首位,显得颇不吉祥。因此,在 2001 年会计制度改革时,将"损益表"更名为"利润表"。既然企业旨在盈利,那么将"损益"改为"利润",更能体现美好期望和愿景。

企业一般通过销售产品或提供服务获取营业收入并实现盈利。在评估一家企业的优劣,或评价其产品与服务质量时,主要依据以下两个标准,对应的关键数据均可通过利润表获得:

(1) 观察企业在市场中的产品(或服务)是否受欢迎,销售情况是否良好。如果销量大、销售收入高,说明消费者愿意为之买单,企业的销售情况良好。

(2) 关注企业出售的产品(或服务)所带来的利润大小。

无论是流动资产还是非流动资产,都只是现金的一种转变形态。如果经过资金的运转,所获得的收益率跟银行存款的利息率相差无几,还不如将资金存入银行,没有必要冒险进行经营。因此,利润表是企业所有者和投资者比较喜欢的报表。因为,它能够直接反映企业是否赚钱、能赚多少钱，利润表就像企业的脸面，因此它也是财务造假的主战场。

（二）利润表的构成

利润表和资产负债表一个很大的区别在于，资产负债表反映的是企业在某一个时点的资产负债情况。如果说资产负债表像一张照片，利润表则像一段影片——反映的是某一个周期内企业的财务状况。与资产负债表相比，利润表比较直观。与资产负债表类似，利润表也有一个恒等式：收入－支出＝利润，或：收入－成本－费用＝利润。

收入是指对利润增加有贡献的项目（如营业收入、投资收益、营业外收入等）。支出是指对利润减少有贡献的项目（如营业成本、税金及附加、销售费用、管理费用、财务费用、营业外支出等）。

利润表的第一行通常就是企业的销售收入（营业收入），它反映了产品与服务的市场表现。营业收入金额越大，增长越快，说明产品与服务的销售状况越好。利润表的最后一行是净利润，净利润是指企业在一定期间内扣除所有成本、费用后的利润，表示企业是否盈利，但不一定等同于企业的现金收入。净利润的金额越大，表明企业盈利能力越强；反之，若为负数，负值越大，表明企业的亏损程度越严重。

不管是收入还是各项花费和支出，最后都指向利润。可以说，从财务视角看，经营企业做生意，其实就是在做利润表。

（三）利润表的常见项目

利润表的常见项目如表6-3所示。

表6-3　　　　　　　　　　　　　利润表的常见项目

项目类别	项目名称	通俗理解
营业收入	主营业务收入	是指企业主要经营业务的收入，主营业务收入一般在企业总收入中占比比较大
	其他业务收入	除上述主营业务收入外的其他业务收入，属于企业日常活动中次要交易实现的收入，一般占企业总收入的比重较小。如企业把多余的场地或者仓库出租给第三方公司获得的租金收入等
营业成本	主营业务成本	成本与收入直接关联，是生产产品最重要的投入。如一罐可乐，其成本是可乐本身及制造可乐罐子花费的一切费用。会计上把这些称为"料工费"。"料"是指原材料，"工"是指人工费，"费"是指制造费用。在制造企业中，生产过程中的费用被称为生产成本，这一概念体现了企业内部资产的转换。当生产的可乐售出后，存货转为营业成本，并计入利润表中的营业成本项目
	其他业务成本	
销售毛利＝营业收入－营业成本		
费用、损失	税金及附加	是指企业需缴纳的各类税费，包括印花税、城市维护建设税、教育费附加等。这些税费是根据企业的营业收入、营业利润等指标计算的，是企业经营过程中必须承担的税费
	销售费用	与销售直接相关的支出，与产品生产无关，它包括广告费、促销费、销售场地的租金、销售人员的工资奖金福利、销售业务招待费用、销售人员的差旅费用等

(续表)

项目类别	项目名称	通俗理解
费用、损失	管理费用	是指企业运营所需费用,包括管理人员(如人事、财务)的工资奖金福利、办公楼的租金、日常办公开支、会议费、培训费、业务招待费和差旅费等。即使企业不生产产品,仍需投入这些费用以维持正常运营。即使产品未销售,这些投入也是必需的,不会因销售变化而变化
	研发费用	是指研究与开发某项目所支付的费用,高科技行业、医药行业普遍研发费用率较高,也因此受市场追捧,市场看中的是研发成功后企业的未来;但对于很多企业来说,高额研发费用成了利润长期难以提升的最大阻力,可以说是一把双刃剑
	财务费用	是指企业在银行有贷款时的利息支出,同时企业在银行有存款时的利息收入,财务费用是利息支出减去利息收入之后的余额,它也包括通过银行汇款的手续费、月度管理费等基本费用
	资产减值损失	是指企业持有的资产因市场环境变化、资产使用状况恶化等原因,导致其价值减少所产生的损失。这种损失可能会发生在企业的各个项目,如应收账款、存货、固定资产等,对企业的盈利能力造成负面影响
其他收益		主要为政府补贴收入,即企业按规定应收的政策性补贴和其他补贴
投资收益		是指为投资收益减投资损失的净额。投资收益和投资损失是指企业对外投资所取得的收益或发生的损失
营业利润=营业(总)收入－营业(总)成本－税金及附加－销售费用－管理费用－研发费用－财务费用－资产减值损失±投资收益+其他收益			
营业外收支净额	营业外收入	是指企业发生的与生产经营无直接关系的各项收入,包括固定资产盘盈、处理固定资产净收益、罚款收入、确实无法支付而应转作营业外收入的应付款项、教育费附加返还款等
	营业外支出	是指企业发生的与生产经营无直接关系的各项支出,包括固定资产盘亏、处置固定资产净损失、罚款支出、赔偿金、违约金、捐赠支出、非常损失、非正常停工损失等
利润总额=营业利润±营业外收支净额			
所得税费用		企业在会计期间内发生的利润总额,经调整后按照税法规定的比率,计算应缴纳的企业所得税税款
净利润=利润总额－所得税费用			

(四) 利润表的分析要点

利润表是反映企业在一定期间的经营成果的报表,对任何一家企业来说,只有盈利才能有资金持续投入来保证企业正常发展,给予投资者投资回报,提升员工福利、薪资待遇。不过,除了要看企业当下的利润水平,还需要观察利润的质量,即是否可长期保持该利润水平,或有可能进一步提升。利润表的分析可以从以下三个方面展开。

1. 利润构成分析

通过利润表结构的学习,我们得知利润总额由营业利润和营业外收支净额构成。

(1) 判断利润总额结构是否合理:营业利润和营业外收支净额在利润总额中的比重。

（2）判断营业利润结构是否合理：主营业务利润、其他业务利润、其他收益、投资收益占营业利润的比重。

2. 收入项目分析

企业通过销售产品、提供劳务取得营业收入，也可将资源提供给他人使用，获得租金与利息等营业外收入。收入的增加，意味着企业资产的增加或负债的减少。

3. 费用项目分析

费用是收入的扣除项，费用的确认、扣除正确与否直接关系企业的盈利。所以，分析费用项目时，应注意费用包含的内容是否适当，确认费用应贯彻权责发生制原则、历史成本原则、划分收益性支出与资本性支出的原则等。然后，对成本费用的结构与变动趋势进行分析，分析各项费用占营业收入百分比，分析费用结构是否合理，对不合理的费用要查明原因。同时，对费用的各个项目进行分析，看各个项目的增减变动趋势，以此判定企业的管理水平和财务状况，预测企业的发展前景。

在分析利润表时，必须具体问题具体分析。例如，一些企业可能因扩张导致固定成本上升，进而降低利润。并且，在特定行业或企业经营的特定阶段，利润高低并不能完全反映其经营绩效。以互联网公司为例，互联网公司通常会经历一个资本密集型的初创期，期间可能无利润甚至出现巨额亏损。然而，这并不意味着这些公司缺乏投资价值；相反，它们可能具备巨大的增长潜力。一旦完成市场布局和用户积累，这些公司将进入盈利期。因此，在评估企业时，应综合考虑其发展阶段、行业特点等因素，而非仅依赖利润指标。

三、任务实施

了解利润表的基本结构和分析方法后，小祝着手进行分析，以下是他的实施步骤。

（一）收集数据

收集东方智合3年内的财务数据，包括营业收入、营业成本、税金及附加、管理费用、销售费用、财务费用、资产减值损失、投资收益等。

（二）利润构成分析

东方智合2023年第三季度利润总额、营业利润构成分析如图6-6所示。

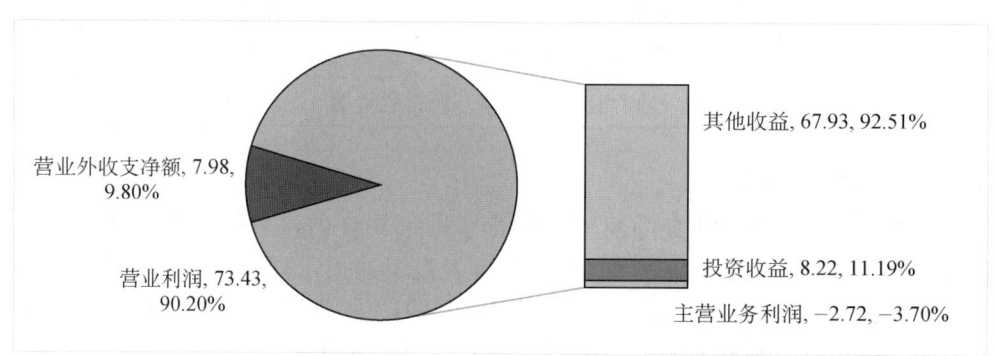

图6-6 东方智合2023年第三季度利润总额、营业利润构成分析

分析：根据利润表可知，东方智合2023年第三季度的利润总额为81.41万元。如图6-6

所示,营业利润为 73.43 万元,占比 90.20%,其中营业外收支净额为 7.98 万元,占比 9.80%,可以认为利润总额结构质量较高,主要来自经营活动,营业外收支占比较低。不过,营业利润内部的结构则不是很理想,主要来自其他收益 67.93 万元,占比 92.51%,而主营业务利润为-2.72 万元,对营业利润起反作用。因此,东方智合的主营业务仍处于亏损状态,盈利主要还是靠外部的补贴。

(三)收入项目分析

东方智合 2022 年和 2023 年季度营业收入同比变动分析如图 6-7 所示。

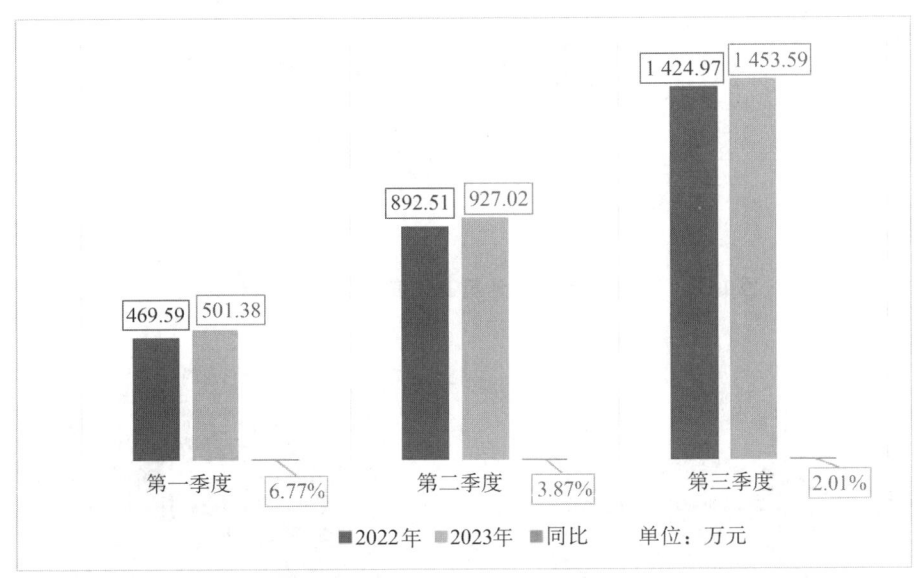

图 6-7 东方智合 2022 年和 2023 年季度营业收入同比变动分析

分析:如图 6-7 所示,东方智合 2023 年前三季度的营业收入稳定增长,同比涨幅均在 2%以上,体现公司通过加快推进大数据、人工智能、云计算、5G 等技术在各行业中的融合应用,特别是在垂直行业中的多元化场景应用及数据要素的价值化应用,持续深耕其在行业内的优势领域,积极拓展市场。这些策略有助于持续构建和提升东方智合的核心竞争力,从而带动营业收入增长。

(四)营业总成本分析

东方智合 2023 年第三季度营业总成本结构分析如图 6-8 所示,东方智合 2022 年和 2023 年第三季度营业总成本对比分析如图 6-9 所示。

(1)成本结构分析:如图 6-8 所示,通过分析营业总成本构成,可以发现东方智合营业成本占比过半,约为 60.51%;研发费用其次,占比 23.29%;管理费用占比 9.57%,销售费用和财务费用均占比较低,分别为 4.88%和 1.20%,可以看出东方智合的成本结构以营业成本为主,这是正常的,因为营业成本通常是企业的主要成本之一。其中,研发费用占比相对较高,表明东方智合在技术创新方面投入较大,这有助于提升公司的核心竞争力。同时,管理费用和销售费用占比较低,说明公司在管理和销售方面的效率较高,能够控制相关费用。

(2)成本变动趋势分析:如图 6-9 所示,通过对比 2022 年第三季度和 2023 年第三季度的营业总成本,可以发现营业成本、研发费用、管理费用和销售费用均有所增长,但增长幅度

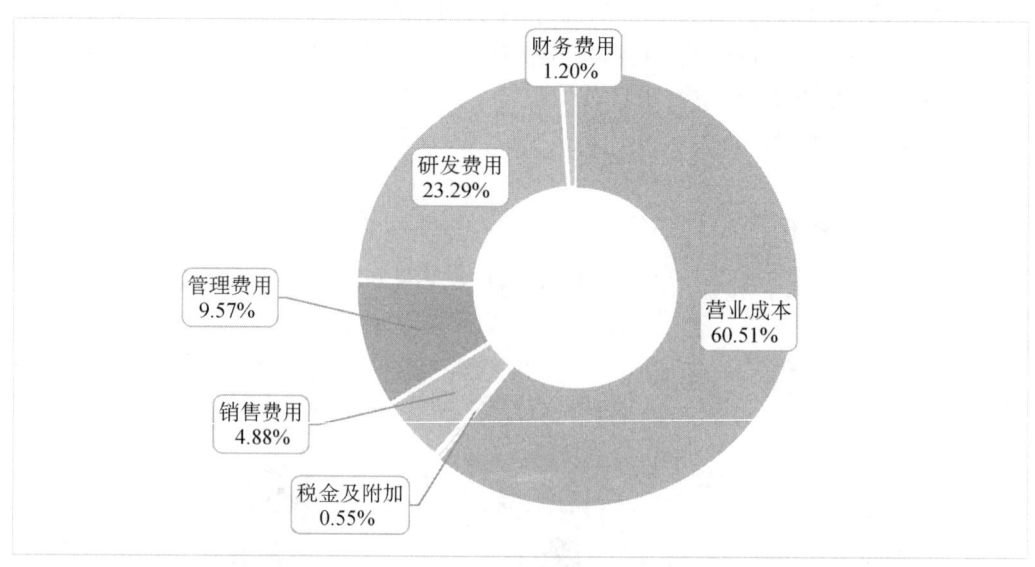

图 6-8　东方智合 2023 年第三季度营业总成本结构分析

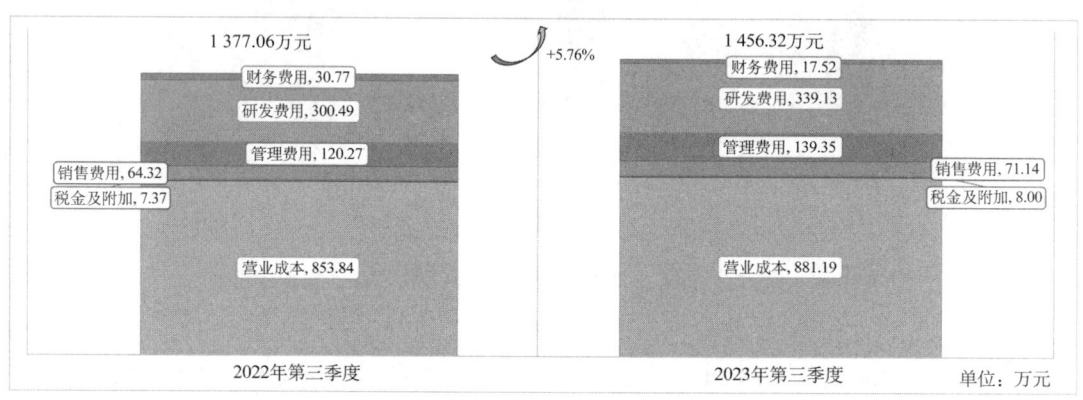

图 6-9　东方智合 2022 年和 2023 年第三季度营业总成本对比分析

相对较小,与收入的增幅基本一致。对应的,财务费用略有下降。其中需关注销售费用,如果销售费用增长过快,可能会对公司的盈利能力产生负面影响。因此,公司应合理控制销售费用,提高市场营销效果,确保费用投入产出比合理。

结合利润构成分析、收入项目分析和营业总成本分析,可以发现东方智合的主营业务虽然亏损,但公司的总体利润水平仍然保持增长。这主要得益于其他收益和投资收益的贡献。然而这种盈利模式可持续性存疑,因为过度依赖外部补贴和投资收益可能会增加公司的风险。

(五)提出特别关注和改进措施

根据以上分析,小祝认为以下几点需要特别关注。

1. 提高主营业务盈利能力

东方智合的主营业务目前处于亏损状态,主营业务作为公司的核心业务,其盈利能力的提升对于公司的长期发展至关重要。公司可以通过优化产品结构、提高产品质量、降低成本等方式,提高主营业务的盈利能力。

2. 控制销售费用

为了进一步拓宽市场,东方智合应合理控制销售费用,提高市场营销效果,确保费用投入产出比。例如,优化销售策略、提高销售效率、降低销售成本等。

3. 关注研发投入产出比

虽然东方智合在研发方面的投入较大,但公司应关注研发成果的转化和应用,确保研发投入能够产生实际的经济效益。同时,公司还可以加强与高校、科研机构等外部资源的合作,共同推动技术创新和产品研发。

4. 优化成本结构

公司可以通过改进生产工艺、提高资源利用效率、降低采购成本等方式,优化成本结构,降低营业成本。此外,公司还可以进一步关注财务费用的降低,如优化融资结构、提高资金利用效率等。

通过这个任务,小祝提高了自己分析和解决问题的能力,他相信在未来的工作中,他将继续发挥自己的优势,为公司创造更多的价值。

四、任务小结

利润表像是给企业拍摄的一段影片,利润表不仅能反映企业盈利的多少,而且能区分可持续项目和不可持续项目,以推测企业未来的盈利情况。通过利润表和资产负债表,一段影片和一张照片,让企业的全貌更加清晰起来,而要临摹企业的画像,探寻这家企业的秘密,还需要第三张表——现金流量表。

任务6.3 企业的"日子":现金流量表

学习目标

1. 能说出现金流量表的分析目的和现金流量表恒等式。
2. 能解释现金流量表常见项目的含义。
3. 能从净现金流量的变化、现金流量结构的稳定性、投资活动与筹资活动的现金流量走向三个方面解读现金流量表。
4. 能建立现金流思维,形成现金为王、积极转变利润为现金的意识。

一、任务描述

在完成东方智合的"底子"和"面子"分析后,小祝打算乘胜追击,攻克最后一张财务报表——现金流量表。据说这是企业三大基本报表中最不受待见的一张表,它既不像利润表,可以直观反映企业的盈利情况,又不像资产负债表,可以全面反映企业的经营现状,但它掌握着企业生存的命脉——现金流。小祝迫切想要了解,现金流量表对于企业的所有者或投

6-3 东方智合现金流量表

资者来说,究竟扮演着怎样的角色？东方智合的现金流状况又是怎样的呢？

二、任务准备

(一)现金及现金等价物

现金通常是指企业的库存现金,即企业的现钞。现金等价物是指那些短期内可以迅速转换为现金,且价值变动风险较小的资产,如短期投资等。这两者的总和,构成了"现金及现金等价物",它也是现金流量表的编制基础。

(二)现金流量表的作用

现金流量表主要反映了企业在一定会计期间内,现金及现金等价物的流入和流出情况。报表使用者可以通过现金流量表了解企业的现金来源和去向,从而评估企业的现金流动性、偿债能力及未来可持续发展的潜力。对于投资者而言,现金流量表更是判断企业是否健康、是否稳定运营的重要工具。

(三)现金流量表的分析目的

现金流作为企业生存与发展的支柱,是其可持续发展的关键。然而,即便是一些规模庞大、盈利能力卓越的企业集团,也曾因现金流管理的不当,导致资金链断裂,最终突然宣告破产,令人惋惜。

现金流问题对企业而言,如无法及时解决,将引发严重后果,甚至可能导致企业无法正常运营。从这一意义上讲,现金流的重要性甚至不亚于利润。作为分析企业现金流向的报表,现金流量表的重要性也就不言而喻。

分析现金流量表的目的主要表现在以下两个方面:

（1）了解企业的现金情况:通过分析现金流量表,可以了解企业在特定时期内现金和现金等价物的流动情况,包括净现金流量的增减情况,从而判断企业现金状况的稳定性和健康程度。

（2）分析现金流动的来源和去向:现金流量表将现金流动分为经营活动、投资活动和筹资活动三个部分,通过分析这些部分的现金流动情况,可以了解企业经营、投资和筹资的活动效益,从而评估企业的经营能力、投资决策和资金运用情况。

注意:企业从银行提取现金、用现金购买短期到期的国库券等现金及现金等价物之间的转换不属于现金流量。

(四)现金流量表的构成

现金流量表是企业财务报表的重要组成部分,与利润表类似,现金流量表如同一段影片。它反映了企业在一定时期内现金及现金等价物的流入和流出情况,主要包括三个部分:经营活动现金流量、投资活动现金流量和筹资活动现金流量,分别反映了企业在经营、投资和筹资方面的现金收支情况,体现为一个基本公式:净现金流量＝经营活动现金流量＋投资活动现金流量＋筹资活动现金流量。

1. 经营活动现金流量

经营活动现金流量反映企业主营业务的现金流入和现金流出情况,简单来说,就是企业日常运营中收到的和花掉的现金,是企业现金流量的重要组成部分。经营活动现金流量的现金流入主要来源于产品销售收入,而现金流出主要包括采购原材料、支付员工薪酬和缴纳税费等经营成本支出。

2. 投资活动现金流量

投资活动现金流量是企业投资活动产生的现金流量,反映了企业在投资活动中的现金收支情况,它显示在一个特定时期内,有多少钱被用于(或产生于)投资项目上。投资活动包括购买长期资产(如财产、厂房和设备),以及收购其他公司、投资股票和债券等。对绝大多数正常企业来说,投资活动现金流量通常都是负值,反映企业有持续的资金流出,投入到一些资产当中,预期保持竞争力,以及在未来创造更大收入。

3. 筹资活动现金流量

筹资活动现金流量反映企业在筹资活动中的现金收支情况,包括向银行借款、获得股东增资等现金流入,以及分红、归还借款本息等现金流出。企业通过筹资活动融资,可以解决资金短缺问题,但也需要注意控制债务风险,合理分配现金流出。

(五)现金流量表的分析要点

可从以下三个角度对现金流量表进行分析。

1. 净现金流量的变化

若本期净现金流上升,意味着企业短期偿债能力增强,财务状况得到改善;相反,若净现金流量减少,则表明企业财务状况相对严峻。然而,若企业净现金流量过大,则意味着该企业未能充分发挥这部分资金的作用,实则是一种资源闲置。

2. 现金流量结构的稳定性

经营活动作为企业核心业务,所产生的经营活动现金流量可不断用于投资,进而创造新的现金流。主营业务的现金流量规模越大,说明企业的发展越稳健。投资活动和筹资活动分别为企业寻找闲置资金的投资机会和筹集经营所需资金,这两种活动的现金流量是辅助性的,它们服务于主营业务。若这两部分现金流量过大,则暗示企业财务状况缺乏稳定性。

3. 投资活动与筹资活动的现金流量走向

分析投资活动时,区分对内投资与对外投资。对内投资(如扩大生产规模、购置新设备等)的现金流量增加,表明企业正在积极扩大生产能力,提高市场竞争力;而对外投资(如购买其他公司股权、投资新项目等)的现金流量增加,则表明企业正在寻求更多的盈利机会,扩大业务范围。然而,这些投资活动需要有足够的资金支持,因此投资者需要关注企业的筹资活动现金流量,以了解企业的资金来源和债务状况。

在分析现金流量表的过程中,如果发现企业存在现金流不足、现金流量不稳定等问题,可以提出相应的改进措施。例如,优化经营活动,提高主营业务盈利能力;合理安排投资和筹资活动,控制债务风险;调整现金流量结构,确保企业现金流的稳定来源等。

三、任务实施

小祝对东方智合现金流量表的分析分为以下几个步骤。

(一)收集数据

收集东方智合近3年的现金流量表数据,需包括经营活动、投资活动和筹资活动的现金流入和现金流出情况。在收集数据时,要注意确保数据的准确性和完整性。

(二)观察净现金流量的变化

东方智合 2022—2023 年季度现金流量变化如图 6-10 所示。

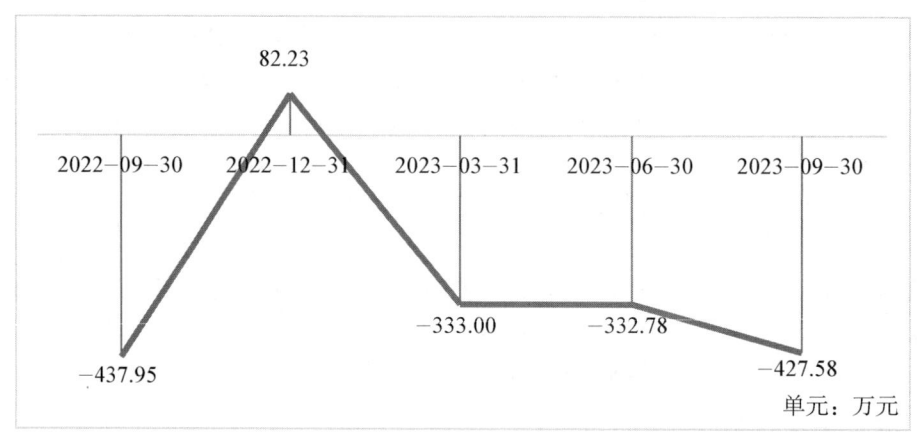

图 6-10　东方智合 2022—2023 年季度现金流量变化

如图 6-10 所示,东方智合 2022 年第四季度(2022 年 10 月 1 日至 2022 年 12 月 31 日)净现金流量为正数,但自 2023 年起,东方智合的净现金流量持续为负数,表明公司的现金及现金等价物余额一路减少,公司偿还短期债务的能力下降,财务状况相对严峻。

(三)现金流量结构分析

东方智合 2023 年第三季度现金流量结构分析如图 6-11 所示。

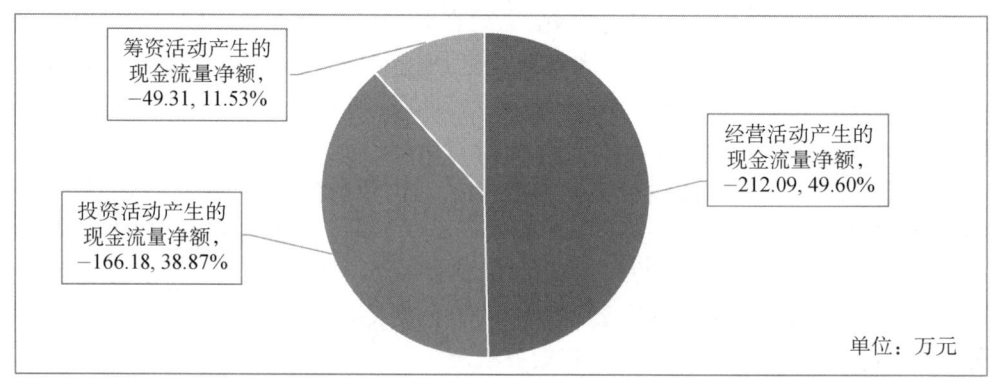

图 6-11　东方智合 2023 年第三季度现金流量结构分析

由图 6-11 可知,东方智合 2023 年第三季度经营活动现金流量净额、投资活动现金流量净额和筹资活动现金流量净额均为负数,其中经营活动现金流量净额下降了 212.09 万元,占比 49.60%;其次是投资活动现金流量净额,下降了 166.18 万元,占比 38.87%;筹资活动现金流量净额下降了 49.31 万元,占比 11.53%。

(四)经营活动现金流量分析

东方智合 2023 年第三季度经营活动现金流量明细如图 6-12 所示。

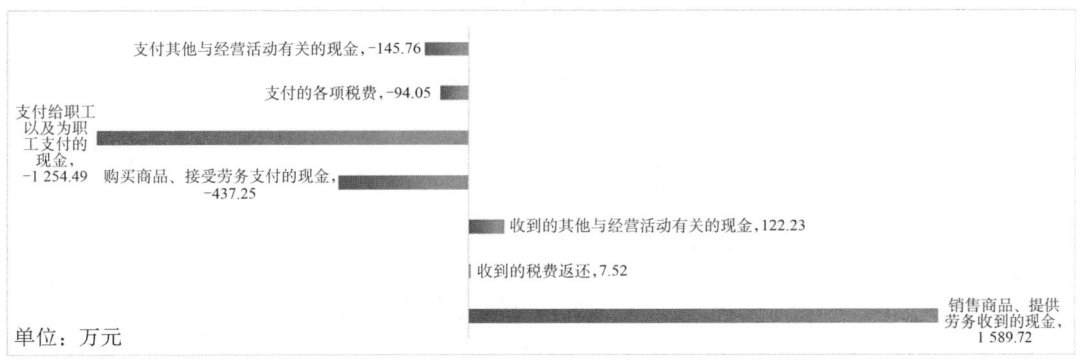

图 6-12　东方智合 2023 年第三季度经营活动现金流量明细

由图 6-11 可知,经营活动现金流量净额下降了 212.09 万元,经营活动作为公司核心业务和主要现金来源,说明东方智合的日常营运正在消耗现金,这是不利的情况。进一步分析其原因,如图 6-12 所示,小祝认为东方智合的经营活动现金流量净额为负数,是由于公司存在用工成本过高、产品销售未能及时收回现金和原材料采购成本上升等问题。

(五) 投资活动现金流量分析

由图 6-11 可知,东方智合 2023 年第三季度的投资活动现金流量净额下降了 166.18 万元,根据现金流量表可知,东方智合 2023 年第三季度收回投资 1 657 万元,投资支出 1 860.71 万元,支出大于流入,因此投资活动现金流量净额为负数。

东方智合 2023 年第三季度投资活动现金流量走向分析如图 6-13 所示。

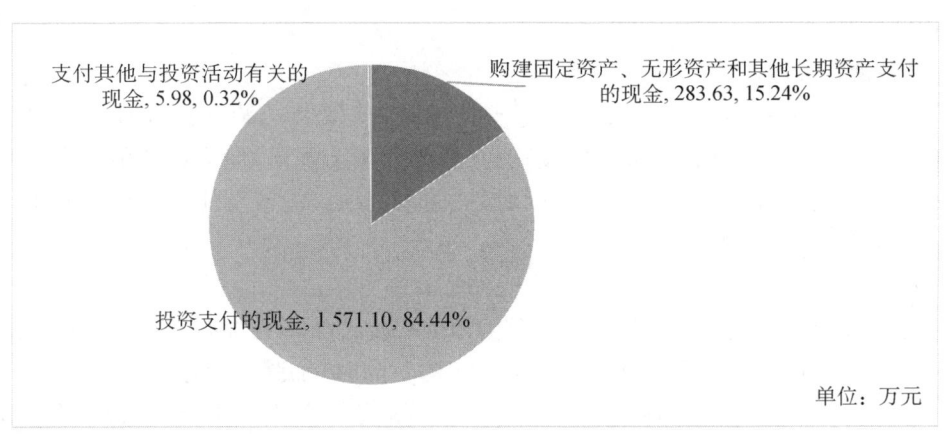

图 6-13　东方智合 2023 年第三季度投资活动现金流量走向分析

由图 6-13 可知,东方智合 2023 年第三季度的投资支出为 1 860.71 万元,其中有 1 571.10 万元(占比 84.44%)是对外投资,如购买其他公司股权、投资新项目等;相对应的,对内投资仅有 283.65 万元,占比 15.24%。综上,表明公司正在寻求更多的盈利机会,扩大业务范围,而非积极扩大生产能力,扩大公司规模。

(六) 筹资活动现金流量分析

东方智合 2023 年第三季度筹资活动现金流量如图 6-14 所示。

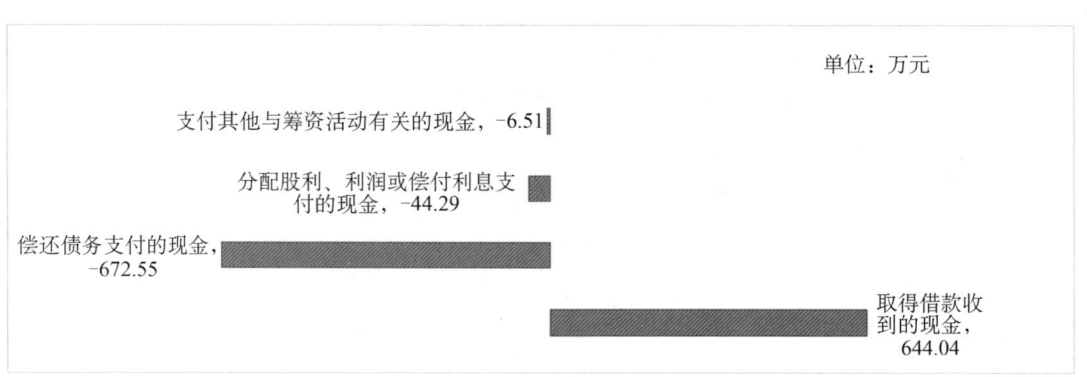

图 6-14　东方智合 2023 年第三季度筹资活动现金流量

东方智合投资活动的资金支持存在不足,因为该公司的筹资活动主要依赖于借款。由图 6-14 可知,东方智合 2023 年第三季度通过借款取得了 644.04 万元的现金流入。然而,同期该公司也支付了 672.55 万元的现金用于偿还债务,并支付了 44.29 万元的利息费用。这表明,东方智合的筹资活动对投资活动的支持作用相对有限,公司的财务风险不容忽视。

(七)提出特别关注和改进措施

针对东方智合现金流量表的分析结果,小祝提出以下四个关注点和优化建议。

1. 优化经营活动现金流量管理

针对东方智合经营活动现金流量下降的问题,建议公司加强对客户的催收,提高收款效率,减少坏账损失;同时,要关注成本控制,通过提高生产效率和降低不必要的开支,改善经营活动现金流量状况。

2. 调整投资策略

鉴于东方智合在投资活动方面的资金支持不足,建议公司调整投资策略,优化投资结构。在保持对外投资的同时,加大对内投资力度,扩大生产规模,促进设备更新和技术改造,以提高公司的核心竞争力和市场份额。同时,关注投资项目的盈利能力和风险水平,确保投资活动的可持续性和稳健性。

3. 加强筹资活动管理

为了满足投资活动和经营活动的现金需求,东方智合需要加强筹资活动管理。建议公司拓展融资渠道,降低筹资成本,优化债务结构。同时,加强与金融机构的合作,争取更多的信贷支持。此外,还可以通过发行债券、股权融资等方式筹集资金,以满足公司的发展需求。

4. 建立现金流量风险预警机制

为了避免现金流量风险,东方智合应建立现金流量风险预警机制。通过实时监测和分析现金流量状况,及时发现潜在风险,并采取相应的应对措施。同时,加强内部沟通和协调,确保各部门在现金流量管理方面的协同配合,共同维护公司的财务稳定。

四、任务小结

现金流量表分析是一项重要的工作,需要关注现金流量表中的各项指标和现金流量结构。通过现金流量表分析,可以更好地了解企业的经营状况、偿债能力和投资决策能力,为投资者和管理者提供有力的决策依据。在实际分析过程中,还需要结合企业的实际情况和行业特点,综合运用各种分析方法,以获得更准确的结论。现金流量表分析是一个动态的过程,需要持续关注和调整,以适应企业不断变化的发展环境。

任务 6.4 分析关键财务指标

学习目标

1. 能阐述资产恒等式的含义,并运用资产负债率分析企业偿债能力。
2. 能说出毛利率的计算方法,并运用毛利率分析企业盈利能力。
3. 能运用应收账款周转率分析企业营运能力。
4. 能运用营业收入增长率分析企业发展能力。
5. 能遵循客观、公正、诚实的原则,将分析结果以清晰、准确、易于理解的方式呈现给利益相关者,如股东、债权人、管理层等。

一、任务描述

在对东方智合的三张财务报表进行分析后,小祝并没有马上松懈,他认真地回顾了自己的分析成果,要实现更好的汇报效果,他还需要思考一个非常重要的问题:三张财务报表中,哪些关键财务指标是企业管理者或投资者最关注的呢?通过解读这些指标可以发现哪些企业潜在问题? 小祝向有经验的同事请教了以上问题。

二、任务准备

(一)资产恒等式

资产负债表内有一个非常重要的恒等式:资产=负债+所有者权益,可以反映一家企业的钱从哪里来,到哪里去。总的来说,创业启动资金来源有五个,其中两个是创业者和投资者(亲戚、朋友等),这些属于"股东权益",此外还有以下三个来源:

(1)预收是向客户(下游)借钱。
(2)应付是向供应商(上游)借钱。
(3)借款是向银行借钱。

这三笔钱,即"负债",而把这五笔钱全部加在一起——负债(预收、应付、借款)+股东权益(创业者、投资者),就是企业全部的资产,分别用在四个地方,即现金、存货、应收账款和固定资产。资产恒等式如图 6-15 所示。

(二)偿债能力分析:资产负债率

资产负债率又称举债经营比率,该指标可以衡量企业利用债权人提供的资金进行经营

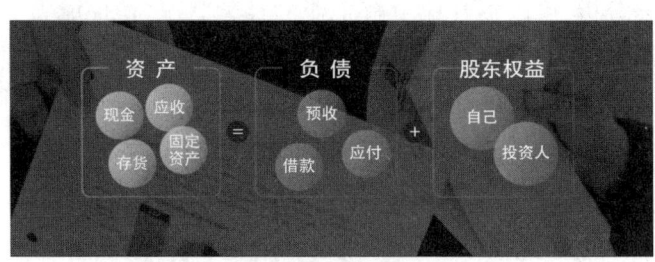

图 6-15 资产恒等式

活动的能力。对于债权人而言,这个指标可以衡量其发放贷款的安全程度。对于企业管理者和投资者而言,该指标可以对企业的财务状况和偿债能力进行深入分析,具有很高的实用价值。通常来说,资产负债率越低,表明企业的财务状况越稳健;反之,则表明企业的负债压力较大。

若购买存货和固定资产的资金大多来自贷款,一旦经营周转不善,将面临巨大的财务风险。因此,企业需要严格控制负债的规模。资产负债率反映的是资产的负债程度,其计算公式为:

$$资产负债率 = \frac{负债总额}{资产总额} \times 100\%$$

(1) 对于企业管理者而言,通常认为资产负债率在 50% 左右是比较合理的,这意味着企业的资金结构相对均衡。

(2) 对于债权人而言,则希望企业的资产负债率越低越好,这样企业的偿债能力将更有保障,贷款的风险也会相对较小。

(3) 对于股东或投资者而言,如果企业的资本利润率高于借款利率,则资产负债率越高越好。这意味着企业贷款来的资金与股东提供的资金,在经营中发挥同样的作用,能为股东或投资者带来更多的利润(因为债权人取得的利息是固定的,无法享受超额回报)。

注意:分析资产负债率时还需要结合企业所处行业进行具体分析。例如,房地产行业的资产负债率通常高于一般行业,70%~90% 的资产负债率都被认为是正常的范围。如果企业的资产负债率突然提高,需要进一步分析是借款增加还是应付账款增加所致。如果是借款增加,则需要进一步评估企业未来的偿债能力及面临的资金压力。

例如,甲企业 2022 年年末,资产总额为 168.7 万元,股东权益为 73.21 万元;2023 年年末,负债总额为 111.43 万元,股东权益为 78.61 万元。请计算 2022 年和 2023 年的资产负债率。

分析:

(1) 2022 年年末:

甲企业负债总额 = 资产总额 − 股东权益 = 168.7 − 73.21 = 95.49(万元)

资产负债率 = 负债总额 ÷ 资产总额 × 100% = 95.49 ÷ 168.7 × 100% = 56.60%

(2) 2023 年年末:

甲企业资产总额 = 负债总额 + 股东权益 = 111.43 + 78.61 = 190.04(万元)

资产负债率＝负债总额÷资产总额×100%＝111.43÷190.04×100%＝58.64%

仅知道资产负债率并不能完全了解企业的偿债能力,还需要进一步分析企业的其他财务指标,如流动比率、速动比率等。同时,还需要结合企业的行业特点、市场环境等因素,进行综合分析,以发现企业的潜在问题,并为管理者和投资者提供有价值的建议。

(三)盈利能力分析:毛利率

毛利率是企业盈利能力的重要指标,它能客观地反映商品在经过生产转换后增加的价值。只有毛利率高的企业才有可能在扣除各项费用、税金后取得较高的净利润,因此毛利率是衡量企业盈利能力的一个重要指标,其计算公式为:

$$毛利率＝(营业收入－营业成本)÷营业收入×100\%$$

(1)毛利率越高,说明企业在主营业务方面的盈利能力越强,对成本控制的水平越高。毛利率高的企业一般有三大优势:技术优势、品牌优势、成本优势。投资者和企业管理者通常希望看到毛利率持续、稳定的增长,这表明企业具有良好的盈利前景。

(2)如果毛利率突然大幅波动,企业需要警惕是否存在主营业务结构变化、成本波动或价格竞争等问题。此时,需要进一步分析问题的根源,以采取相应措施改善盈利状况。

注意:毛利率的分析和评价需要结合行业特点和竞争对手情况进行。不同行业的毛利率水平存在差异;同一行业中,不同企业的毛利率也可能存在较大差距。因此,在分析毛利率时,应充分考虑行业背景和企业具体情况。并且,毛利率高只代表企业在销售产品或提供服务时的盈利能力,并不能直接反映整体盈利水平,其他费用和成本(如管理费用、财务费用等)的高低也会影响企业的净利润。

例如,乙公司2023年营业收入100万元,营业成本50万元,销售费用、管理费用、税金及附加合计10万元,所得税费用10万元。请计算乙公司的毛利率和净利率。

分析:

乙公司的毛利率＝(100－50)÷100×100%＝50%

乙公司的净利率＝(100－50－10－10)÷100×100%＝30%

除了毛利率,用于分析盈利能力的指标还有净利率、总资产收益率、净资产收益率等,需要我们结合企业的实际情况有选择地进行分析,包括行业特点、市场环境、企业规模等因素。同时,也需要关注这些指标的变化趋势,以了解企业盈利能力的稳定性和可持续性。

> **"财税"小贴士:**
> 企业有了毛利,才会有利润,无论是企业管理者还是投资者,都会追求一定的毛利率和毛利增长,这是普遍存在的正常心理。然而,单纯拿毛利率绝对值进行比较是不科学的,还要关注数字背后的东西,不仅要关注数量,而且要关注质量。

(四)营运能力分析:应收账款周转率

企业的应收账款在流动资产中具有举足轻重的地位,企业的应收账款如能及时收回,企业的资金使用效率便能大幅提高。应收账款周转率是反映企业应收账款周转速度的比率,它是指在一定时期内(通常为1年),应收账款转化为现金的平均次数,因此又称收账比率,是用于衡量企业应收账款流动程度的指标,其计算公式为:

$$应收账款周转率 = \frac{赊销收入净额}{应收账款平均余额}$$

$$应收账款平均余额 = (应收账款期初余额 + 应收账款期末余额) \div 2$$

在一般情况下,应收账款周转率越高越好。应收账款周转率高,说明应收款能更快地收回,企业资金量增加,可以更快、更好地被利用,能提高资金的使用效率。

应收账款周转率低,说明企业回收款项的速度相对慢,企业有大量的资金被客户占用,长期下去,可能会导致自身资金周转困难,甚至还需要从银行融资来维持生产经营,这样就需要支付利息,等于"企业付利息,把钱借给客户用"。若应收账款周转率偏低源于企业内部管理问题,则有必要采取果断措施改进相关工作;否则,企业可能会资金短缺,难以开展正常生产经营活动,同时坏账损失的风险也可能增加。

但是,过高的应收账款周转率也可能意味着企业采取了过于严格的信用政策,导致销售受限或客户流失。此外,如果企业存在大量的应收账款坏账,也会影响应收账款周转率的真实性。因此,在分析应收账款周转率时,需要综合考虑企业的信用政策、销售情况、客户信用状况等因素,以做出准确的评估。

例如,假设丙公司在2023年的销售收入(假设全部为赊销)为1 000万元,年初和年末的应收账款分别为300万元和200万元。请计算该公司的应收账款周转率。

分析:
(1)计算应收账款平均余额:

$$应收账款平均余额 = (300 + 200) \div 2 = 250(万元)$$

(2)计算应收账款周转率:

$$应收账款周转率 = 1\,000 \div 250 = 4$$

因此,2023年丙公司的应收账款平均被周转了4次。

此外,营运分析能力的指标还有存货周转率、流动资产周转率、总资产周转率等。这些指标可以综合反映企业的资产运营效率和资金利用水平。例如,存货周转率越高,说明企业存货管理效率越高,资金占用越少;流动资产周转率越高,说明企业资产流动性越好,短期偿债能力越强;总资产周转率越高,说明企业资产运营效率越高,盈利能力越强。

注意:不同行业和企业的资产运营特点不同,因此在分析时需要结合实际情况,综合考虑各项指标的变化趋势和合理性。同时,需要关注资产的质量和运营效率,以全面评估企业的营运状况。

(五)发展能力分析:营业收入增长率

在各种反映企业发展能力的财务指标中,营业收入增长率是最关键的指标。因为只有实现企业销售额的不断增长,企业净利润的增长才有保障,股东权益的增长才有保障,企业规模的扩大才能建立在一个稳固的基础之上。

在对营业收入增长率进行分析时,应考虑企业历年的销售水平、市场占有情况、行业未来发展及其他影响企业发展的潜在因素,或结合企业前3年或更长时间跨度的营业收入增

长率进行趋势性分析判断,其计算公式为:

营业收入增长率＝本年(本期)营业收入增长额÷上年(同期)营业收入×100%

本年营业收入增长额＝本年(本期)营业收入－上年(同期)营业收入

如果营业收入增长率大于0,表明企业的营业收入在增长;如果该指标小于0,则表明企业的产品销售可能存在问题。营业收入增长率是评估企业成长状况和发展能力的重要指标,该指标越高,表明企业的营业收入增长速度越快,市场前景越好;相反,该指标较低,则表明企业可能产品销售不畅或市场份额萎缩。

因此,所有投资者在判断企业是否值得投资时,第一个关注的因素就是营业收入的增长情况和未来增长的空间,即企业的营业收入增长率。但是有两点需要注意:

(1)不能只看财务报表账面上的营业收入增长率的高低,还要分析财务报表数据,找到驱动营业收入增长的根本因素。

(2)不能把胜利等同于高营业收入和高市场占有率,关键要看是否高盈利。因此,除了要看营业收入增长多不多,还要看营业收入增长的质量优不优、是不是可持续的,即需要结合利润的增长情况——营业收入在持续不断增长的同时,利润是否也在持续稳定地增长,而且利润的增长率要比收入的增长率更高。

发展能力是企业在生存的基础上,扩大规模、壮大实力的潜在能力。企业发展能力分析的极端例子就是处于起步阶段的新兴互联网公司,这个阶段,企业的盈利能力几乎为零,甚至在未来很长一段时间都不能达到盈亏平衡,但是新兴互联网公司的发展能力却是极强的,可以在极短的时间内达到传统企业花费几年甚至十几年才能够达到的规模。

发展能力指标是从业务历史发展情况、发展资金来源和资产技术储备情况等方面考察企业的发展能力,除了营业收入增长率,常见的发展能力指标还有资本保值增值率、总资产增长率和营业利润增长率等。通过对企业发展能力的分析,能够帮助企业避免短视的经营行为,更加长远地做打算。

> **"职涯"小贴士:**
>
> 企业发展的核心在于长期的价值增长,个人职业发展同样需要结合短期目标和长期职业愿景,制定具体的行动计划,不断寻求提升自己的价值,通过学习新技能、获取资格证书或提升工作经验来增加自己的竞争力,实现长期的成功和职业满足感。

三、任务实施

小祝对关键的财务指标进行了计算与分析,以下是他的分析成果。

(一)资产负债率分析

东方智合资产负债率分析如图6-16所示。

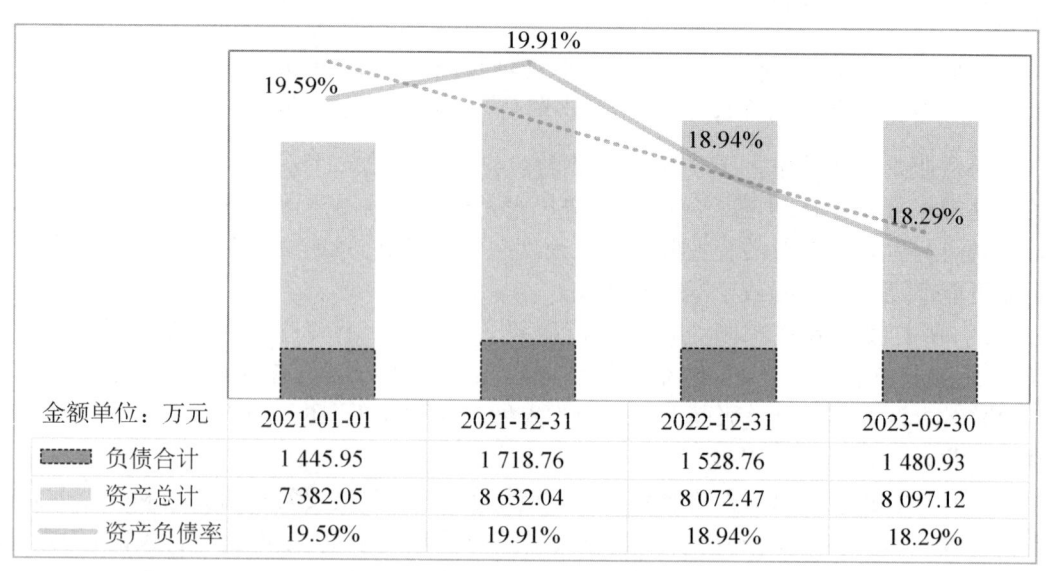

图 6-16　东方智合资产负债率分析

小祝查看了东方智合 2023 年 9 月 30 日的资产负债表,取得了资产与负债合计数,经计算得到该时点资产负债率为 18.29%(1 480.93÷8 097.12×100%),其他时点计算方法类推。由图 6-16 可知,东方智合的资产负债率从 2021 年 1 月的 19.59% 下降至 2023 年 9 月的 18.29%,表明公司可能减少了债务或延长了债务到期日,逐渐降低了对债务的依赖。也可能是由于股东投资导致公司自有资金增加,减少了负债,从而提高了财务稳定性。

（二）毛利率分析

小祝查看了东方智合 2023 年第三季度的利润表,取得了营业收入和营业成本的数据,计算得到 2023 年第三季度的毛利率为 39.38%,采用同样的方法计算东方智合毛利率的历史数据,如图 6-17 所示。

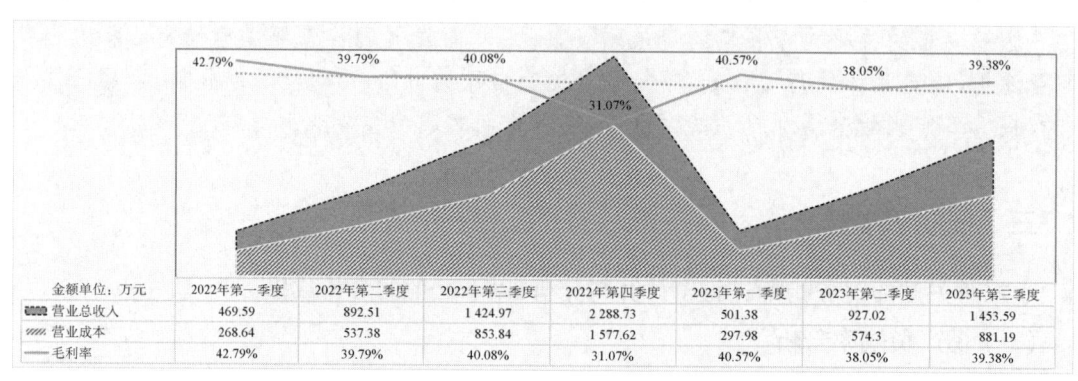

图 6-17　东方智合毛利率分析

由图 6-17 可知,2022 年东方智合的毛利率呈现下降趋势,到 2022 年第四季度,毛利率下降至 31.07%。期间营业收入呈现出增长趋势,但与营业总收入的增长相对应,公司的营业成本增加更为明显。导致该变化趋势的原因之一是软件与信息技术服务业的竞争加剧,为了保持竞争优势,公司增加了研发支出,开发新产品或优化现有产品;此外,在全球供应链紧张的情况下,部分原材料或零部件的价格上涨也会导致营业成本增加。

2023年第一季度后,毛利率又呈现上升趋势,到2023年第三季度毛利率回升至39.38%,可能是由于公司调整了产品结构,增加了高毛利产品(云服务)的销售比例,通过优化运营流程、降低生产成本或提高生产效率来控制成本,从而提高毛利率。

(三)应收账款周转率分析

小祝查阅了东方智合资产负债表,计算东方智合2022年9月30日和2023年9月30日的应收账款平均余额,如图6-18所示;并结合利润表营业收入项目计算毛利率,如表6-4所示。

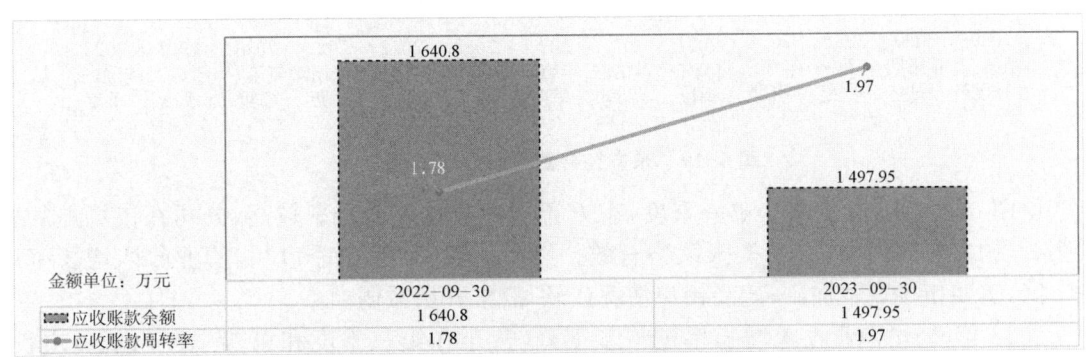

图6-18 东方智合应收账款周转率分析

表6-4 东方智合2022—2023年前三季度毛利率计算

项目	营业收入(万元)	时点	应收账款平均余额(万元)	毛利率
2022年1~9月	2 787.07	2022-9-30	1 640.80	40.44%
2023年1~9月	2 881.99	2023-9-30	1 497.95	39.16%
变动率	3.41%	—	-8.71%	-3.17%

由图6-18可知,在2022年第三季度,应收账款周转率为1.78,而到了2023年第三季度,应收账款周转率上升至1.97,同比增长10.67%。如表6-4所示,应收账款平均余额从2022年9月30日的1 640.80万元减少到2023年9月30日的1 497.95万元,下降了142.85万元,降幅为8.71%;与之相对应,同期营业收入增长了3.41%。

应收账款平均余额下降,而营业收入增加,应收账款周转率上升,表明公司的应收账款管理效率有所提高,资金回收速度加快,从而提高了公司的资金使用效率。经了解,东方智合的新业务主要采用预收款政策;同时,优化了客户组合,增加了信用记录良好、支付及时的客户比例,对信用风险较高的客户缩短了赊账期限。

(四)营业收入增长率分析

小祝查阅了东方智合2020—2023年的利润表,收集了各季度的营业收入数据,并计算了增长率,制作线形图如图6-19所示,可分析营业收入增长率的趋势。

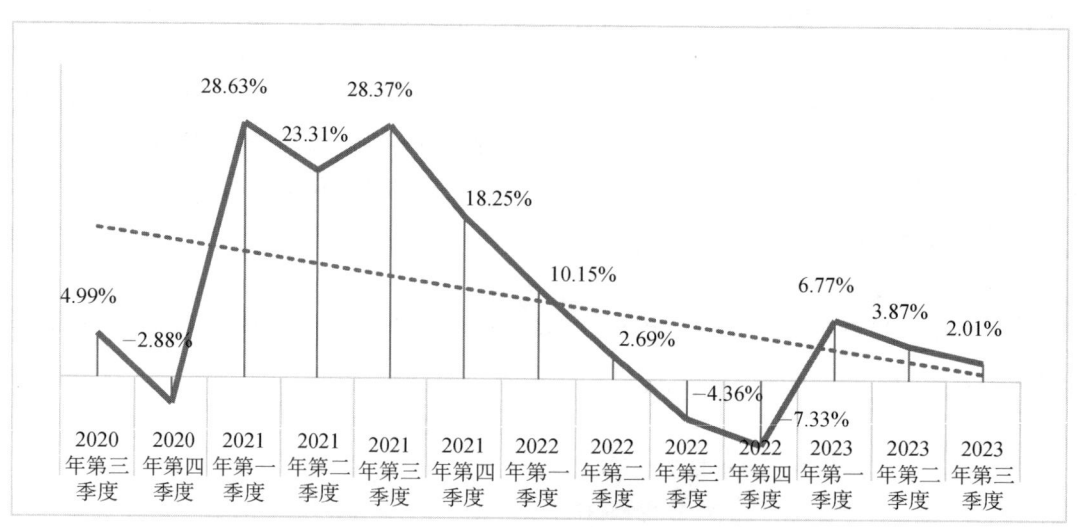

图6-19 东方智合营业收入增长率分析

由图6-19可知,2021年第一季度,东方智合营业收入增长率较高,公司在市场上的表现强劲,销售能力增强,市场扩张策略有效。然而,2021年第三季度后,营业收入增长率逐季下降,表明市场竞争加剧,产品销售情况疲软,需求开始减弱。

2022年,公司营业收入增长率进一步下降,甚至在第三季度和第四季度出现负增长。行业内的竞争可能加剧,导致市场份额受到冲击;此外,受市场环境及宏观经济环境变化影响,市场需求减少。

2023年年初,公司营业收入增长率有所回升,但之后呈下降趋势。行业内竞争的加剧可能压缩了东方智合的市场份额,即使公司自身销售增长,但与其竞争对手相比,其市场占有率可能没有提升,从而导致增长率下降。另外,由于宏观经济环境、行业周期性波动或消费者信心下降等因素,导致销售增长减速。

在报告中,小祝特别关注了东方智合营业收入增长率的波动情况,他认为东方智合应进一步加强财务管理,优化成本控制,提高应收账款周转率,同时加大市场开拓力度,提升营业收入增长率,确保公司长期可持续发展。

四、任务小结

财务指标是衡量企业经营状况的重要工具,通过对企业关键财务指标的计算与分析,我们可以全面了解企业的经营状况,为决策提供有力支持。在企业运营过程中,财务指标不仅可以帮助企业管理者更好地掌握企业的发展态势,而且可以为投资者、债权人等利益相关者提供决策依据。

项 目 实 训

一、单项选择题

1. 资产负债表反映的是企业在( )。
   A. 一定时期的财务状况 B. 一定时期的现金流量
   C. 特定日期的财务状况 D. 特定日期的经营状况

2. 财务报表中,根据"资产＝负债＋所有者权益"这一基本会计等式编制的是( )。
   A. 资产负债表 B. 利润表
   C. 现金流量表 D. 所有者权益变动表

3. 下列各项中,不属于所有者权益项目的是( )。
   A. 未分配利润 B. 无形资产 C. 盈余公积 D. 实收资本

4. 利润表的主要目的是( )。
   A. 反映企业在一定时期内的盈亏情况和分析收入来源
   B. 反映企业在一定时期内的资产负债情况和分析负债来源
   C. 反映企业在一定时期内的投资活动情况和分析投资回报
   D. 反映企业在一定时期内的现金流动情况和分析现金使用情况

5. 利润表中的净利润是指( )。
   A. 营业收入－各项成本、费用和损失
   B. 各项成本、费用和损失－营业收入
   C. 营业收入－税金及附加
   D. 主营业务收入－主营业务成本

6. 利润表中的毛利润是指( )。
   A. 主营业务收入－主营业务成本
   B. 营业收入－营业成本
   C. 营业收入－营业成本－各项成本、费用
   D. 营业利润

7. 下列各项中,不属于现金流量表反映的信息的是( )。
   A. 经营活动现金流量 B. 投资活动现金流量
   C. 筹资活动现金流量 D. 分配活动现金流量

8. 下列关于现金流量的表述中,正确的是( )。
   A. 现金净流量越高,表明企业短期偿债能力增强,财务状况得到改善
   B. 现金流量表中的现金流量不包括现金及现金等价物的内部变动
   C. 现金流量表中的投资活动现金流量包括购置和处置固定资产、无形资产和其他长期资产涉及的现金流量,不包括对外投资
   D. 现金流量表中的筹资活动现金流量包括借款、偿还债务、购买股票等涉及的现金流量

9. 某公司总资产为 2 000 万元,其中有 800 万元是负债,则该公司的资产负债率是（　　）。
   A. 20%　　　　　B. 30%　　　　　C. 40%　　　　　D. 50%
10. 企业的应收账款周转率上升,说明（　　）。
    A. 企业的应收账款收不回来
    B. 企业的应收账款管理效率降低
    C. 企业的应收账款管理效率提高
    D. 企业的销售收入下降

二、判断题

1. 资产负债表反映的是企业的市值。（　　）
2. 资产负债表上的负债越少越好。（　　）
3. 资产负债表上的所有资产都是"看得见,摸得着"的有形资产。（　　）
4. 净利润越高,企业就越健康。（　　）
5. 净利润就是企业实打实赚到的钱。（　　）
6. 利润表不一定反映了企业的实际经营情况。（　　）
7. 现金流量表反映的是过去的现金流动情况。（　　）
8. 来自经营活动的现金净流量占比越高越好。（　　）
9. 企业有高毛利率并非意味着其盈利能力强。（　　）
10. 应收账款周转率越高越好。（　　）

三、实践拓展

假设你是一家中等规模零售公司的财务实习生,你的上司希望你对该公司最近 1 年的财务报表进行简单的分析,以便为公司管理层提供关于公司财务状况的初步报告。

该公司主要从事时尚服饰和配饰的零售业务,拥有多家实体门店和在线销售平台。

该公司 2022—2023 年的资产负债表(简表)如表 6-5 所示,利润表(简表)如表 6-6 所示,现金流量表(简表)如表 6-7 所示。

表 6-5　　　　　　　　　　资产负债表(简表)　　　　　　　　　　单位:万元

资产	2023-12-31	2022-12-31	负债和所有者权益(或股东权益)	2023-12-31	2022-12-31
流动资产	5 000	3 000	流动负债	1 000	1 000
非流动资产	3 000	3 000	非流动负债	1 500	1 000
			负债合计	2 500	2 000
			所有者权益(或股东权益)	5 500	4 000
资产总计	8 000	6 000	负债和所有者权益(或股东权益)总计	8 000	6 000

表 6-6　　　　　　　　　　利润表(简表)　　　　　　　　　　单位:万元

项目	2023 年	2022 年
营业收入	10 000	8 000
营业成本	6 000	5 000
毛利	（　　）	（　　）
期间费用	2 000	1 500

(续表)

项目	2023年	2022年
营业利润	（　）	（　）
所得税费用	500	300
净利润	（　）	（　）

表 6-7　　　　　　　　　　　现金流量表(简表)　　　　　　　　　　　单位:万元

项目	2023年	2022年
经营活动现金流量净额	2 200	500
投资活动现金流量净额	−500	200
筹资活动现金流量净额	300	1 000
现金及现金等价物净增加额	2 000	1 700

分析要求：

(1) 资产结构分析：请简述公司的资产结构。

(2) 偿债能力分析：基于资产负债表的数据，计算资产负债率指标。

(3) 盈利能力分析：基于利润表的数据，计算毛利率和净利率。

(4) 现金流量分析：评价公司的现金流量状况，特别是经营活动现金流量的稳定性和充足性。

自 我 测 评

任务	学习目标	自评结果				
6.1 企业的"底子"：资产负债表	1. 能说出资产负债表分析目的和资产负债表恒等式	□A+	□A	□B	□C	□C-
	2. 能解释资产负债表常见项目含义	□A+	□A	□B	□C	□C-
	3. 能从总量、结构和差额三个方面解读资产负债表	□A+	□A	□B	□C	□C-
	4. 能养成善于学习思考的习惯，形成自主探索新知识和新技术、追求卓越的工作态度，具备数字化意识和财经数据素养	□A+	□A	□B	□C	□C-
6.2 企业的"面子"：利润表	1. 能说出利润表分析目的和利润表恒等式	□A+	□A	□B	□C	□C-
	2. 能解释利润表常见项目含义	□A+	□A	□B	□C	□C-
	3. 能从利润构成、收入、成本项目三个方面解读利润表	□A+	□A	□B	□C	□C-
	4. 能形成全局思维，用整体性、联系性的思维方式看待业务和财务数据	□A+	□A	□B	□C	□C-
6.3 企业的"日子"：现金流量表	1. 能说出现金流量表的分析目的和现金流量表恒等式	□A+	□A	□B	□C	□C-
	2. 能解释现金流量表常见项目含义	□A+	□A	□B	□C	□C-
	3. 能从净现金流量的变化、现金流量结构的稳定性、投资活动与筹资活动的现金流量走向三个方面解读现金流量表	□A+	□A	□B	□C	□C-
	4. 能建立现金流思维，形成现金为王、积极转变利润为现金的意识	□A+	□A	□B	□C	□C-
6.4 分析关键财务指标	1. 能阐述资产恒等式的含义，并运用资产负债率分析企业偿债能力	□A+	□A	□B	□C	□C-
	2. 能说出毛利率的计算方法，并运用毛利率分析企业盈利能力	□A+	□A	□B	□C	□C-
	3. 能运用应收账款周转率分析企业营运能力	□A+	□A	□B	□C	□C-
	4. 能运用营业收入增长率分析企业发展能力	□A+	□A	□B	□C	□C-
	5. 能遵循客观、公正、诚实的原则，将分析结果以清晰、准确、易于理解的方式呈现给利益相关者，如股东、债权人、管理层等	□A+	□A	□B	□C	□C-

(续表)

		3-2-1反思
3	我的三个收获	
2	我的两点建议	
1	我的一个问题	

模块 III 兴业发展

禾飞科技是一家专注于智能装备研发、生产和应用的科技密集型高新技术公司，自2008年成立以来，致力于推动农业产业深度变革，为农业现代化提供无人机及智能装备。

公司拥有世界领先的无人机研发与应用人才团队，拥有无人机核心专利等知识产权百余项，其率先研发生产的SX植保无人机既节省了田间作业的人力成本、用药成本等，又提高了作物产量，一举多赢。公司业务不仅在中国飞速发展，在全球市场也受到了高度关注。迄今为止，禾飞科技的合作伙伴遍及美国、俄罗斯、中东、韩国、泰国、委内瑞拉等国家或地区。

目前，禾飞科技仍在高速发展，盼望在"乡村振兴战略"和"一带一路"倡议的指引下，实现"让机器人为人类服务，让机器人为农业服务"的美好愿景。

项目 7
制定发展行动指南

项目导入

午后,在泰国东北部黎逸府的农田上空,一架农业植保无人机正急速穿梭,机体下方喷出的白色农药形成一道雾帘。田垄上,43 岁的飞手尼空正专心操控着这架无人机,如图 7-1 所示。

图 7-1 尼空在泰国黎逸府检查农业植保无人机(新华社摄)

2020 年之前,尼空和妻子在泰国首都曼谷一家免税店工作。由于泰国经济环境影响,尼空一家收入锐减,决定辞去工作回乡务农。返乡前,尼空购买了一架中国制造的农业植保无人机,这种农业无人机的主要功能是喷洒农药和化肥。尼空决定发挥无人机航拍摄影的特长,把无人机运用到农业种植领域,发展新职业。

尼空忙完了手头的工作,他说:"现在年轻人都不愿留在农村种地,村里劳动力紧张,使用无人机能帮农民提高工作效率。用人工喷洒农药一天不超过 10 莱(折合 24 亩)稻田,用无人机每天能喷洒 40~50 莱稻田。"

尼空和其他 20 多名同行通过社交媒体接单,在黎逸府及周边地区进行无人机喷洒作业。尼空说："黎逸府是双季、三季水稻种植区,每年几乎没有农闲的时候。"他每天大概工作6小时,每个月工作25天:"不仅收入比在曼谷免税店工作时要高,而且有更多的时间陪伴家人。"尼空的妻子说:"现在,飞手是尼空喜欢的职业,他的无人机喷洒和摄影技术都得到了大家的认可。相比在曼谷工作时,我能感觉到他更加自信,眼中有光。"

农业在泰国经济发展中占有举足轻重的地位,近半数人口从事农业相关工作。近年来,由于农业人口结构调整、老龄化加剧、劳动力成本增加等原因,泰国对现代农业机械的需求快速增长。在这一过程中,中国农业植保无人机针对当地核心作业场景不断优化功能,为泰国当地农民赋能,推动农业生产更加高效安全,持续为泰国现代农业的发展提供"加速度"。

2023年,共建"一带一路"倡议提出十周年。中国同150多个国家、30多个国际组织签署了"一带一路"合作文件,同30多个国家的发展战略及联合国2030年可持续发展议程有效对接,各领域多边合作平台提质升级。共建"一带一路"朋友圈越来越大,国际影响力、合作吸引力持续释放。"一带一路"的发展造福了共建国家人民,拉近心与心之间的距离,为民众带来了实实在在的获得感。

请思考:
(1) 中国为什么提出"一带一路"倡议?
(2) 中国公司将产品出口至其他国家,需要考虑哪些因素?
(3) 财务人员应在其中发挥什么作用?

知识地图

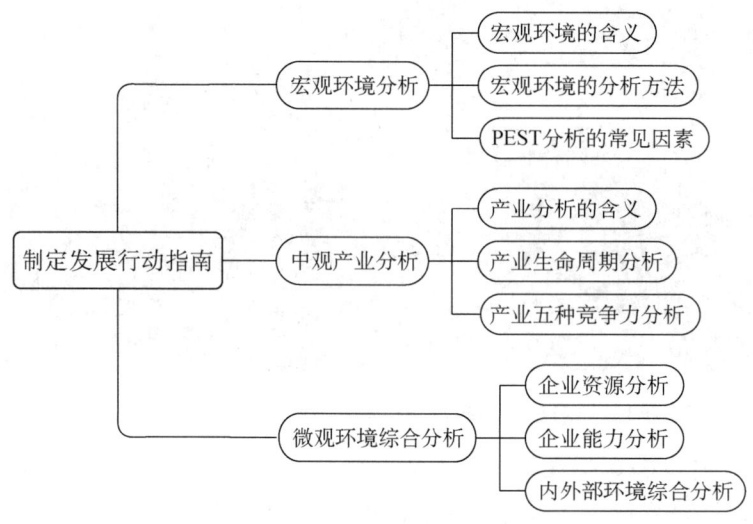

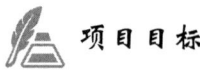 项目目标

通过本项目的学习,学生将掌握宏观、中观和微观环境分析方法,包括PEST分析法、波特五力模型和SWOT分析法;理解各层面环境因素对企业及个人职业发展的影响;建立社会责任感、大国情怀和战略思维;提高运用分析方法进行个人规划的能力。

任务 7.1 宏观环境分析

学习目标

1. 能说出宏观环境的含义与四个方面。
2. 能使用 PEST 分析法,区分宏观环境常见的有利因素和不利因素。
3. 能具备大国情怀、胸怀天下的社会责任感和"一带一路"价值取向。

一、任务描述

2023 年 5 月 1 日至 2023 年 5 月 5 日,巴西农业科技展在巴西圣保罗州里贝朗普雷图市举行,这是全球最重要的农业技术贸易会展之一,在农业技术趋势和创新领域的地位举足轻重。本次展会上,禾飞科技展示了两款最大载重 30 升的植保无人机。该无人机具有最新的"双目视觉"感知控制技术,能够实现自主避障、复杂环境免测绘及三维重建,以及超低空高速飞行作业,其常温弥雾喷洒系统能够满足不同作物的喷洒需求。

目前,农用无人机在巴西仍属新鲜事物,前景十分广阔。禾飞科技要制定有效策略,顺利进入巴西市场,首先需要对公司所处的宏观环境进行分析:在"一带一路"共建的大背景下,识别出影响企业短期及长期的收入、毛利率、费用支出和税收负担,进而影响净利润及其增速水平的主要因素。

会计主管胡经理要在下周的高管会议上对此进行汇报。

二、任务准备

(一)宏观环境的含义

宏观环境又称一般环境,是指影响一切行业和企业的各种宏观力量,如图 7-2 所示。宏观环境主要包括以下四个方面。

1. 政治和法律环境

政治和法律环境是保障企业生产经营的基本条件。在一个稳定的政治环境中,企业能够真正通过公平竞争,获取自己正当的权益,并得以长期稳定的发展。

政治环境包括国家的政治制度、权力机构、颁布的方针政策、政治团体和政治形势等因素;法律环境包括国家制定的法律法规、法令,以及国家的执法机构等因素。

2. 经济环境

经济环境是指构成企业生存和发展的社会经济状况及国家的经济政策,与政治和法律环境相比,经济环境对企业生产经营的影响更直接、更具体,包括社会经济结构、经济发展水平、经济体制、宏观经济政策等方面。

3. 社会和文化环境

社会和文化环境是指企业所处的社会结构、社会风俗和习惯、信仰和价值观念、行为规范、生活方式、文化传统、人口规模与地理分布等因素的形成和变动,包括人口因素、社会流动性、消费心理、生活方式变化、文化传统和价值观等。

4. 技术环境

技术环境是指企业所处环境中的科技要素,以及与该要素直接相关的各种社会现象的集合,包括国家科技体制、科技政策、科技水平和科技发展趋势等。

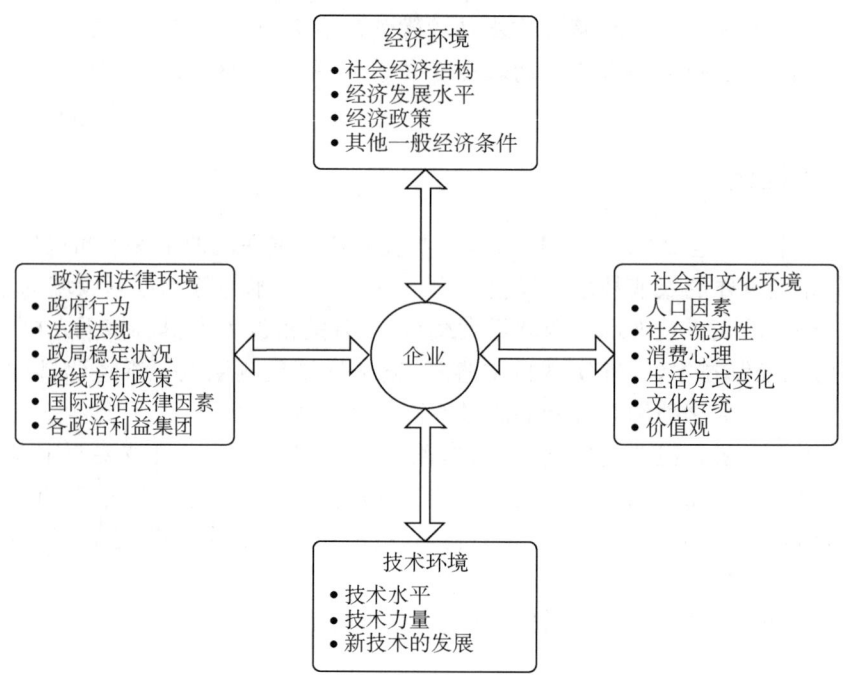

图7-2 宏观环境的四大因素

(二)宏观环境的分析方法

PEST分析法是从政治和法律(politics)、经济(economic)、社会和文化(society)、技术(technology)四个方面,基于企业战略的眼光来分析企业外部宏观环境的一种方法。企业战略的制定离不开宏观环境,而PEST分析法能从各个方面把握宏观环境的现状及变化趋势,有利于企业利用生存发展的机会,发现环境可能带来的威胁并及时规避。

一般来说,PEST分析法可以分为以下四个步骤:

(1) 收集信息:收集与外部环境相关的信息,包括政府政策、经济数据、社会趋势、技术发展等,常见的信息渠道如下:

一是政府政策:政府网站、新闻媒体等。

二是经济数据:国家统计局(图7-3)、商业银行等。

三是社会趋势:社会调查、市场调研等。

四是技术发展:科技网站、技术论坛等。

(2) 分析信息:对收集的信息进行分析,找出关键因素。

(3) 评估影响:评估关键因素对企业的影响,识别机会和威胁。
(4) 制定策略:根据分析结果,制定相应的战略或措施。

图 7-3 国家统计局官方网站

(三) PEST 分析的常见因素

PEST 分析因素如表 7-1 所示。

表 7-1　　　　　　　　　　　　PEST 分析因素

	有利因素	不利因素
政治和法律因素	(1) 国家政策、规划支持产业发展 (2) 国家法规规范产业健康发展 (3) 政府在人才、贷款、税收等方面有优惠政策	(1) 国家法规、行业政策限制产业发展 (2) 法规政策对新进入者无限制,产业竞争力弱 (3) 产品面临严格监管,违规将受严厉处罚
经济因素	(1) 国内生产总值增加,经济增长快,经济发达 (2) 人民生活水平提高,人均消费能力提升 (3) 市场规模持续扩大,行业快速增长 (4) 税收水平不断降低、廉价的劳动力资源 (5) 社会经济结构调整给新兴产业带来机遇	(1) 经济增长速度慢,经济落后 (2) 通胀影响了人均消费水平,消费者购买力较弱 (3) 同类企业较多,行业集中度低,竞争激烈 (4) 税收水平、人工成本、物流成本等上升 (5) 社会经济结构调整对落后产业带来挑战
社会和文化因素	(1) 消费观念、消费需求、消费安全意识、购买习惯等发生有利于企业的变化 (2) 用户发展基数大 (3) 用户需求未得到满足,市场发展潜力大 (4) 产品能满足用户需求	(1) 消费者对品牌不敏感(对品牌产品不利) (2) 消费者品牌意识强(对无品牌产品不利) (3) 用户偏爱传统产品(偏爱其他品牌产品) (4) 社会舆论导向偏负面(对产品不利)

(续表)

	有利因素	不利因素
技术因素	(1) 新技术的发展和应用,促进了成本降低、工作效率提升、用户体验提升、产业多元化发展,带动新的产业形成 (2) 企业研发能力强,有利于企业技术进步	(1) 生产技术落后 (2) 技术发展迅速,但企业技术落后、企业研发能力弱

三、任务实施

(一) 政治和法律因素分析

1. 政治稳定性

巴西作为拉美地区最大的发展中国家,政治稳定性对企业投资至关重要。近年来,巴西政府致力于改善营商环境、吸引外资。然而,巴西政治体制复杂,政党众多,政策变动可能对投资环境产生一定影响。

2. 政策环境

巴西政府积极推动农业现代化,出台了一系列政策来支持高科技农业设备的应用,如政府鼓励引进先进的农业技术,包括无人机技术,为农用无人机的市场准入提供了有利条件,并支持本地企业与国际伙伴合作,以加速技术的转让和本土化生产。此外,巴西政府还投资农业教育和培训项目,提高农业从业者对新技术的理解和操作能力。巴西政府希望通过这些措施建立一个更加高效、可持续且具有竞争力的农业产业,为农用无人机等高科技产品的应用提供广阔的发展空间。

3. 贸易协议

中巴两国在农业科技等多个领域签署了贸易协议,极大地促进了双边经济交流与合作。这些协议通过打破贸易壁垒,为中国农用无人机进入巴西市场提供了便利条件。巴西作为农业大国,对高效、智能的农业设备需求日益增长,而中国在无人机技术领域的发展,正好满足了这一市场需求。贸易协议的签订,不仅有助于中国无人机企业拓展海外市场,而且促进了巴西农业现代化的进程,实现了互利共赢。通过这些协议,中国无人机企业能够更加顺畅地参与巴西农业发展,为其提供技术支持和解决方案,推动当地农业向智能化、精准化发展。同时,这也为中国制造在国际市场上赢得了更多的认可和声誉。

4. 法规限制

巴西政府对无人机飞行实施了严格的法规限制,确保飞行安全和公共秩序。这些法规涵盖了飞行高度、空域限制等方面,要求无人机操作者严格遵守。例如,无人机在城市地区的飞行高度通常被限制在一定范围内,以避免对居民生活造成干扰。在某些特定区域,如机场、政府设施及人口密集地区,可能完全禁止无人机飞行。此外,还要注意当地在知识产权保护、劳动法规、环保法规等方面的要求。

(二) 经济因素分析

1. 市场需求

巴西作为全球农业的重要引擎,其广阔的耕地和多样化的作物种植为农业现代化提供了肥沃的土壤。随着科技的进步和农业技术的创新,巴西农民对提高生产效率和作物质量的需求日益增长。根据巴西农业部的数据,智能农业设备的使用率在过去几年中增长了约20%。特别是在精准农业领域,无人机技术的应用正变得越来越普及。据市场研究公司Report Linker 的报告,预计到 2025 年,巴西农用无人机市场将以超过 10%的年复合增长率增长。

2. 宏观经济状况

巴西经济近年来展现出稳健的增长势头,国内生产总值在 2023 年达到 2.9%的增长率,尽管略低于预期,但仍然显示出经济的稳步提升。巴西农业产量的显著增加,特别是大豆和玉米等关键农作物大丰收,农业产量同比增长达到 15.1%。此外,采矿业的增长也贡献了 8.7%,进一步推动了经济的发展。

随着经济的增长,巴西家庭消费在 2023 年增长了 3.1%,反映出就业市场的改善和薪酬的增加,这直接提升了农民的购买力。农业投资的增加,特别是在技术和现代化设备上的投资,为农用无人机等高科技农业设备的市场销售提供了坚实的经济基础。巴西地理统计所(IBGE)的数据显示,农业投资在 2023 年显著增长,这表明巴西对农业现代化的重视和投资。

3. 竞争环境

农用无人机在巴西虽然还属于新鲜事物,但其应用正逐渐普及,并且具有巨大的市场潜力。巴西作为全球农业大国,拥有广阔的耕地面积和多样化的农作物,这为农用无人机的应用提供了广阔的发展空间。此外,巴西政府对农业现代化的支持,包括政策推动和财政补贴等,为农用无人机的推广和应用提供了有利条件。已有中国企业将农用无人飞机等智能农机设备引入巴西市场,帮助当地农民实现精准作业,提高农业生产效率。随着技术成熟度的提高、成本的降低及农业从业者对新技术接受度的增加,预计农用无人机在巴西的应用将会快速增长,并在未来的巴西农业发展中扮演越来越重要的角色。

4. 汇率波动

中国和巴西是金砖国家组织最重要的两个发起国。同时两国近年来在经济贸易合作中的联系也越来越紧密。尤其是巴西总统卢拉上台之后,中国和巴西的关系再次升温,巴西已成为中国在中南美洲最重要的合作伙伴。正是因为有着这样的合作基础,人民币已经成功超越欧元,成为巴西第二大国际储备货币。中国和巴西之间,已可实现使用人民币计价、人民币结算、人民币融资和人民币直接兑换雷亚尔的全流程闭环操作,有效降低发生汇率波动的风险。

(三) 社会和文化因素分析

1. 人口结构

巴西是南美洲面积最大的国家,拥有丰富的自然资源和多样化的人口结构。根据世界银行数据统计,截至 2021 年,巴西人口约为 2.13 亿人,其中农业人口占比约为 20%。巴西庞大的农业人口基数和广阔的耕地面积,为农业科技的应用提供了发展空间。随着科技的进步和农业现代化的推进,巴西农民对提高生产效率的需求日益增长,特别是在精准农业和病虫害防治方面。

2. 教育水平

在教育方面,巴西政府一直致力于提高国民教育水平。根据联合国教科文组织的数据统计,巴西的成人识字率在 2020 年达到了 91%。特别是在农业领域,巴西的农业从业者普遍具有较高的教育水平。据统计,大约60%的农业从业者至少完成了中等教育。较高的教育水平为新技术的接受和学习打下了坚实的基础。随着科技的发展,巴西农业从业者对农用无人机等新技术展现出了较强的接受度和学习能力,这不仅促进了农业生产效率的提升,而且为农用无人机技术的推广和应用提供了有力支撑。预计在未来几年内,随着教育水平的进一步提升和农业现代化的推进,农用无人机在巴西的应用将更加广泛。

3. 文化接受度

巴西是一个文化多元、开放包容的国家,对新技术的接受度普遍较高。这一点在农业领域尤为明显,巴西农业从业者对能够提高生产效率和降低劳动强度的新技术抱有极大的兴趣和需求。根据巴西地理统计局(IBGE)的数据统计,巴西农业劳动力数量庞大,占全国劳动力的约20%。随着科技的发展,巴西农民越来越倾向于采用现代化的农业技术。例如,巴西农业机械化水平逐年提高,农用无人机的使用也日益普及。根据巴西农业航空协会(ABAG)的数据统计,近年来,农用无人机在巴西的应用增长了约30%。这表明巴西农业对新技术的接受度较高,对提高生产效率和降低劳动强度的技术有着迫切的需求。这种开放的文化态度和对技术的需求,为新技术在巴西的推广和应用提供了良好的社会基础。

4. 消费习惯

巴西农民在农业生产中非常注重成本效益和产品的实用性,这使性价比高的产品在巴西农业市场更受欢迎。根据巴西农业研究公司Embrapa的数据,巴西农民在选择农业机械和设备时,会优先考虑成本效益比,约有70%的农民表示他们更倾向于购买性价比高的农业工具。此外,一项针对巴西农业市场的调查显示,超过80%的受访农民表示,他们在购买农用产品时会考虑产品的价格、耐用性和操作便利性。

(四)技术因素分析

1. 技术发展

无人机技术在农业领域的应用正迅速发展,成为现代农业不可或缺的一部分。根据国际无人机系统协会(AUVSI)的报告,预计到2025年,全球农业无人机市场将以每年超过20%的速度增长。无人机在农业中的使用不仅限于病虫害监测和喷洒农药,而且包括作物生长评估、土壤分析和自动化灌溉系统。例如,一项针对中国农业无人机应用的研究显示,使用无人机进行精准喷洒可以减少农药使用量高达30%,同时提高作业效率3倍以上。此外,无人机搭载的高分辨率相机和多光谱传感器能够实时监测作物健康状况,为农民提供数据支持,从而做出更加科学的管理决策。

在巴西,无人机技术的应用也在农业现代化中扮演着重要角色。据巴西农业研究公司Embrapa的数据统计,无人机的使用在精准农业实践中增长了约15%,这不仅提高了农业生产效率,而且有助于实现可持续农业发展。

2. 技术转移

中国无人机技术在全球范围内具有显著的领先地位。国际无人机系统协会的报告显示,中国在无人机技术的研发和应用方面处于全球前列。特别是在农业领域,中国无人机技术的应用已经走在了世界前列。例如,中国的大疆创新科技有限公司在全球消费级无人机市场中占据了超过70%的份额,其先进的无人机技术被广泛应用于农业监测、植保喷洒等多个领域。

3. 技术基础设施

巴西部分地区的网络覆盖情况良好,为无人机的远程操作和数据传输提供了技术保障。根据国际电信联盟(ITU)的数据,截至2021年,巴西的互联网普及率达到了71%,其中农村地区的互联网普及率也达到了58%。互联网普及率的提高得益于政府在基础设施建设上的持续投入,包括宽带网络的扩展和4G、5G技术的推广。巴西电信局推动的"全民接入计划"为偏远地区提供了网络服务,确保这些地区的网络覆盖。

在这样的网络环境下,农用无人机可以进行高效的远程操作和数据传输,无须担心信号中断或数据丢失的问题。无人机的实时监控、数据分析和智能决策功能得以充分发挥,提高了农业生产的智能化水平和作业效率。此外,良好的网络覆盖还有助于无人机在复杂地形或偏远地区的作业,确保农业活动的连续性和稳定性。因此,巴西部分地区的网络基础设施为农用无人机的高效运行提供了坚实的技术支撑。

(五)主要影响因素总结

(1)政治与政策风险:巴西政治环境的复杂性和政策变动可能会对投资和运营产生影响。政策的不稳定性可能导致市场准入、法规限制等方面出现不确定性。

(2)经济风险:巴西宏观经济状况的波动,如GDP增长率的波动,可能影响农民的购买力和农业投资,进而影响农用无人机的销售。此外,由于中国和巴西的货币不同,汇率波动可能会对产品定价和利润产生重大影响。虽然两国之间已有使用人民币计价和结算的流程,但汇率风险管理仍需谨慎。

(3)技术接受度:虽然巴西对新技术的接受度较高,但农业从业者对无人机技术的理解和操作能力可能会影响产品的推广和应用。

(4)基础设施限制:尽管部分地区网络覆盖良好,但在一些偏远或地形复杂的地区,基础设施的限制可能会影响无人机的远程操作和数据传输。

(5)文化差异:文化多元和开放包容是巴西社会的特点,但企业在市场推广和产品设计时需要考虑文化差异,确保产品符合当地消费者的需求和偏好。

(六)应对策略

禾飞科技在进入巴西市场时,需综合考量政治稳定性、政策支持、市场需求、宏观经济状况、社会接受度和技术发展等因素,以制定有效的市场策略,优化成本结构,提高市场竞争力,确保净利润的增长和公司的长期可持续发展。同时,公司应密切关注政策变动、汇率风险、市场竞争和法规限制等潜在风险,采取相应的风险管理措施,保障公司的稳健运营。

禾飞科技需对巴西市场的情况做深入调研,根据市场需求提供相应的产品和服务。例如,可以开发易于操作、维护成本较低且价格合理的农用无人机,以满足巴西农民对于高性价比产品的需求。同时,公司还可以提供定制化的服务方案,如无人机操作培训和售后服务,以增加产品的吸引力并建立品牌忠诚度。通过这些措施,禾飞科技可以更好地适应巴西市场,实现产品的成功推广和销售。

> 💡 **"职涯"小贴士:**
>
> 个人计划在职业生涯中迈向下一个阶段,也可以使用PEST分析法——通过政治和法律因素分析,了解行业政策和法规的变化;通过经济因素分析,了解行业的就业趋势和

薪资水平;通过社会和文化因素分析,了解行业文化和人才需求;通过技术因素分析,了解行业的技术发展趋势。PEST 分析法有助于个人规划职业发展方向和技能提升,提前准备好进入一个处于成长期的朝阳产业,对职业发展产生带动作用。

四、任务小结

中国提出"一带一路"倡议,为了通过加强国际合作、整合各方资源,应对世界发展挑战,特别是帮助亚欧发展中国家解决发展难题。帮助各国在复杂多变的商业环境中,提高对外部因素的理解,选择适合的战略具有举足轻重的意义。

PEST 分析法作为一种高效的战略工具,通过深度挖掘和剖析外部环境因素,帮助组织在充满不确定性的环境中做出明智的决策。无论是日常工作还是生活实践,运用 PEST 分析法能够为个人和组织创造更多的机会,有效应对挑战,迎接美好的未来。

任务7.2 中观产业分析

学习目标

1. 能阐明产业分析的含义,并分辨产业生命周期各阶段的特征。
2. 能说出产业五种竞争力具体内容。
3. 能运用波特五力模型分析产业竞争环境。
4. 能根据个人情况和社会文化因素,运用生命周期理论分析职业发展。

一、任务描述

在完成宏观环境分析后,胡经理的目光转向了禾飞科技所在的农用无人机设备行业——植保无人机行业,主要用于农林植物保护作业,包括喷洒药剂、种子、粉剂等。这是一个充满创新和增长潜力的行业,它起源于 20 世纪初,随着航空技术的进步,从简单手动喷雾器发展到现代智能化、高效化的无人机系统。近年来,中国农用无人机市场规模和销量快速增长,2022 年市场规模约 170.59 亿元,销量达到 4.6 万架。市场上已有一些领先的企业,如大疆等,它们在技术研发、产品创新和市场推广等方面具有较强的实力。

随着无人机通用技术的成熟,如飞控系统及 5G 等基建提供的基础支撑,农用无人机应用场景不断拓展,从植保飞防到地块平整监测、出苗识别、病虫害监测等智慧农业领域。在高质量共建"一带一路"的倡议下,这个行业仍处在迅速发展中,有望在未来几年内实现更大的突破和更广泛的应用。那么,禾飞科技作为该行业的一员,其地位和现状如何呢?是否应采用新的竞争战略提升盈利?胡经理将进一步进行分析。

二、任务准备

(一) 产业分析的含义

无论你的公司经营什么,都必须了解所在产业及其竞争状况。产业分析是介于宏观环境分析与微观环境分析之间的中观层次分析,是发现和掌握产业运行规律的必经之路,是产业内企业发展的"大脑",对指导产业内企业的经营规划和发展具有决定性的意义。从内容来看,产业分析主要包括产业生命周期分析和产业五种竞争力分析两个方面。

(二) 产业生命周期分析

产业发展会经过四个阶段:形成期、成长期、成熟期和衰退期,如表 7-2 所示。

表 7-2　　产业生命周期阶段

阶段	特点	市场特点	竞争程度	关键职能
形成期	产品刚出现,有较多小企业	刚形成	压力小,不激烈	研究开发、工程技术
成长期	产品品种增加,产业规模扩大,已有企业开始退出	迅速扩大,销售额和利润迅速增长	日趋激烈	市场营销、生产管理(提高质量、降低成本)
成熟期	只留下少量大企业,企业合并、兼并大量出现	趋于饱和,销售额难以增长	异常激烈	产品成本控制、市场营销
衰退期	产业规模缩小,留下的企业越来越少(夕阳产业)	萎缩	依然残酷	—

1. 形成期

处于形成期的产业市场容量非常小,消费者还处于被教育阶段,对产品缺乏认知,单个企业的销量很小,不足以弥补前期产品研发和市场开拓产生的费用,产品和技术发展方向不明确,亏损的可能性很大,市场风险很高,但整个产业发展水平很低,竞争不是很激烈,进入壁垒不是很高,便于资本和企业的进入,且一般具有较为光明的前景,就像初生的婴儿,尽管抵抗力很低,随时可能夭折,但还是有长大的可能。

2. 成长期

成长期的产品逐渐地被大众所认可,市场需求迅速增长,市场增长率较高,借助于整个产业规模的增长,产业内的所有企业销售规模都有可能增加,而且相互之间的竞争不是很激烈,利润率较高,此阶段依然是产业外企业进入的良好时机。

3. 成熟期

成熟期的产业市场需求已经接近或达到饱和,市场竞争非常激烈,竞争者相互进入对方的细分市场,产品和技术已经完全形成,由于市场竞争激烈,行业平均利润逐渐走低,开始淘汰一些中小规模的厂商,产业内相互兼并重组,市场集中度逐渐走高,产业竞争格局形成,进入壁垒较高,对资本的需求较低,不适于产业外企业进入。

4. 衰退期

产业在维持一段成熟期以后,产品和技术逐渐老化,新产品和新技术开始出现,原有产品的市场份额逐渐萎缩,部分企业开始退出产业。

> **"职涯"小贴士：**
>
> 生命周期理论基于一个简单的概念：任何事物都有其发展过程，因此可以应用于各种事物，如产品、行业、企业、个人等。将个人职业发展看作生命周期，有助于规划学习、工作和成长的不同阶段。
>
> 例如，一名IT专业人员，在起始阶段，他可能需要投入大量时间学习编程技术；在成长阶段，通过积累经验，逐渐提升在行业中的地位；当进入成熟阶段，可以考虑拓展领域或者挑战更高层次的职责，如领导团队或承担项目管理任务；最终，当个人在当前技术领域已经达到巅峰，可能会考虑转向教育、咨询或创业领域，迎接新的挑战。

（三）产业五种竞争力分析

产业竞争分析最重要的理论是波特五力模型——由哈佛大学商学院教授，被誉为"活着的传奇""全球第一战略权威""竞争战略之父"的迈克尔·波特在1979年提出，该模型被用于评估一个产业的竞争力和吸引力。

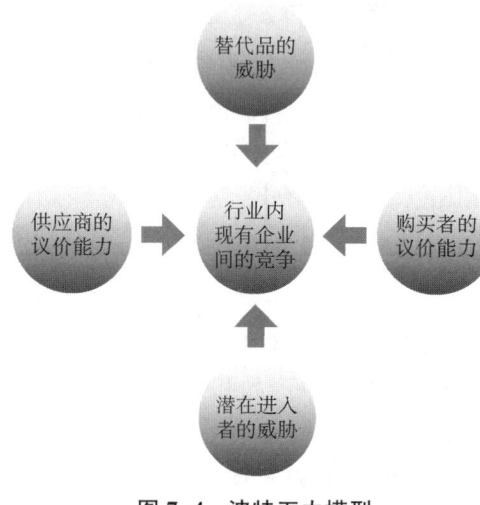

图 7-4 波特五力模型

迈克尔·波特认为，一个产业的竞争不只存在于竞争对手中，而是由五种基本的竞争力量构成，如图7-4所示，这五种竞争力量决定着产业的竞争激烈程度，并最终决定着企业保持高收益的能力。企业使用波特五力模型，可以更深入地了解其竞争环境，做出明智的战略决策，并最终提升竞争力。

1. 波特五力模型的要素

1）供应商的议价能力

供应商的议价能力是指供应商抬高产品价格、降低产品质量或限制供应商数量的能力。如果一个产业的供应商群体对购买者的影响力越大，则供应商的议价能力越强。

2）购买者的议价能力

购买者的议价能力是指购买者压低产品价格、提高产品质量或有选择地购买产品种类的能力。如果一个产业的购买者对产品的需求越大，或者购买者群体越大，则购买者的议价能力越强。

3）潜在进入者的威胁

潜在进入者的威胁是指新企业进入一个产业的可能性。如果一个产业的进入门槛低、利润高，潜在进入者就会增加，从而对产业内现有企业造成威胁。

4）替代品的威胁

替代品不只是产业内有同样功能的其他产品，还包括一切效率更高的解决方案。例如，方便面生产厂家的竞争对手不是其他生产厂家，而是整个外卖行业。如果替代品能够满足顾客的需求，而且价格更低、质量更好，替代品就会对产业造成威胁。

5) 产业内现有企业间的竞争

产业内现有企业间的竞争是指同一产业内的企业之间的竞争。竞争的激烈程度取决于产业内企业的数量、市场份额、产品质量、广告宣传等因素。

2. 波特五力模型的局限性

(1) 波特五力模型的前提假设是能够清晰地界定产业边界、产业的规模是固定的。但现实中企业往往不是通过吃掉对手,而是与对手共同做大行业的蛋糕来获取更大的资源和市场。并且,市场可以通过不断地开发和创新来增大容量。

(2) 波特五力模型假设同产业之间只有竞争关系,没有合作关系。但现实中企业之间存在多种合作关系,不一定是你死我活的竞争关系。

(3) 波特五力模型假设能搜集到一切有效信息(即信息透明),制定战略需要了解整个产业的信息。但在现实中,信息的获取往往是不完全的,有时候甚至是失真的,这会对分析结果产生很大的影响。

3. 应对策略

(1) 自我定位:企业必须通过利用成本优势或差异化优势把企业与五种竞争力相隔离,从而超过它们的竞争对手。

(2) 减少影响:企业必须识别产业的哪一个细分市场中,五种竞争力的影响更少一点,这就是波特提出的"集中战略"。

(3) 改变影响:企业必须努力去改变这五种竞争力。企业可以通过与供应者或购买者建立长期战略联盟,以减少相互之间的讨价还价;企业还可以寻求进入阻绝战略来减少潜在进入者的威胁等。

三、任务实施

随着航空技术、人工智能、大数据分析和物联网等技术的发展,农用无人机的性能不断提升,应用范围也在持续扩大。据 Fortune Business Insights 的报告预测,全球农用无人机市场预计将从 2024 年的 61.1 亿美元增长到 2032 年的 237.8 亿美元,预测期内复合年增长率为 18.5%。未来农用无人机不再局限于植保喷洒,将拓展至播种、施肥、作物监测、农田测绘等多个领域,应用场景不断丰富。因此,可以判断农用无人机行业仍处在快速增长的成长期,随着整个产业规模的扩大,产业内的所有企业销售规模都有可能增加,而且相互之间的竞争不是很激烈,利润率较高。

(一) 波特五力模型分析

使用波特五力模型对禾飞科技在农用无人机行业竞争环境中的现状分析如下。

1. 供应商的议价能力

禾飞科技在供应链管理方面展现了较强的实力。通过与供应商建立长期稳定的合作关系,确保了原材料和关键部件的稳定供应。此外,由于拥有专利或知识产权,对关键技术和部件的控制能力较强,禾飞科技可以保护其技术不被竞争对手模仿,确保市场中的独特地位,减少对单一供应商的依赖,并从与供应商的谈判中拥有更强的议价能力,争取到更优惠的价格和条款,从而降低潜在的供应链风险,削弱供应商讨价还价的能力。

2. 购买者的议价能力

禾飞科技拥有多项专利和自主知识产权,技术水平在同行业中具有领先地位,如其首创的"双目视觉"感知控制技术,使无人机具备自主避障、复杂环境免测绘及三维重建的能力,拥有最大载重30升的能力,以及常温弥雾喷洒系统,这些特性满足了不同作物的喷洒需求,提供了高效、精准的植保服务。与其他无人机企业相比,禾飞科技的产品定位清晰,专注于农业领域,尤其是精准农业和病虫害防治,深耕丘陵山地场景,形成差异化竞争。通过这些差异化特点和技术优势,禾飞科技成功地降低了购买者的议价能力,使客户认识禾飞科技产品的独特价值和性能,不会因为价格而轻易转向竞争对手。同时,良好的客户关系和品牌忠诚度也为公司提供了稳定的市场基础和持续增长的动力。

3. 潜在进入者的威胁

由于禾飞科技在技术上的先进性和已建立的市场地位,新进入者面临较高的进入壁垒。一是体现在其产品的性能和创新能力上,公司投入大量资源进行研发,拥有多项自主知识产权和核心技术,如高精度的导航系统、高效的喷洒技术等;二是禾飞科技通过不断地市场开拓和品牌建设,已经在国内外市场上占据了一席之地。公司的产品因其高质量和良好的服务而受到用户的认可和信赖。新进入者想要在该领域获得一席之地,需要投入巨大的资金和时间成本进行技术研发,并建立起用户信任。

4. 替代品的威胁

技术进步迅速,其他企业可能开发出具有突破性技术的新产品,提供与禾飞科技相似或更优的性能。并且,随着农业现代化和智能化的发展,市场需求可能发生变化,客户可能寻求多样化的解决方案。来自不同行业的企业可能通过创新的方式进入农业植保领域,带来新的替代产品或服务。随着农用无人机平台化发展的趋势,未来的无人机可能不仅仅局限于植保,而是集成多种功能,提供更全面的农业解决方案。

5. 行业内现有企业间的竞争

随着国家"一带一路"倡议的推进,中国很多科技企业纷纷出海,禾飞科技正面临激烈的市场竞争,随时应对来自其他强大竞争者的挑战,尤其是大疆这样的全球领先无人机制造商。大疆在全球无人机市场占有较高的市场份额,品牌知名度和信誉在全球范围内都非常高,这对禾飞科技来说是一大挑战。

(二)应对战略

通过对禾飞科技所在农用无人机行业的竞争环境进行波特五力模型分析,可以看出,尽管面临着来自现有竞争者、潜在进入者、替代品、供应商和购买者等方面的威胁,禾飞科技仍可采用一定战略减少或改变"五力"的影响。

(1)通过与供应商建立更加深度的长期合作关系,加强对关键技术的控制力,降低供应商的议价能力。

(2)扎根农用无人机细分市场,深耕丘陵山地场景,使产品具备在复杂环境下进行自主作业的差异化优势,使客户认识产品的独特价值,降低其对价格的敏感性。

(3)巩固在农用无人机领域的市场地位和技术优势,为潜在竞争者设置较高的进入壁垒。

(4)技术快速发展可能带来替代品的威胁,客户可能寻求多样化的解决方案,禾飞科技需要不断创新,以保持其产品的竞争力,并通过深化与农业、科研和技术合作伙伴的联盟,共同开发新的市场机会,更快拓展至地块平整监测、出苗识别、病虫害监测等其他智慧农业领域。

四、任务小结

仅从商业层面看,不同企业之间或许是竞争关系,但若从国家层面看,就是利益共同体和命运共同体。"一带一路"已从一国倡议走向共商共建的行动,从一国愿景走向互利共赢合作发展的梦想。无论是产业布局规划还是商业决策,都必须考虑这一重要背景。企业要发挥主体作用,利用新技术创新商业模式,提高竞争力,要强化责任和互助意识,协力抵御风险——相互支持,发挥协同作用;共享资源,提升规模经济效益;战略合作,共同抵御风险。

任务7.3 微观环境综合分析

 学习目标

1. 能举例说明三类企业常见资源,并判断资源的竞争优势。
2. 能说明判断企业核心能力的三大标准。
3. 能使用SWOT分析法分析企业内外部环境。
4. 能树立战略思维,运用战略分析方法对个人学习生活、职业发展进行规划。

一、任务描述

对禾飞科技进行了详尽而全面的外部环境(宏观环境和中观产业)分析之后,胡经理还需要扫描禾飞科技的内部环境,盘点其拥有的独特资源与核心能力,从而决定公司"能够做什么",并结合内外部环境进行综合分析。

二、任务准备

(一)企业资源分析

企业资源是指企业在向社会提供产品或服务的过程中所拥有、控制或可以利用的、能够帮助实现企业目标的各种生产要素的集合。企业资源主要分为三种:有形资源、无形资源和人力资源。

1. 有形资源

有形资源是指可见的、能用货币直接计量的资源,主要包括物质资源和财务资源,如企业的土地、厂房、生产设备、原材料。有形资源一般都反映在企业的资产当中。但是,由于会计核算的要求,资产负债表记录的账面价值并不能完全代表有形资源的战略价值。

有些有形资源可以被竞争对手轻易地取得,因此这些资源不能成为企业的竞争优势。但是,具有稀缺性的有形资源能使企业获得竞争优势。例如,在中国香港的五星级观光酒店中,半岛酒店因为位于九龙半岛的天星码头旁,占据有利的地理位置,游客可以遥望对岸香港岛和维多利亚港。美不胜收的海景和夜景,是它的一大特色,是构成其竞争优势的来源之一。

2. 无形资源

无形资源是指企业长期积累的、没有实物形态的,甚至无法用货币精确度量的资源,通常包括品牌、商誉、技术、专利、商标、企业文化及组织经验等。尽管无形资源难以精确度量,但无形资源一般都难以被竞争对手了解、购买、模仿或替代,因此无形资源是一种十分重要的企业核心竞争力的来源。例如,迪士尼最重要的无形资源便是迪士尼的品牌,米老鼠和唐老鸭等卡通形象。同样地,由于会计核算的原因,资产负债表中的无形资产并不能代表企业的全部无形资源,甚至有相当一部分无形资源是游离在企业资产负债表之外的。

3. 人力资源

人力资源即组织成员所具备的知识、技能及各项能力,如员工的判断力、洞察力、协调力与想象力等,均为组织的重要资产。经研究,重视并有效开发、利用人力资源的企业,与忽视人力资源的企业相比,往往能发展得更好、更快。事实上,企业的繁荣归根结底依赖于人所掌握的技能与知识,而非其他资源。随着科技的日新月异与数字化的加速推进,新经济时代中,人力资源在企业中的作用越来越突出。

一家企业虽然拥有很多资源,但并不代表这些资源都能带来竞争优势。在分析一个企业拥有的资源时,知道哪些资源是有价值的,可以使企业获得竞争优势,但企业需要依靠专业的判断,具体判断标准如表7-3所示。

表7-3　　　　　　　　　　企业资源判断标准

判断标准	表现形式与理解
资源的稀缺性	处于短缺供应状态的资源
资源的不可模仿性	(1) 物理上独特的资源:物质本身的特性所决定。例如,极佳的地理位置 (2) 具有路径依赖性的资源:必须经过长期积累才能获得的资源。例如,海尔多年完善的营销体制 (3) 具有因果含糊性的资源:形成原因并不能被清晰解释的资源。例如,美国西南航空公司"家庭式愉快、节俭而投入"的企业文化 (4) 具有经济制约性的资源:竞争对手因市场空间有限不能与其竞争的情况。例如,企业在市场上处于领导者的地位,其战略是在特定的市场上投入大量资本。这个特定市场可能会由于空间太小,不能支撑两个竞争者同时盈利
资源的不可替代性	竞争对手无法通过其他资源来替代它。例如,迪士尼关于"童话世界"的独特优势很难被其他游乐园的资源替代
资源的持久性	能够给企业带来持久的竞争优势。例如,一些品牌资源随着时代的发展在不断地升值

(二) 企业能力分析

企业能力是指企业配置资源,发挥其生产和竞争作用的能力。企业能力来源于企业有形资源、无形资源和人力资源的整合,是企业各种资源有机组合的结果,主要由研发能力、生产管理能力、营销能力、财务能力和组织管理能力等组成。

1. 研发能力

随着市场需求的不断变化和科学技术的持续进步。研发能力已成为保持企业竞争活力的关键因素。企业的研发活动能够加快产品的更新换代,不断提高产品质量,降低产品成本,更好地满足消费者的需求。企业的研发能力主要从研发计划、研发组织、研发过程和研发效果几个方面进行衡量。

2. 生产管理能力

生产是指将投入(原材料、资本、劳动等)转化为产品或服务并为消费者创造效用的活动,生产活动是企业最基本的活动。生产管理能力主要涉及五个方面,即生产过程、生产能力、库存管理、人力资源管理和质量管理。

3. 营销能力

企业通过引导消费以占领市场、获取利润,因此企业的营销能力主要体现在产品竞争能力、销售活动能力和市场决策能力。

(1) 产品竞争能力。产品竞争能力主要可以从产品的市场地位、收益性、成长性等方面来分析。产品的市场地位可以通过市场占有率、市场覆盖率等指标来衡量;产品的收益性可以通过利润空间和量本利进行分析;产品的成长性可以通过销售增长率、市场扩大率等指标进行比较分析。

(2) 销售活动能力。销售活动能力是对企业销售组织、销售绩效、销售渠道等方面的综合考察。销售组织分析主要包括对销售机构、销售人员和销售管理等基础数据的评估;销售绩效分析是以销售计划完成率和销售活动效率分析为主要内容;销售渠道分析则主要分析销售渠道结构(例如,直接销售和间接销售的比例)、中间商评价和销售渠道管理。

(3) 市场决策能力。市场决策能力是以产品竞争能力、销售活动能力的分析结果为依据的,是领导者对企业市场进行决策的能力。

4. 财务能力

企业的财务能力主要涉及以下两个方面:

(1) 筹集资金的能力,是指企业通过一定的渠道和方式,从股东、债权人等渠道筹集资金的能力。企业筹集资金的能力主要取决于信用状况、经营状况、盈利能力及市场环境等因素。信用状况良好的企业往往能够以更低的成本筹集到更多的资金。同时,企业的盈利能力和市场环境也会影响其筹集资金的能力,盈利能力强、市场环境好的企业通常更容易筹集资金。

(2) 资金运用的能力,是指企业将筹集到的资金有效地投入到各项生产经营活动中,实现资金增值的能力。准确的投资决策能够帮助企业抓住市场机遇,实现资金的增值;灵活的资金调度能够确保企业资金的高效运转;而优秀的成本控制能力能够帮助企业降低经营成本,提高盈利能力。

5. 组织管理能力

企业通过组织结构、管理流程和制度规范等手段,有效地组织、协调和控制企业各项资源,实现企业目标的能力。组织管理能力主要包括战略规划、决策执行、流程优化、团队建设等方面。良好的组织管理能力能够帮助企业实现资源的优化配置,提高企业的运营效率和市场竞争力。

但和资源一样,企业有这么多能力,并不代表这些能力都能带来竞争优势。只有核心能力才能带来竞争能力。核心能力就是企业在具有重要竞争意义的经营活动中能够比其他竞争对手做得更好的能力。那么,如何判断企业能力是否属于核心能力呢?需要回答以下三个问题:

(1) 它对顾客是否有价值?
(2) 它与企业竞争对手相比是否有优势?
(3) 它是否很难被模仿或复制?

总体来说,企业的核心能力的本质非常复杂和微妙,有时很难满足上述三个关键性测试,在这种情况下,还需要运用其他识别方法,包括功能分析、资源分析及过程系统分析。

7-1 企业核心能力辨别、评价方法

(三)内外部环境综合分析

1. SWOT分析法

SWOT分析法是一种管理工具,可以用于评估企业或组织的强项、弱项、机会和威胁。通过内部环境和外部环境的评估,企业可以更好地了解自身的优势和劣势,从而更好地把握市场机会和应对市场威胁。

SWOT分析法最早由美国韦里克(Weihric)教授于20世纪80年代初提出,由麦肯锡咨询公司等咨询巨头的应用推广而盛行的一种战略规划方法。其中,S是指企业内部的优势(strengths);W是指企业内部的劣势(weaknesses);O是指企业外部环境的机会(opportunities);T是指企业外部环境的威胁(threats)。

SWOT分析实际上就是将与企业内外部条件进行综合和概括,将密切相关的各种优势、劣势、机会和威胁等通过调查列举出来,并依照矩阵形式排列,然后将各种因素相互匹配并加以分析,从中得出一系列相应的结论。这种方法有利于人们对组织所处情景进行全面、系统、准确地研究,有助于管理者和决策者制定正确的发展战略,以及与之相应的发展计划或对策。

从整体上看,SWOT分析可以分为两部分:第一部分为优势与劣势分析(SW),主要用来分析内部条件,主要是企业自身的实力及其与竞争对手的比较;第二部分为机会与威胁分析(OT),主要是分析外部条件,包括外部环境的变化及对企业的影响。在分析时,应把所有的内部因素(即优势、劣势)集中在一起,然后用外部力量对这些因素进行评估。某加工食品生产商的SWOT分析如表7-4所示。

表7-4 某加工食品生产商的SWOT分析

优势(S)	劣势(W)
(1) 公司是德国第二大的加工食品生产商 (2) 公司在过去5年的年销售率均有36%的增长 (3) 公司成功与外国公司合资经营使其产品多样化 (4) 公司的大规模生产力使其可达到规模经济	(1) 公司现时的营运成本比同业高出20% (2) 公司的库存过期产品占总库存15%
机会(O)	威胁(T)
(1) 一些发展中国家(如印度)的工业化和城市化高速发展,食品加工业的生产、消费、出口及增长率都在不断攀升 (2) 受到金融危机带来的经济影响,国内高档次的餐饮消费持续疲弱	(1) 食品安全与质量监管体系越来越严格 (2) 美元汇率对其出口的影响 (3) 德国加工食品市场将近饱和,竞争日趋激烈 (4) 人民生活水平提高,对健康食品的要求越来越高

2. SWOT分析的步骤

1) 明确定义分析范围和目标

在进行SWOT分析前,需明确分析对象是整个组织、一个项目,还是个人职业发展。同时,需明确分析目标是制定战略、改进产品,还是职业规划。

2) 收集内部信息

(1) 内部优势:评估组织或个人内部的优势,包括技能、资源、品牌声誉等。这可以通过内部调查、员工访谈、业绩报告等方式收集。

(2) 内部劣势:识别组织或个人内部的劣势,可能是缺乏某种技能、资源不足、管理问题等。这也需要通过内部调查、员工反馈、业绩评估等方式获取。

3) 收集外部信息

(1) 外部机会:分析外部环境中的机会,包括市场趋势、行业变化、新兴技术等。这可以通过市场调研、行业报告、竞争对手分析等方式获取。

(2) 外部威胁:评估外部环境中的威胁,可能是竞争加剧、法规变化、经济不确定性等。这需要通过政策分析、竞争对手动向、风险评估等方式获取。

注意:可以结合 PEST 分析法,分析政治和法律、经济、社会和文化、技术等外部环境因素,针对性地建立科学匹配环境的合理竞争策略。

4) 分析和整理信息

将收集到的信息进行整理和分类,形成优势、劣势、机会、威胁四个方面的清晰列表。确保每一项都明确具体,便于后续的分析和决策。

5) 制订战略和行动计划

在分析的基础上,制订相应的战略和行动计划。明确利用优势的方式、改进劣势的措施、抓住机会的策略,以及应对威胁的预防和规避措施。

示例:企业战略规划

一家新兴科技公司准备制定未来 3 年的战略计划。通过 SWOT 分析,公司发现自身技术团队的专业能力非常强大(优势),但缺乏市场品牌知名度(劣势)。在外部环境方面,市场对该领域的需求迅速增长(机会),但竞争激烈(威胁)。基于这些发现,公司决定加大市场推广力度,提升品牌影响力,同时加强技术创新,以保持竞争优势。

示例:个人职业规划

一位专业人士通过 SWOT 分析自己的职业状况。他发现自己具备深厚的专业知识和丰富的经验(优势),但在新兴技术方面需要不断学习(劣势)。行业对于数字化转型的需求逐渐增加(机会),但行业竞争激烈(威胁)。基于这些发现,他决定加强对新技术的学习,提升自己的综合竞争力,同时留意行业趋势,积极参与行业交流,抓住机遇。

三、任务实施

(一) 企业资源分析

1. 有形资源

研发基地与设施:禾飞科技在美国硅谷、江浙工业园区及河南设有先进的研发基地,这些基地配备了现代化的研发设施和设备,能够确保产品质量的一致性和稳定性,满足市场对高品质智能设备的需求——体现资源的持久性,这些设施不仅能为产品开发提供支持,而且能随着技术的迭代进行升级,为公司的技术创新和产品开发提供坚实的物质基础。

2. 无形资源

（1）专利技术与知识产权：禾飞科技已积累了大量的发明专利、实用新型专利和PCT国际专利，这些专利技术的积累构成了公司独特的竞争优势，为公司产品的独特性和创新性提供了有力保障。专利技术和知识产权是禾飞科技独特的竞争优势，其高度的专业性和创新性使得其他公司难以复制，体现资源的不可模仿性、不可替代性。

（2）品牌与声誉：禾飞科技在农业智能化领域树立了良好的品牌形象和声誉，得到了客户和市场的广泛认可，为公司业务的持续发展和市场拓展奠定了坚实基础。品牌与声誉是长期积累的结果，具有路径依赖，能够为公司带来持久的竞争优势，体现资源的不可模仿性。

（3）合作伙伴关系：禾飞科技与国内外高校、科研院所及行业龙头企业建立了紧密的合作伙伴关系，这些合作伙伴关系为公司带来了丰富的技术资源和市场资源，有助于公司业务的快速拓展和创新能力的提升。这些合作伙伴关系基于长期的信任和合作，体现资源的持久性。

3. 人力资源

（1）顶尖研发团队：禾飞科技拥有一支由世界著名自动控制专家领衔的顶尖研发团队，团队成员具备丰富的技术积累和行业经验，为公司产品的技术创新和升级提供了强大的智力支持。顶尖的研发人才是市场上稀缺的资源，他们的专业技能和创新能力是禾飞科技不可模仿的竞争优势。

（2）高素质管理与运营团队：公司还拥有高素质的管理与运营团队，他们具备敏锐的市场洞察力和卓越的运营管理能力，能够确保公司战略目标的顺利实现和业务的稳健发展。这些团队成员的经验和能力对于公司的日常运营和战略决策至关重要，很难找到完全替代的人选。

（二）企业能力分析

根据核心能力的判断标准，禾飞科技的核心能力是其研发能力。这种能力不仅对顾客有价值，而且与竞争对手相比具有显著的优势，并且很难被模仿或复制。但这并不意味着其他能力不重要，它们共同构成了禾飞科技的综合竞争力。

禾飞科技的研发能力主要体现在其创新的技术解决方案上，如双目视觉感知技术和AI自主控制系统，这些技术为农业智能化提供了高效、精准的解决方案，对顾客（主要是农业企业和农户）来说具有显著的价值。此外，禾飞科技在农业智能化领域拥有多项专利技术，这些技术使其产品在市场上具有独特的竞争优势，与竞争对手相比具有明显的技术优势。

禾飞科技的技术积累和创新过程具有高度的复杂性和专业性，其他公司难以在短时间内模仿或复制其技术成果。此外，禾飞还不断投入研发，保持技术的领先地位，进一步增加了模仿的难度。

（三）SWOT分析

1. 优势分析

（1）技术创新与专利优势：禾飞科技在双目视觉感知和AI自主控制领域拥有全球领先的技术，已申请多项发明专利和国际专利。这些技术为禾飞科技在农业智能化领域提供了独特的竞争优势，难以被其他公司模仿或超越。

（2）产品定位清晰：禾飞科技专注于农业无人机领域，尤其是精准农业和病虫害防治，深耕丘陵山地场景，形成差异化竞争。

（3）国际化研发团队：禾飞科技拥有来自多个国家的顶尖研发团队，汇聚了视觉、控制、人工智能、计算机软硬件等领域的专家。这种国际化的研发团队为禾飞科技带来了多元化的视角和创新的思路。

（4）良好的市场口碑与合作伙伴：禾飞科技与多家知名企业、科研机构和高校建立了紧密的合作关系，产品和技术得到了市场的广泛认可。这些合作伙伴为禾飞科技提供了稳定的市场资源和技术支持。

2. 劣势分析

（1）市场渗透率有待提高：尽管禾飞科技在农业智能化领域拥有独特的技术和产品，但在某些地区的市场渗透率仍然较低，"一带一路"出海经验相对匮乏。

（2）资金压力：持续的技术研发和市场拓展需要大量资金投入。在快速发展的同时，如何保持资金流的稳定是禾飞科技需要面对的问题。

3. 机会分析

（1）农业智能化趋势：随着农业现代化的推进，农业智能化成为未来发展的重要趋势。禾飞科技作为农业智能化领域的领军企业之一，有望在这一趋势中占据更大的市场份额。

（2）新兴市场需求：除了农业领域，禾飞科技的技术和产品还可以应用于艺术品检测、电力巡检等新兴领域，这些新兴市场的崛起为禾飞科技提供了新的增长点。

（3）政策支持：国家和地方政府对农业智能化和科技创新给予了越来越多的政策支持。禾飞科技可以利用这些政策优势加快技术研发和市场拓展的步伐。

4. 威胁分析

（1）市场竞争加剧：随着农业智能化市场的快速发展，越来越多的企业涌入这一领域。这些竞争对手可能带来更加激烈的市场竞争和价格战。

（2）技术更新迭代快：农业智能化技术更新换代速度较快，禾飞科技需要不断投入研发以保持技术领先地位；否则，一旦技术落后就可能被市场淘汰。

（3）政策风险：政策环境的变化可能对禾飞科技的业务产生影响。例如，政策对农业智能化产品的监管加强、补贴政策调整等都可能给禾飞带来不确定性。

综上所述，禾飞科技在技术创新、产品多样化、国际化研发团队等方面具有显著优势，但也面临市场渗透率、资金压力等挑战。同时，农业智能化趋势、新兴市场需求和政策支持为禾飞科技提供了广阔的发展机遇，而市场竞争加剧、技术更新迭代快和政策风险则构成了潜在的威胁。

四、任务小结

在飞速发展的社会中，我们每个人都面临着无数的选择和挑战。如何在这些选择和挑战中找到最适合自己的方向，成为我们必须思考的问题。SWOT 分析法作为一种经典的战略分析工具，不仅适用于商业领域，而且可以帮助我们在个人发展和生活决策中明确方向，抓住机遇，应对挑战。

> **"职涯"小贴士：**
>
> 在个人发展方面，SWOT 分析法可以帮助我们更清晰地认识自己，明确自己的职业定位和发展方向，制订学习计划和职业发展规划。在职场沟通方面，SWOT 分析法可以帮助我们更好地理解自己和他人的角色和期望，从而建立更好的合作关系。

以一名想要转行的职场人为例,他可以通过SWOT分析,来评估自己的条件和前景,明确自己的定位和发展方向,调整职业规划,从而更加有效地实现职业转型。职场转型SWOT分析如图7-5所示。

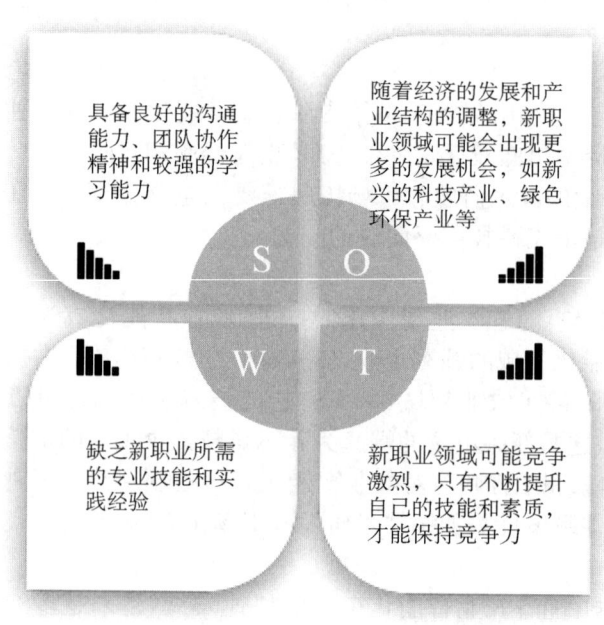

图7-5 职场转型SWOT分析

项 目 实 训

一、单项选择题

1. 下列各项中,属于PEST分析法中政治和法律因素的是(　　)。
   A. 外汇储备　　　　B. 人口出生率　　　　C. 法律法规　　　　D. 产业结构
2. 下列各项中,不属于PEST分析法分析因素的是(　　)。
   A. 生活因素　　　　　　　　　　　　B. 经济因素
   C. 政治和法律因素　　　　　　　　　D. 技术环境
3. 某国际快餐连锁公司宣布在中东开设连锁店,但并不出售猪肉汉堡,只出售牛肉汉堡、鸡肉汉堡和鱼肉汉堡。这说明该国际快餐连锁公司在战略分析中考虑了(　　)。
   A. 政治和法律因素　　　　　　　　　B. 经济因素
   C. 社会和文化因素　　　　　　　　　D. 技术因素
4. 在激烈的市场竞争中,处于同一产业的企业纷纷通过市场营销和生产管理来争取某种产品的最大市场份额,这种情形表明该产业已进入了生命周期的(　　)。
   A. 形成期　　　　　B. 成长期　　　　　C. 成熟期　　　　　D. 衰退期
5. 根据迈克·波特提出的五力模型,产业内普遍存在的五种竞争力量分别是产业内现有企业间的竞争、潜在进入者的威胁、替代品的威胁、购买者的议价能力和(　　)。
   A. 供应商的议价能力　　　　　　　　B. 生产者的议价能力
   C. 销售者的议价能力　　　　　　　　D. 使用者的议价能力
6. 下列关于波特五力模型的说法中,正确的是(　　)。
   A. 产业的进入壁垒越低,潜在进入者的威胁水平越低
   B. 产业中供应商的数量越少,购买者的议价能力越低
   C. 替代品的价格越低,替代品的威胁水平越低
   D. 购买者购买供应商产品的数量越多,购买者的议价能力越低
7. 下列各项中,不属于企业核心能力判断标准的是(　　)。
   A. 对顾客是否有价值
   B. 是否难以被模仿或复制
   C. 是否符合企业文化
   D. 与企业竞争对手相比是否有优势
8. SWOT分析法中的"T"代表(　　)。
   A. 优势　　　　　　B. 劣势　　　　　　C. 机会　　　　　　D. 威胁
9. 在SWOT分析法中,属于内部因素的是(　　)。
   A. 社会环境　　　　B. 科技发展　　　　C. 人力资源　　　　D. 竞争对手
10. 在SWOT分析法中,优势与劣势分析主要关注的是(　　)。
    A. 外部环境的变化　　　　　　　　　B. 企业自身的实力
    C. 竞争对手的情况　　　　　　　　　D. 政府政策

二、判断题

1. PEST 分析法属于宏观环境分析。（　　）
2. PEST 分析法可以分析外部环境，SWOT 分析法也可以分析外部环境。（　　）
3. SWOT 分析法中"S"代表的是挑战。（　　）
4. 企业的生命周期是指企业的诞生、成长及壮大过程。（　　）
5. 波特五力模型是一种用于评估一个企业的竞争力和吸引力的工具。（　　）
6. 竞争对手是指在同一产业中与企业竞争的其他企业。（　　）
7. 现实中企业之间只有竞争关系，没有合作关系。（　　）
8. 可以通过成本优势或差异化优势把企业与五种竞争力相隔离。（　　）
9. 市场增长缓慢时，现有企业之间的竞争也会趋于平缓。（　　）
10. SWOT 分析法中的"机会"是内部因素。（　　）

三、思考题

产业生命周期理论也可以运用到个人的人生管理中，因为具有相同的底层逻辑，即任何事物都有其发展过程，需通过获得持续性的竞争优势而生存下来。请思考如何用生命周期理论指导每个人生阶段的发展。

四、实践拓展

1. 波特五力模型不仅可以用于商业分析，而且可以用于个人职业发展分析，请参照以下模型分析个人核心竞争力：

（1）知识和资源储备：专业知识和技能；人脉、资金等资源；继续教育或深造机会。

（2）市场认可：行业影响力、职场价值；同等学力、资历的市场薪酬；创业或副业的变现能力。

（3）潜在竞争：尚不具备的能力或岗位要求；从事但不领先的领域。

（4）替代竞争：被具备同样能力的求职者或创业者替代可能性有多大。

（5）行业竞争能力：从事的行业大环境怎么样；目标企业的业务模式在行业的竞争力；目标岗位在其他企业供职、创业的发展情况。

2. 请使用 SWOT 分析法，对个人的技能、经验进行评估，针对目标岗位，找到职业发展的机会和挑战，完成个人 SWOT 分析表（表 7-5）。

表 7-5　　　　　　　　　　　　个人 SWOT 分析表

S 优势： • • •	W 劣势： • • •
O 机会： • • •	T 威胁： • • •

自 我 测 评

任务	学习目标	自评结果				
7.1 宏观环境分析	1. 能说出宏观环境的含义与四个方面	□A+	□A	□B	□C	□C−
	2. 能使用PEST分析法,区分宏观环境常见的有利因素和不利因素	□A+	□A	□B	□C	□C−
	3. 能具备大国情怀、胸怀天下的社会责任感和"一带一路"价值取向	□A+	□A	□B	□C	□C−
7.2 中观产业分析	1. 能阐明产业分析的含义,并分辨企业生命周期各阶段的特征	□A+	□A	□B	□C	□C−
	2. 能说出产业五种竞争力具体内容	□A+	□A	□B	□C	□C−
	3. 能运用波特五力模型分析产业竞争环境	□A+	□A	□B	□C	□C−
	4. 能根据个人情况和社会文化因素,运用生命周期理论分析职业发展	□A+	□A	□B	□C	□C−
7.3 微观环境综合分析	1. 能举例说明三类企业常见资源,并判断资源的竞争优势	□A+	□A	□B	□C	□C−
	2. 能说明判断企业核心能力的三大标准	□A+	□A	□B	□C	□C−
	3. 能使用SWOT分析法分析企业内外部环境	□A+	□A	□B	□C	□C−
	4. 能树立战略思维,运用战略分析方法对个人学习生活、职业发展进行规划	□A+	□A	□B	□C	□C−

3-2-1反思		
3	我的三个收获	
2	我的两个建议	
1	我的一个问题	

项目 8
控制企业内部风险

项目导入

近年来,禾飞科技积极响应国家"一带一路"倡议,加强与"一带一路"合作伙伴和地区的经贸合作,通过拓展海外市场实现了良好的业务增长。公司在"一带一路"合作伙伴和地区设立了多个分支机构和生产基地,扩大了海外业务规模,带动了当地的经济发展,展现了中国企业的责任与担当,取得了良好的经济效益和社会影响。

随着公司业务规模的不断扩大,业务范围的不断增加,公司的内部管理也面临越来越多的挑战。销售数据虚报、销售代表私下交易、应收账款越来越多、采购成本居高不下、过度订购、库存积压、商品丢失等问题困扰着公司管理层。为了进一步加强内部管理,提高管理和经营效率,公司决定修订公司内部控制管理办法,总经理让会计主管胡经理来牵头负责此项工作。

请思考:
(1) 企业内部管理存在哪些风险?
(2) 不同环节的风险点有哪些,应如何加强对这些风险的管控?
(3) 内部控制是否只是领导层的问题,普通员工需要参与吗?

知识地图

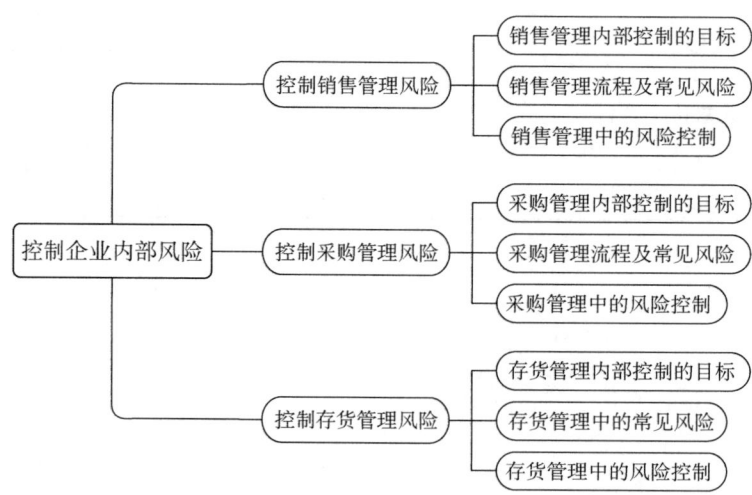

项目 8 控制企业内部风险

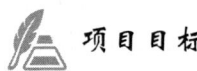项目目标

通过本项目的学习,学生将了解销售、采购和存货管理的内部控制,包括理解各环节目标、识别和评估风险、提出防控措施,培养风险意识和解决问题的能力,能够更有效地进行风险管理,为未来职业发展打下坚实基础。

任务 8.1 控制销售管理风险

学习目标

1. 能说出销售管理内部控制的目标。
2. 能说出销售业务的各个环节。
3. 能列举销售管理中常见的风险,并提出相应的控制方法。
4. 能具备识别销售管理风险和解决销售管理问题的能力,树立风险意识。

一、任务描述

胡经理在审核财务分析报告时,发现最近一段时间应收账款持续增加,这引起了他的注意,为了深入了解情况,他仔细查阅了与应收账款相关的销售合同和其他资料。在仔细分析后,他发现了几个问题:有些销售合同的单价异常低,销售折扣超过了公司既定的折扣;同样的商品在不同客户之间的价格差异较大;上个月新增的客户中有些只付了少量的定金,货物发出后账款仍未收回。为此,胡经理找到销售部王经理,一起商量解决办法。

二、任务准备

(一)销售管理内部控制的目标

企业以价值创造为目标,而销售管理是保证商品内在价值实现的重要活动,直接关系企业资金的回收和持续再生产。可以说,没有销售就没有生产经营,销售是企业运营的龙头,因此,会计主管应当密切关注销售管理环节,因为它对企业的财务稳健和利润增长至关重要。而销售管理的控制目标就是把货卖出去,把钱收进来。销售管理内部控制主要是对收入相关的业务流程进行控制和风险防范,具体有以下四个目标。

1. 确保合规性

确保销售活动符合财务法规、税务法规,以及其他相关法规的要求;确保销售合同、发票、收款等环节的合规性,并避免任何可能导致财务风险的行为。

2. 保护企业资产和收入

确保销售活动不会导致企业资产的损失或滥用,包括货币资金、存货和应收账款等;确

保销售收入能被准确地记录、收集,防止收入的滥用或误用;确保销售货款的及时、准确收取,防止坏账的发生。同时,建立有效的信用控制机制,定期评估客户的信用状况,并采取必要的措施来降低坏账风险。

3. 控制成本与预算

制定销售预算,并监控销售成本。通过内部控制机制,确保销售活动的成本控制在预算范围内,提高销售利润率。

4. 建立风险防控机制

建立风险防控机制,防范销售舞弊行为和欺诈行为。通过制定严格的内部控制政策和程序,加强内部审计和监控,确保销售活动的合规性和安全性。

(二)销售管理流程及常见风险

1. 销售业务流程

销售业务流程如图 8-1 所示。

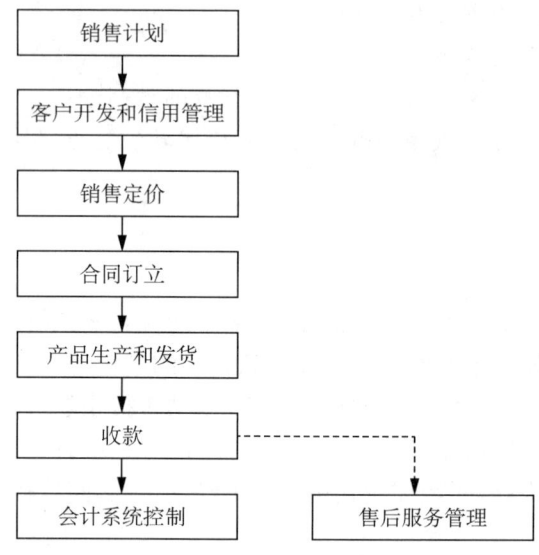

图 8-1　销售业务流程

2. 销售管理中的常见风险

销售管理中的常见风险点如表 8-1 所示。

表 8-1　销售管理中的常见风险点

环节	风险点
销售计划	(1) 销售计划缺乏或不合理 (2) 销售计划调整未经授权审核
客户开发与信用管理	(1) 客户档案不健全,缺乏合理的资信评估,存在信用等级较差的客户 (2) 客户资信标准不合理,或没有根据实际情况进行调整,导致客户授信不合理,形成大量坏账
销售定价	(1) 定价过高或过低,不符合价格政策,导致销售受损 (2) 价格的制定或调整没有经过恰当审批或存在舞弊

(续表)

环节	风险点
合同订立	(1) 合同内容存在有争议的条款、重大疏漏或欺诈,侵害企业的合法权益 (2) 合同的签订没有经过授权和审批
产品生产和发货	(1) 未按合同约定生产产品或及时发货,存在违约风险 (2) 发货流程不规范或职责不清晰,存在商品被盗、虚假发货、重复发货等风险
收款	(1) 企业信用管理不到位、结算方式不恰当、票据管理不完善等,导致账款回收不力 (2) 收款过程中存在私设账户、截留回款等舞弊行为,损害企业利益
会计系统控制	(1) 未建立运行有效的会计控制系统,销售、发货、财务信息不吻合,导致账实、账证、账账不符,会计信息失真 (2) 没有对应收账款建立相应的清查制度,对应收账款的催收力度不大,增加坏账损失
售后服务管理	(1) 未建立起完善的售后服务体系,客户服务水平较低,影响客户满意度,导致客户流失 (2) 没有完整的销售退回流程,无法及时处理退换货问题

(三) 销售管理中的风险控制

销售管理内部控制的关键点主要包括不相容职务分离、正确的授权审批、充分的凭证和记录、内部复核程序等。按照销售管理的流程梳理了各个环节的关键控制点,这些控制点也不同程度地体现或涵盖了销售管理关键环节的基本控制活动。

1. 不相容职务分离控制

对于销售业务,适当的职务分离有助于防止各种有意或无意的错误,具体如表 8-2 所示。

8-1 企业内部控制应用指引第 9 号

表 8-2　　　　　　　　　　销售管理不相容职务分离

业务	不相容职务 1	不相容职务 2	不相容职务 3
销售预算、定价	申请	审批	监督、检查
客户信用管理	调查、申请	核实、审批	监督、检查
销售合同	申请	审批	监督、检查
销售发货	申请	发货	记账
收款	收款	记账	监督、检查
销售退货	申请	验收	记账
坏账	申请	审批	记账
应收账款	记账	核实	—
票据管理	开票	复核	—

2. 销售计划的关键控制

对销售计划进行有效控制可以确保销售目标的实现,提高企业的市场竞争力和盈利能力;同时,也可以进一步明确销售业务方向,使其符合企业发展战略,确保企业持续良好运行。

1) 销售计划制订与审批

企业应根据发展战略和年度生产经营计划,结合内部资源和市场环境制订年度销售计划、季度计划和月度计划。年度销售计划一般包含在年度预算内提交董事会审批,季度销售计划和月度销售计划由各区域销售人员上报,经销售管理部门汇总后提交,由企业营销副总经理、总经理审批后下发。销售计划是生产计划、采购计划编制的起点。

2) 销售计划适时调整与审批

企业应定期对各产品的区域销售额、进销差价、销售计划与实际销售情况等进行分析,结合生产现状,及时调整销售计划,调整后的销售计划根据实际情况履行相应的审批程序。

3. 客户开发和信用管理的关键控制

企业在积极开拓市场的同时,应对目标客户进行资信评估,确定客户信用等级,并采取合适的信用管理(赊销)政策,促进销售目标的实现。

1) 制定标准的信用管理(赊销)政策

赊销是企业在现代化信用社会里实现销售的重要方式,健全有效的信用管理是企业实现赊销恰当与否的关键,决定了销售最终能不能顺利完成。有效的信用管理政策是通过设定和辨识不同信用等级的客户来给予客户相关优惠的政策,通常包括价格折扣、优先供货、较低的预收货款、较长的付款周期等。

财务部门需协助销售部门制定信用管理政策,包括向销售部门提供销售收入的历史数据,如客户的回款情况、应收账款的金额和账龄等数据,为销售部门制定政策做参考。同时,财务部门也应该在应收账款账龄、回款时间设置等方面提供参考意见。该政策由销售部门起草后,须先由财务部门审核,再经总经理审批后方可发布执行。

2) 客户信用调查和授信管理

完善、全面的客户调查是信用管理的第一步,也是正确拟定客户信用额度的基础。只有全面收集客户资信资料,才能客观评价客户资信情况,给予客户合适的信用额度。

在开展新业务前,业务人员应调查客户背景,包括但不限于行业资质、企业规模、行业特点、知名度、是否有法律纠纷、重要的财务指标、与竞争对手的合作情况等,及时做好记录及归档整理工作。在对客户授信前须提交客户信用调查表(表8-3),由销售部门负责人审核,并将信息同步至财务部门和信用管理部门,财务部门对客户的资产情况、债务情况等进行评估,评估同意后,报总经理审批,最后进行授信。

表8-3 客户信用调查表

基本信息			
企业名称			
企业性质		注册资本	
企业负责人		成立时间	
采购联系人		联系电话	
经营及财务情况			
主营产品			

(续表)

年销售额	
资产总额	
负债总额	
盈利状况	
偿债能力	
近2年经营情况	
严重违法行为	
工商异常	
税务异常	
诉讼异常	
审批意见	
信用等级评定意见	
拟给予的信用政策	
销售部门意见	
财务部门意见	
信用管理部门意见	
总经理意见	

3）跟踪信用执行效果

能否充分发挥信用管理的作用，关键在于授予客户的信用额度和信用期限在业务开展中是否得到有效的遵循。只有严格按照授予客户的信用额度和期限执行业务，才能有效降低信用风险。在信用管理过程中，财务部门应定期根据各类台账及账内数据来源状况，深入分析市场需求、竞争环境。

> **"职涯"小贴士：**
>
> 信用标准虽然是企业规定的，用于衡量客户逾期未还款的损失率指标。只要预期的坏账损失率未达到某一预设的指标（如5%），则可向企业提供商品。但逾期未还款会造成企业或个人信用损失，影响企业的商业信用甚至企业文化和品牌价值，影响个人的口碑与风评。
>
> 我国已经逐步建立起个人信用管理制度。个人信用管理制度是指根据居民的家庭收入与资产、已发生的借贷与偿还、信用透支、发生不良信用时所受处罚与诉讼情况，对个人的信用等级进行评估并随时记录、存档，以便信用的供给方决定是否对其贷款和贷款多少的制度。个人信用管理制度需要通过强制性的法律制度来规范当事人的信用行为，形成外部的约束力，使个人的失信成本大大高于失信收益，才能发挥约束当事人信用行为的作用，增强个人的信用意识。

> 青年人,人生才刚刚起步,道路还很漫长,保持良好的信用记录,对自己的事业发展、生活质量、子女教育,必将产生积极影响。

4. 销售定价的关键控制

1) 制定销售底价

财务部门根据生产成本等核算出低价,即成本价格,也就是没有利润的最低价格。销售部门和财务部门根据产品的特性、最低利润的要求等设定一个销售底价,即对外销售的最低价格。销售部门可在销售底价的基础上,根据市场情况、财务目标等设定一个对外销售的价格。销售人员可以对外售价为基础,结合产品、市场特点和客户情况进行一定限度的价格浮动。

2) 制定销售折扣或返利政策

一般情况下,产品对外销售时应以对外售价为基础来进行报价,但在实际情况中,销售人员为了增加客户,经常会给予价格上的折扣。企业可制定明确的销售折扣或返利政策,确保其与企业的长期定价策略一致。在具体实施过程中,销售折扣需分级管理,根据客户情况、订单金额授予销售人员一定比例的销售折扣权限,但如果超过折扣权限幅度的,则需要根据实际情况填写销售特殊折扣申请表(表8-4),经过销售部门负责人、财务部门负责人和总经理的审批。

表8-4　　　　　　　　　　　　销售特殊折扣申请表

客户名称	
原单价及总金额	
应享受的一般性折扣	
申请特殊折扣	
申请理由	
销售部门意见	
财务部门意见	
总经理意见	

5. 销售合同的关键控制

销售人员申请合同签约时,需填制销售合同审签单(表8-5),并交由财务等部门审核,财务部门在审核时要注意从钱、税、账的角度,审核合同中的收货方式和时间及其他条件、收款账号、预收款比例、销售折扣、付款时间、涉税条款等是否符合企业的规定和要求,同时分析客户现有应收账款的余额及账龄,并针对上述内容提出修改建议。财务部门要确保销售合同符合企业会计准则和政策要求,有效管理销售合同可能带来的财务风险,监督收款流程以确保资金流动和客户账款管理的有效性,定期评估销售合同的执行情况,以确保企业财务健康和稳健运营。

表 8-5　　　　　　　　　　　　销售合同审签单

客户名称		合同编号	
申请人		申请部门	
事由			
商品	数量	含税单价	含税总价
合同主要条款			
销售部门意见			
法务部门意见			
财务部门意见			
总经理意见			

6．产品生产和发货的关键控制

1）填制销售通知单和发票通知单

销售部门依据审核后的销售合同和销售订单，开具载明与合同内容一致的发货品种、规格、数量、客户、发货时间和方式、收货地点等信息的销售通知单（表 8-6），交仓储部门和财务部门，同时开具销售发票通知单给财务部门，财务部门据此开具相应的票据。

表 8-6　　　　　　　　　　　　销售通知单

日期：		客户：		联系电话：		单号：	
序号	商品名称	规格	单位	数量	单价	金额	备注
合计金额：					大写金额：		
审核人：		收款：		业务员：		客户：	

2）进行发货登记并做好充分的凭证和记录

仓储部门根据销售单发货出库，形成相应的发货单和出库记录，并将相应的单据传递至财务部门，财务部门应检查销售合同、发货单、出库记录、送货单、客户收货单等相关凭证的完整性，填制相应的会计凭证，进行账务处理，并及时归档。

7. 收款的关键控制

1) 及时开具销售发票

根据销售合同、发货单、出库记录、送货单、客户收货单等相关凭证及时开具销售发票，开具发票时必须严格执行发票管理规定，严禁开具虚假发票。

2) 建立票据管理制度

对票据的取得、贴现、背书、保管等活动予以明确规定；严格审查票据的真实性和合法性，防止票据欺诈；由专人保管应收票据，对即将到期的应收票据及时办理托收、定期核对盘点；票据贴现、背书应经恰当审批。

3) 加强应收账款管理

赊销业务发生后，财务部门应及时登记应收账款明细账，并按客户设置应收账款台账，评估客户应收账款余额的增减变动情况。定期和客户进行对账，确保财务信息的真实性和完整性。此外，财务部门应定期分析应收账款的账龄，编制应收账款账龄分析表，出具账龄分析报告，及时发现客户应收账款的变化情况，对逾期金额较大、逾期时间较长或出现异常情况的客户，需要在报告中重点关注，并将情况及时反馈至销售部门、管理层，为企业经营决策提供依据。

4) 增强对收取款项的管理

企业销售一般不收取现金，并且要防止由销售人员直接收取款项，必须由销售人员收取的，应由财务部门加强监控。收取的现金、银行本票、汇票等应及时缴存银行并登记入账。

8. 会计系统控制环节的关键控制

1) 保证会计记录完整、正确

加强对销售业务的会计系统控制，详细记录销售客户、销售合同、销售通知、发货凭证、商业票据、款项收回等情况，确保会计记录、销售记录、仓储记录核对一致。根据相关原始凭证，及时确认销售收入并登记入账。

2) 跟踪并及时回收应收账款

会计系统控制应及时收集应收账款相关凭证资料并妥善保管，及时催收货款，对未按时还款的客户，采取申请支付令、起诉等方式及时清收货款。收回的非货币性资产应经评估和恰当审批。

三、任务实施

（一）加强价格与折扣控制

近年来，随着国内外市场竞争的日益激烈，禾飞科技的销售人员面临着巨大的压力，为了完成销售指标，他们有时会采取过于激进的定价策略，如大幅度降价或设置过高的折扣，同时，部分销售人员过于关注短期内的销售业绩，销售价格上下浮动较大。对此，胡经理和销售部门王经理一起对所有产品的价格进行了核算，明确所有设备的成本价，在成本价的基础上根据产品品类的不同按照上浮 8%～10% 确定商品的销售底价，即对外销售的最低价，销售人员对外销售时不得低于这个价格，如有特殊情况需要低于这个价格销售的，需要经过销售经理、分管副总经理的审批。同时，在此基础上分列了每个产品的批发价和零售价，对不同渠道相同产品的价格进行了规范和统一，根据人员类型对销售折扣的额度进行限定，销售人员不得随意超越个人的折扣权限进行报价。

胡经理和王经理决定进一步规范和加强销售合同审签流程,确保合同的合规性,在合同签订前需经财务部门、法务部门审核,审核后方可签订,避免出现先签订后补流程、合同审批流于形式等情况。

(二)完善客户信用政策

胡经理在审查时发现公司有些销售人员为了增加销售额,没有对新客户的信用状况进行充分的调研就按照老客户的信用额度进行授权,对一些不具备赊销资格的客户提供了赊销政策,导致应收账款坏账风险增加。为此,胡经理决定进一步完善公司的信用管理流程。

第一,胡经理规范了客户信用调查表的格式、内容和审批流程——新客户进行赊销时,必须进行充分的信用调查,了解客户的基本情况、经营情况、财务情况及是否有异常情况,并将调查情况由专人加强检查与复核。在此基础上确定客户信用等级,参照信用等级进行信用额度授权,并经销售经理、信用管理部门、财务部门等审核后方可实行赊销。

第二,胡经理根据按照客户对应收账款进行了整理,并和销售部门一起对现有客户的信用情况进行归档整理和更新,在实行赊销政策时严格根据客户的信用额度进行审核,对于超过信用期的,拒绝实行赊销。

(三)加强应收账款管理,做好货款催收工作

胡经理对公司应收账款的进一步整理发现有相当一部分应收账款已经过期,但尚未妥善处理。胡经理对公司的应收账款进行了全面的梳理,编制应收账款账龄分析表,并加强催收工作。对于新的欠款,及时向客户发送对账单并开具发票;离应收账款到期不足10天的款项,提醒业务人员和客户进行沟通提醒;对于逾期的应收账款,加强电话、邮件催收,必要时可以采取上门催收等措施。

四、任务小结

销售管理内部控制是企业保障销售活动合规、高效进行的重要手段。通过建立完善的内部控制体系、强化风险识别与应对、加强人员培训与行为监督、推进信息化与数据化管理,以及持续改进与优化,企业可以不断提高销售管理的内部控制水平,为企业的可持续发展提供有力保障。

任务 8.2 控制采购管理风险

 学习目标

1. 能说出采购管理内部控制的目标。
2. 能说出采购业务的各个环节。
3. 能列举采购管理中常见的风险,并提出相应的控制方法。
4. 能具备识别采购管理风险和解决销售管理问题的能力,树立风险意识。

一、任务描述

胡经理在对账时发现与供应商甲公司签订的一笔纸箱包装合同金额和实际支付金额不一致，合同金额是 100 万元，实际支付金额却是 120 万元，与采购部进一步核实后发现是因为近期销售订单的增长，在合同执行过程中临时增加了纸箱的数量，并对纸箱规格进行了调整，但是采购部门没有及时更新合同，导致实际支付金额与合同金额不一致。胡经理还发现有一笔预付账款一直未核销，进一步核实后发现是由于该供应商未按时交货，导致预付账款无法结算。

二、任务准备

（一）采购管理内部控制的目标

采购是企业生产经营的起点，直接影响着企业的产品成本，对销售定价有着重要影响。采购既是企业"实物流"的重要组成部分，又与"资金流"密切相关。做好采购工作的内部控制，既可以保证采购的及时性与资金的安全性，又可以降低采购成本，对企业顺利运营、实现战略目标有重要意义。

1. 控制采购成本

确保采购活动能够在合理的成本范围内进行，避免超支和浪费，以保护企业财务利益。

2. 确保资金使用的合理性和透明度

通过建立严格的采购审批流程和授权机制，确保资金使用符合企业政策和预算，并能够追踪和核实每笔采购支出。

3. 降低采购风险

建立有效的供应商风险评估和管理机制，以降低因供应商失信、产品质量问题或供应中断等风险对企业财务造成的影响。

4. 确保采购的合规性和可审计性

建立符合法律法规和企业政策的采购管理制度，确保采购活动的合规性，并能够接受内部和外部审计的检查。

（二）采购管理流程及常见风险

1. 采购业务流程

采购业务流程如图 8-2 所示。

2. 销售管理中的常见风险

采购管理中的常见风险点如表 8-7 所示。

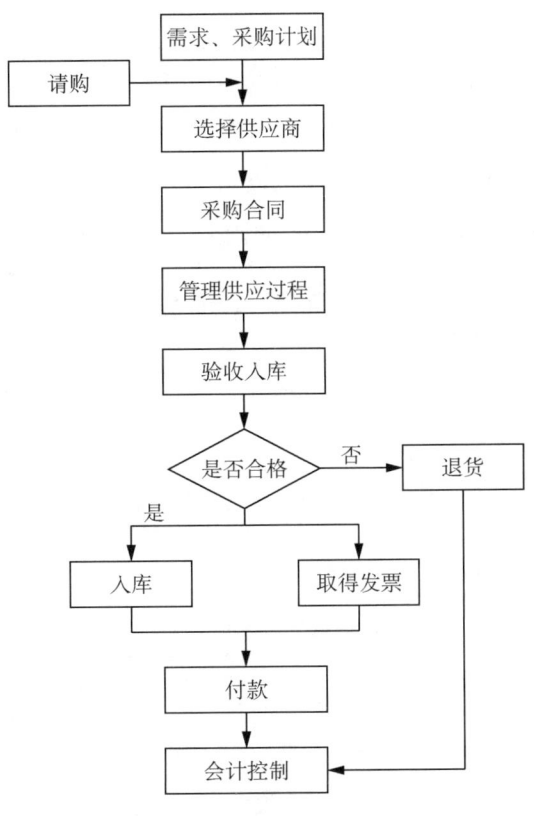

图 8-2　采购业务流程

表 8-7　销售管理中的常见风险点

环节	风险点
需求和采购计划	(1) 需求或采购计划不合理、不按实际要求安排采购或随意超计划采购,甚至与企业生产经营计划不协调等 (2) 市场需求波动可能会导致采购计划的变化,如果未能及时调整采购计划,可能会导致库存积压或缺货,导致企业生产停滞或资源浪费
请购	(1) 缺乏请购申请制度,造成企业管理混乱 (2) 请购未经审批或超越授权审批,导致采购物资过量或短缺,影响企业正常生产经营
选择供应商	(1) 缺乏完善的供应商管理办法,导致供应商选择不当,影响企业利润 (2) 大额采购未实行招投标制度,可能导致采购物资质次价高,甚至出现舞弊行为或使企业遭受欺诈
采购合同	(1) 框架协议签订不当,导致物资采购不顺畅 (2) 未经授权对外订立采购合同,合同对方主体资格、履约能力等未达要求,合同内容存在重大疏漏或欺诈,导致企业合法权益受到侵害
管理供应过程	(1) 缺乏对采购合同履行情况的有效跟踪,运输方式选择不合理,忽视运输过程的保险风险,可能导致采购物资损失或无法保证供应 (2) 没有对供应商的供应过程做好记录,导致供应商过程评价缺乏原始资料
验收	(1) 验收标准不明确,验收程序不规范,导致不合格品流入企业 (2) 对验收中存在的异常情况未及时处理,导致采购物资损失,账实不符

(续表)

环节	风险点
付款	(1) 付款审核不严格、付款方式不恰当、付款金额控制不严，可能导致企业资金损失或信用受损 (2) 退货管理不规范，导致企业发生财务损失
会计控制	(1) 缺乏有效的采购业务会计系统控制，未能全面、真实地记录和反映企业采购各环节的资金和实物流情况 (2) 相关会计记录与采购记录、仓储记录不一致，可能导致企业采购业务未能如实反映，以及采购物资和资金受损 (3) 对退货、待检货品处理不当，导致账实不一致，影响企业财务状况的真实性

8-2 企业内部控制应用指引第7号

（三）采购管理中的风险控制

1. 不相容职务分离控制

采购管理不相容职务分离如表 8-8 所示。

表 8-8　　　　　　　　　采购管理不相容职务分离

业务	不相容职务 1	不相容职务 2	不相容职务 3
采购计划	申请	审批	监督、检查
采购申请	申请	审批	监督、检查
采购合同	起草	审核	审批
供应商选择	申请	审核、评估	审批、选择
采购、验收、入库	验收	入库	记账
付款	申请	审核	支付
采购退回	申请	退回	记账

2. 采购计划和预算的关键控制

采购计划和预算是企业管理中非常重要的环节，对确保采购活动的有效性和经济性至关重要。采购部门在全面考虑企业生产目标、产量、各部门需求、供货商供货量和现有库存的基础上，编制年度采购计划，并经企业财务部门、总经理审批后下发执行。财务部门根据通过的采购计划编制资金预算。根据年度采购计划与预算，结合实际库存、生产经营计划、销售计划等编制月度采购计划与预算，审批流程同年度计划类似。采购计划要根据市场的波动和实际销售情况的变化进行实时动态的调整。

3. 请购的关键控制

请购是指生产经营部门根据采购计划和实际需要提出的采购申请。业务部门在执行采购计划时，需符合经营需要，并在年度内计划采购且符合预算。各部门提交采购申请时需填写物品采购申请单（表 8-9），并按照请购流程进行逐级审批。根据物品的种类不同，可将请购权授予不同的业务部门，如将原材料或辅料的请购权交由仓储部门，固定资产的请购权交由资产管理部门，办公物品的请购权交由行政部门等。

表 8-9　　　　　　　　　　　　　物品采购申请单

申请部门：					申请日期：
序号	物品名称	规格型号	需求数量	申请人	用途说明
部门负责人意见					
采购部门意见					
财务部门意见					
总经理意见					

4. 选择供应商的关键控制

在采购管理中，选择合适的供应商尤为重要。供应商的选择直接影响企业的生产效率、产品质量、成本控制及市场竞争力。

1）通过合适的方式选择供应商

选择供应商的方式通常有两种，即询价和招标。一般的物品采购可以通过询价比较的方式来进行，在实施的过程中，至少选择三家供应商，针对供货价格、售后服务、付款方式、付款时间等方面进行调研、询价和比较，填制采购询价单（表 8-10），并进行整理汇总形成询价比价记录。

表 8-10　　　　　　　　　　　　采购询价单

报价公司名称									
联系人						联系电话			
物品名称						申请人		用途说明	
序号	货品名称	规格型号	单价	数量	不含运费总价	含运费总价		付款期限	到货期限

招标适用于大宗物资项目、工程项目或专项项目中的供应商选择，企业通过公开邀请或招募的方式，选择最合适的供应商。公开招标具有公开、公平、公正的特点，能够吸引更多优秀的供应商参与竞争，有助于企业获得更好的产品和服务。

此外，一些小额零星物品的采购，可直接由申请部门自行采购，并报采购部门备案，财务部门每月对此进行汇总分析。

2) 对供应商进行资信调查

采购物资达到一定金额或有重大物资采购时,需要加强对供应商背景及资信的调查,包括供应商的规模、行业资质、生产能力、经营状况、财务报告、交货时间等,并做好记录与分析。

3) 定期评估和淘汰供应商

建立合格供应商名录,根据供应商的产品质量、交货准时率、售后服务等定期进行供应商评判和目录更新。对于存在产品质量不达标、交货严重延误等情况的供应商,应及时淘汰,并在淘汰之前做好替代计划。

5. 采购合同的关键控制

采购合同是指企业根据采购需要、确定的供应商、采购方式、采购价格等情况与供应商签订的具有法律约束力的协议。对双方的权利、义务和违约责任等予以了明确的规定。

采购人员申请合同签约时,需填制采购合同审签单(表 8-11),并按审批流程进行审批。财务部门需对采购合同里的要点进行审核,包括该采购是否在计划和预算内、预付款的比例、付款方式、付款时间、涉税条款(如开票信息、税率、含税价和不含税价等)等。同时,还要关注和预测此次采购对现金流的影响,并及时向相关部门和管理层反馈。

财务部门可协助采购部门编制采购合同台账,对相关合同及时进行记录、跟踪和分析,为后续成本核算提供辅助明细数据。

表 8-11　　　　　　　　　采购合同审签表

供应商名称		合同编号	
申请人		申请部门	
事由			
商品	数量	含税单价	含税总价
合同主要条款			
需求部门意见			
品控部门意见			
采购部门意见			
法务部门意见			
财务部门意见			
总经理意见			

6. 供应过程的关键控制

建立严格的采购合同跟踪制度,根据采购合同中的主要条款跟踪合同履行情况,对可能影响生产或工程进度的异常情况及时出具书面报告,并及时提出解决方案,并采取必要措施,保证需求物资的及时供应。完善合同台账管理,做好台账登记和执行情况记录。

7. 验收入库的关键控制

企业应制定明确的采购验收标准,结合物资特性确定必检物资目录,规定此类物资出具质量检验报告后方可入库。对于验收合格的物资,填制入库凭证,加盖物资收讫章,登记实物账,及时将入库凭证交给财务部门记账。采购过程中的相关订单、收货单、入库单、货运单等单据信息需一致,单单相符;财务部门在记账时应注意比对各单据中的数量、规格、金额、时间等,确保信息一致。

对于初步验收不合格或业务部门使用过程中发现存在质量问题的物资,及时通知采购部门申请退货,退货信息需及时告知财务部门并提交相关单据,财务部门在当月结账前完成当月退换货的账务处理。

8. 付款的关键控制

付款是指企业对采购预算、合同、相关单据凭证、审批程序等内容审核无误后,按照合同规定及时向供应商办理支付款项的过程。

(1) 完善付款管理,明确付款审核人的责任和权利。采购部门需填制付款申请单(表 8-12),经采购部门负责人审核通过后提交财务部门申请付款,财务部门要及时核对相关票据,严格审查相关票据的真实性、合法性和有效性,审核采购过程是否完整且有审批痕迹、付款是否达到合同约定的条件。

表 8-12　　　　　　　　　　付款申请单

申请人		申请部门	
采购项目		合同编号	
付款用途			
合同额		累计已付金额	
本次付款金额	大写:	小写:	
收款单位		收款账号	
联系人		联系方式	
付款方式	□现金　　□转账　　□银行承兑汇票　　□支票		
采购部门意见			
财务部门意见			
总经理意见			

(2) 定期分析成本和供应商的账期。定期对采购成本及相关费用进行分析,加强预付款项和定金的管理,涉及大额或长期的预付款项,应当定期追踪核查,综合分析预付款项的期限、占用的合理性、不可收回的风险等情况,发现有疑问的预付款项时,及时采取措施,尽快收回款项。同时,财务部门还要定期比对采购预算的执行情况,预测未来时间内的现金流入和流出情况,分析供应商的账期、金额等。

(3) 加强应付账款的管理。财务部门需协助采购部门定期与供应商对账,确保账目的准确性,若发现差异的,协助采购部门联系供应商查明原因,并及时进行账务处理。此外,还可以通过采购人员定期轮岗的方式发现采购中的问题。

9. 会计控制环节的关键控制

(1) 加强对购买、验收、付款业务的会计系统控制,详细记录供应商情况、采购申请、采购合同、采购通知、验收证明、入库凭证、退货情况、商业票据、款项支付等情况。做好采购业务各环节的记录,确保会计记录、采购记录与仓储记录核对一致。

(2) 定期向供应商寄发对账函,核对应付账款、应付票据、预付账款等往来款项,对供应商提出的异议,应及时查明原因,报有权管理的部门或人员批准后作出相应的调整。

(3) 建立采购业务后的评估制度,定期对物资需求计划、采购计划、采购渠道、采购价格、采购质量、采购成本、合同签约与履行情况等物资采购供应活动进行专项评估和综合分析,及时发现采购业务的薄弱环节,优化采购流程。

三、任务实施

(一) 规范合同管理,完善付款审批流程

胡经理找到采购部向经理,让向经理及时通知业务员与供应商联系,更新采购合同,根据实际情况重新订立合同。在胡经理的协助下,公司进一步完善了采购合同的管理,明确了合同的签订与更改必须经过采购部门、财务部门、法务部门的审核。

合同信息与实际信息必须一致,如果合同签订后有更改的,与供应商达成一致后将更改内容以书面形式记录下来,并根据实际情况确定是否重新签订合同,或者以修改补充协议、合同修订书的方式进行补充,并经采购部、财务部审核。做好采购合同台账管理,将合同的关键信息、付款情况、履行情况予以记录,定期核对更新。

胡经理重新完善了付款申请单,要求采购部门付款时需填制付款申请单,经采购部门负责人审核通过后提交财务部门申请付款,财务部门在此基础上及时核对相关票据,严格审查相关票据的真实性、合法性和有效性,审核采购过程是否完整且有审批痕迹,付款是否达到合同约定的条件,并要求严格审核金额是否与合同金额一致。

(二) 加强供应商管理,做好供货过程监控

胡经理了解到这个供货商是新供应商,因在合作之前缺乏充分的调查,在后续过程中采购部门发现该供货商资质不全,生产的产品无法达到公司的要求,因此没有继续进行合作,但预付的款项尚未收回。胡经理和采购部门反映后,采购部门派人加强与供应商的沟通,与供应商沟通终止合作的原因和决定,并要求供应商退还预付款项。

采购部在胡经理的协助下,进一步规范了供应商的选择流程,尤其是新供应商,在首次合作前,需要加强对供应商背景及资信的调查,包括供应商的规模、行业资质、生产能力、经营状况、财务报告、交货时间等,并做好记录与分析。在胡经理的提议下,采购部建立了合格供应商名录,根据供应商的产品质量、交货准时率、售后服务等定期进行供应商评判和目录更新。对于存在产品质量不达标、交货严重延误等情况的供应商,应及时淘汰,并在淘汰之前做好替代计划。

采购部门进一步完善了采购合同跟踪制度,根据采购中的主要条款跟踪合同履行情况,对有可能影响生产或工程进度的异常情况,及时出具书面报告并提出解决方案,采取必要措施,保证需求物资的及时供应,并且完善合同台账管理,做好台账登记和执行情况记录。

四、任务小结

采购管理内部控制是企业确保采购活动合规、有效、经济进行的核心环节。通过构建健全的内部控制机制、强化供应商管理与风险评估、加强采购人员专业培训与行为监控、推动采购流程的数字化与透明化,以及不断对采购管理内部控制进行审查与优化,企业能够有效提升采购活动的内部控制水平,为企业的稳定运营和成本控制提供坚实的保障,助力企业在激烈的市场竞争中保持优势,为企业的长期发展与价值创造奠定坚实基础。

任务 8.3 控制存货管理风险

> **学习目标**
> 1. 能说出存货管理内部控制的目标。
> 2. 能列举存货管理中常见的风险,并提出相应的控制方法。
> 3. 能具备识别存货管理风险和解决存货管理问题的能力,树立风险意识。

一、任务描述

胡经理审查月度财务数据,发现了一些与存货相关的问题:

(1) CXD003 号产品的库存偏高,对其销售数据进行分析后发现,该批物资的库存量明显高于销售量,达到了销售量的 2 倍,库存积压严重。

(2) P018 号配件存货账面价值与实际库存不符,账面数量和金额与实际情况相差较大,实际数量明显少于账面数量;进一步调查后发现,由于该批物资存放区域人员来往复杂,且存在一些安全隐患,缺乏摄像头,导致物品时有缺失。

二、任务准备

(一) 存货管理内部控制的目标

存货是指企业在生产和经营过程中持有的各类原材料、在产品、半成品、产成品或库存商品,以及包装物、低值易耗品、委托加工物资等。存货易于变化,品种、数量众多,具有很强的流动性。存货管理内部控制的目标是确保企业对存货的有效管理和控制,以保障企业资产的安全、准确和合规使用。

1. 保障存货的准确性与安全性

存货是流动资产,具有变化与流动的特点,为确保存货的准确与安全,企业应建立规范的内部控制条例和规定,对存货的各个环节进行严格的检查监控。从存货的收入、发出、结存等环节进行管理和监控,定期盘点,确保存货的准确性与安全性。

2. 保证存货取得的合理性

存货内部控制第一步是采购入库,这个过程涉及生产部门、采购部门、财务部门、仓储部门等。在这个过程中,企业应根据内部需求,选择专人负责存货的接收、管理、监查及数量记录。

3. 保持存货的最佳存储量

保持存货的最佳存储量是实现财务优化和成本控制的关键。通过合理控制存货水平,企业可以在满足生产和销售需求的同时,避免资金过度占用和存货积压带来的风险。

4. 确保存货计价的合理性与准确性

存货计价的合理性与准确性直接关系企业财务报表的真实性和成本控制的有效性。企业应遵循企业会计准则和财务制度的规定,正确核算买价、运杂费、途中合理损耗、入库前的加工整理费用及缴纳的税金等成本项目,确保存货价值的准确反映。

(二)存货管理中的常见风险

(1)存货取得环节:没有编制合适、科学的存货预算或采购计划不合理,可能导致存货积压或短缺。

(2)验收入库环节:验收程序不规范、标准不明确,可能导致存货数量克扣、以次充好、账实不符。

(3)仓储保管环节:保管方法不适当、监管不严密,可能导致存货损坏变质、价值减值、资源浪费。

(4)领用发出环节:存货领用发出审核不严格、手续不完备,可能导致货物流失。

(5)盘点清查环节:存货盘点清查制度不完善、计划不可行,可能导致工作流于形式,无法查清存货的真实情况。

(6)存货处置环节:存货报废处置责任不明确、审批不到位,可能导致企业过度处置,损害企业利益。

(三)存货管理风险控制

1. 不相容职务分离控制

存货管理不相容职务分离如表 8-13 所示。

8-3 企业内部控制应用指引第 8 号

表 8-13　　　　　　　　存货管理不相容职务分离

业务	不相容职务 1	不相容职务 2	不相容职务 3
存货入库	验收	入库	记账
存货盘点	盘点	复核	记录
存货出库	申请	出库	记账
存货处置	申请	审核	处置
退换货	申请	退换	记账

2. 存货入库的关键控制

(1)验收管理。外采物资到货后,由采购部门、质量部门、仓储部门共同验货,并填写入库验收单(表 8-14)。验收时需核实货物的数量、规格、质量等,与订单上的信息是否一致,与实际的需求是否相符,核实无误后方可入库。如有误,则须尽快联系采购部门与供应商协商退换货事宜。

表 8-14　　　　　　　　　　　入库验收单

申请部门			经办人		
入库时间			采购合同编号		
供应商					
序号	物品名称	规格型号	计量单位	入库数量	备注
部门负责人意见					
采购部门意见					
质量部门检测意见					
仓储部门意见					

（2）完善入库手续。物资正式入库前,需确保相关手续和材料完整,包括经过签字的采购订单、送货单、入库验收单等,相关部门共同验收确认物资无误后,仓储部门签发一式三联入库单,自留一份,剩下的分别交给采购部门和财务部门。

（3）建立存货明细台账,详细登记存货信息,并定期与财务部门对存货、品种、数量、金额等进行核对。

3. 仓储保管的关键控制

（1）分区域定点存放物资。合理规划仓库空间,设立不同的存放区域,根据货物的性质、特点和需求进行分类存放,确保货物存储的安全和方便管理,并设置明显标志。

（2）授权接触,妥善保管。严格控制接触存货的人员,只有经过授权的人员才能进入仓库进行货物操作。同时,对仓库进行定期巡查和监控,确保货物的安全。

（3）建立台账。对仓库中的货物进行详细的记录和登记,包括货物名称、数量、规格、入库时间、出库时间等信息,确保货物信息的准确性和可追溯性。

（4）引入信息化系统。引入先进的仓储管理系统进行信息化管理,实现货物信息的实时更新和查询,提高仓储管理的效率和准确性。

4. 存货出库的关键控制

在采购管理中,选择合适的供应商尤为重要。供应商的选择直接影响企业的生产效率、产品质量、成本控制及市场竞争力。

（1）出库的申请和审核。存货出库应经过适当的审批手续,确保出库的货物符合企业的规定和流程。可由需求部门填制出库单(表 8-15),向仓储部门申请出库,审批手续包括出库申请、审批人员审核、开具出库通知单等步骤。

表 8-15　　　　　　　　　　　　　　出库单

客户名称				出库时间		
申请人				申请部门		
序号	货物名称	规格型号	计量单位	出库数量	销售单号	备注
部门审核		仓库管理员			仓储部门负责人	

（2）出库检查和记录。在货物出库前，应进行严格的出库检查，确保货物的数量、质量、规格等信息与出库通知单一致，并做好详细记录，包括货物名称、数量、规格、出库时间、领用人等信息。

5. 定期盘点清查的关键控制

存货的定期盘点应按照规定的时间间隔进行，根据产品的不同按季度、半年或年度进行一次全面盘点，但是至少应确保每年盘点一次存货，并填制仓库物资盘点表（表 8-16），记录盘点结果。若发生盘盈或盘亏，需查明具体原因并在盘点表中详细说明或形成盘点报告交部门负责人和财务部门审核，若金额较大的还需要报总经理审批，财务部门根据审批意见进行账务处理。企业也可以根据实际情况和需要对某类物资进行不定期盘点，如发现存货异常，应及时报告处理。

表 8-16　　　　　　　　　　　　　仓库物资盘点表

仓库名称									
盘点时间					上次盘点时间				
序号	货物名称	编号	规格型号	计量单位	账面数量	实盘数量	盘点差异	盘点结果	存放地点	差异说明
盘点人			监盘人				审批人		

6. 存货处置的关键控制

为了及时、充分了解存货的储存状态，企业应定期对存货进行检查，对于存货变质、损毁、报废或丢失问题，应查明原因、分清责任、及时处理。对存货的处置要经过生产部门、采购部门、财务部门等部门的审批，对存货的处置过程需进行详细记录，包括处置的日期、方式、数量、价值等信息。此外，还应定期编制存货处置报告，向管理层报告存货处置的情况和结果。

三、任务实施

(一)建立库存警戒机制,实时监控库存水平

由于新一代设备配有常温弥雾喷洒系统,CXD003号产品仍采用脉冲型雾化技术,产生的雾滴粒径较大、分布不均,导致药液在目标区域的附着和渗透效果较差。对此,为了优化库存水平,降低资金占用,胡经理和仓储部程经理、销售部王经理商议后决定对CXD003号产品进行降价促销,并逐步减少采购和生产计划,直到彻底停产。建立库存警戒线和订货点,及时监控库存水平,预警库存不足或过多的情况,并采取相应的措施调整采购和销售策略,将库存水平维持在合理范围内。对现有的仓储系统进行升级改造,对各类商品的库存进行上限设置提醒,当存货偏高或存货周转率过低时会发出实时提醒。

加强存货精细化库存管理,建立准确的库存台账、制定科学的库存警戒线和订货点、实施定期的库存盘点等,以确保库存数据的准确性和及时性。

(二)优化库存管理,定期库存盘点

(1)立即组织人员对存在问题的物资存放区域进行全面盘点,确保盘点结果的准确性。根据盘点结果,调整账面数量和金额,确保账面与实际库存相符。对物品丢失的原因进行深入调查,查明是人为失误、管理不善还是安全漏洞所致。根据调查结果,对涉及的责任人进行相应处理,如教育、警告、罚款或解雇等。

(2)安装监控摄像头,实现仓库区域的全方位监控,确保物品的安全。加强对仓库进出人员的管理,实行进出登记制度,限制非授权人员进入。

(3)实施精细化库存管理,做好库存台账工作,建立完善的库存管理制度和流程,包括入库、出库、盘点等环节的规范操作。加强对库存操作的监控和审计,确保库存数据的准确性和及时性。

(4)加强库存盘点制度。每年至少进行一次全面的盘点清查,对重要物资每月进行一次周期性盘点,比对实际库存和账面数据,及时发现和纠正差异,确保库存数据的准确性。

四、任务小结

库存管理内部控制是企业运营中至关重要的一环,它直接关系企业资金的有效利用、供应链的稳定运作及客户服务的质量。通过不断优化和完善库存管理内部控制机制,企业可以提高库存管理的效率和质量,降低库存管理风险,为企业的可持续发展提供有力支撑。

项目实训

一、单项选择题

1. 下列各项中,根据《企业内部控制应用指引第9号——销售业务》的规定,不属于销售管理的关键点的是(　　)。
   A. 不相容职务分离　　　　　　　　B. 正确的授权审批
   C. 充分的凭证和记录　　　　　　　D. 公开透明的沟通

2. 销售计划的关键控制不涉及(　　)。
   A. 销售计划制定与审批　　　　　　B. 销售计划适时调整与审批
   C. 客户信用调查和授信管理　　　　D. 销售定价的关键控制

3. 下列各项中,不属于销售定价的关键控制的控制措施的是(　　)。
   A. 制定销售底价　　　　　　　　　B. 制定销售折扣或返利政策
   C. 销售合同的关键控制　　　　　　D. 以上都是控制措施

4. 下列各项中,不属于客户开发和信用管理的关键控制的是(　　)。
   A. 制定标准的信用管理政策　　　　B. 客户信用调查和授信管理
   C. 跟踪信用执行效果　　　　　　　D. 产品生产和发货的关键控制

5. 下列各项中,不属于销售合同的关键控制的是(　　)。
   A. 填制销售合同审签单　　　　　　B. 财务部门的审核
   C. 法务部门的意见　　　　　　　　D. 总经理的直接签订

6. 下列各项中,不属于产品生产和发货的关键控制的控制措施的是(　　)。
   A. 填制销售通知单和发票通知单
   B. 进行发货登记并做好充分的凭证和记录
   C. 允许销售人员直接接收款项
   D. 以上都不是控制措施

7. 收款的关键控制不涉及(　　)。
   A. 及时开具销售发票　　　　　　　B. 建立票据管理制度
   C. 加强应收账款管理　　　　　　　D. 允许私设账户截留回款

8. 下列各项中,不属于会计系统控制环节的关键控制的是(　　)。
   A. 完整正确的会计记录　　　　　　B. 跟踪并及时回收应收账款
   C. 允许销售人员直接接收款项　　　D. 定期分析成本和供应商的账期

9. 下列各项中,不属于采购管理中的风险控制的是(　　)。
   A. 采购计划和预算的关键控制　　　B. 请购的关键控制
   C. 直接签订采购合同　　　　　　　D. 供应商选择的关键控制

10. 下列各项中,不属于存货管理内部控制目标的是(　　)。
    A. 保障存货的准确性与安全性　　　B. 保持存货的最佳存储量
    C. 确保存货计价的合理性与准确性　D. 提高员工对存货管理的满意度

二、判断题

1. 销售管理内部控制的目标仅仅是确保合规性。（　　）
2. 销售管理内部控制需要整个企业的通力合作和配合。（　　）
3. 销售计划缺乏或不合理不是销售管理中的常见风险点。（　　）
4. 客户信用调查和授信管理是客户开发和信用管理的关键控制。（　　）
5. 销售合同的签订必须经过授权和审批。（　　）
6. 企业销售一般不收取现金,并且销售人员不应直接接收款项。（　　）
7. 采购管理内部控制的目标包括提高员工满意度。（　　）
8. 选择供应商时,不需要对供应商进行资信调查。（　　）
9. 存货管理内部控制的目标之一是保持存货的最佳存储量。（　　）
10. 存货报废处置不需要经过明确的审批流程。（　　）

三、实践拓展

1. 销售折扣管理的内部控制：

某电子产品零售公司近期在进行内部审计时发现,销售团队在提供给客户的折扣上存在不一致性。有时销售人员为了达成销售目标,会超出公司规定的折扣范围提供优惠。此外,还发现一些销售人员在没有适当审批的情况下,就给予客户特殊折扣。这些问题导致公司利润的减少,并对公司的品牌形象产生了不利影响。

分析上述案例,并回答以下问题：

(1) 根据案例描述,分析该公司销售折扣管理存在哪些内部控制缺陷？

(2) 这些缺陷可能导致哪些风险？

(3) 请提出至少 3 条改进措施,以加强销售折扣的内部控制。

分析提示：考虑销售折扣管理的流程,包括折扣的审批、记录和监督；思考如何通过内部控制的基本原则来解决这些问题,如确保职责分离、授权审批和监督审查等。

2. 付款审批流程的内部控制：

一家中型建筑公司最近遭遇了现金流问题。在进行财务审查时,发现多起未经适当审批的付款案例,导致资金被提前支付给供应商。此外,一些付款没有相应的采购合同或发票支持,使财务部门难以追踪和核实支出。这些问题不仅影响了公司的现金流,而且暴露了付款流程中的内部控制缺陷。

分析上述案例,并回答以下问题：

(1) 根据案例描述,分析该公司付款审批流程存在哪些内部控制缺陷？

(2) 这些缺陷可能导致哪些风险？

(3) 请提出至少 3 条改进措施,以加强付款审批流程的内部控制。

分析提示：考虑付款流程的关键环节,包括采购订单、合同审查、发票核对、审批流程及支付执行；思考如何通过内部控制的基本原则来解决这些问题,如确保职责分离、文档核对、审批层级和监督审计等。

3. 存货盘点的内部控制：

一家大型连锁超市在进行年度财务报告审计时,发现存货记录与实际库存存在较大差异。审计团队发现,超市的盘点流程存在以下问题：盘点周期过长,仅每年进行一次；盘点过程中没有有效的监督；盘点结果未与财务部门及时核对,导致账实不符的情况长期未被发现。此外,超市的存货管理系统尚未实现信息化,盘点数据的收集和分析主要依靠手工操作,效率低下且容易出错。

分析上述案例,并回答以下问题:

(1) 根据案例描述,分析该超市存货盘点流程存在哪些内部控制缺陷?

(2) 这些缺陷可能导致哪些风险?

(3) 请提出至少3条改进措施,以加强存货盘点的内部控制。

分析提示:考虑盘点流程的频率、监督、数据收集和核对等关键环节;思考如何通过内部控制的基本原则来解决这些问题,如确保职责分离、实施有效的监督、采用自动化工具提高效率等。

自 我 测 评

任务	学习目标	自评结果				
8.1 控制销售管理风险	1. 能说出销售管理内部控制的目标	□A+	□A	□B	□C	□C—
	2. 能说出销售业务的各个环节	□A+	□A	□B	□C	□C—
	3. 能列举销售管理中常见的风险,并提出相应的控制方法	□A+	□A	□B	□C	□C—
	4. 能具备识别销售管理风险和解决销售管理问题的能力,树立风险意识	□A+	□A	□B	□C	□C—
8.2 控制采购管理风险	1. 能说出采购管理内部控制的目标	□A+	□A	□B	□C	□C—
	2. 能说出采购业务的各个环节	□A+	□A	□B	□C	□C—
	3. 能列举采购管理中常见的风险,并提出相应的控制方法	□A+	□A	□B	□C	□C—
	4. 能具备识别采购管理风险和解决销售管理问题的能力,树立风险意识	□A+	□A	□B	□C	□C—
8.3 控制存货管理风险	1. 能说出存货管理内部控制的目标	□A+	□A	□B	□C	□C—
	2. 能列举存货管理中常见的风险,并提出相应的控制方法	□A+	□A	□B	□C	□C—
	3. 能具备识别存货管理风险和解决存货管理问题的能力,树立风险意识	□A+	□A	□B	□C	□C—
3-2-1反思						
3	我的三个收获					
2	我的两点建议					
1	我的一个问题					

项目 9 进入数字经济时代

 项目导入

亦庄是北京经济技术开发区,放眼亦庄的路面,上百辆正在测试的自动驾驶车辆行驶着,但驾驶位上空无一人,只有副驾驶上坐着一位乘客。在亦庄,只要打开百度地图,便可以打到自动驾驶出租车,改变世界的智能交通技术正在这里孕育和成长。

2023年的杭州亚运会开幕式上,数字人手持亚运火炬,踏着浪花,跑向观众……全世界第一个数实融合的大型综合体育运动会的点火仪式自此诞生。此外,还有更多的创新应用正在加速成长:深圳完全自动驾驶汽车合法上路了;智慧餐厅里智能机器人成了"大厨";大医院专家能够为千里之外的病人做远程手术。

10年来,我国深入实施数字经济发展战略,数字经济成为我国经济发展中创新最活跃、增长速度最快、影响最广泛的领域,连续多年位居全球第二。据《数字中国发展报告(2023年)》显示,2023年我国数字经济规模超过55万亿元,占GDP比重超过44%,数字经济已经成为支撑经济高质量发展的关键力量。随着数字科技的飞速发展,我们正迈入一个全新的时代,未来10年的数字革命将带来翻天覆地的变化。数字技术已经渗透到我们生活的每一个角落,而接下来,我们将见证这些技术如何塑造一个全新的未来。从人工智能到量子计算,从物联网到可持续能源,数字革命将重写规则,创造突破的可能性。

所以,让我们一起踏上这个数字革命的征程,追求更美好的"数字+"生活。

请思考:

(1) 数字经济如何改变了你的生活?

(2) 数字经济下,财税工作将如何转变?

(3) 在数字经济时代,需要什么样的人才?

项目 9 进入数字经济时代

知识地图

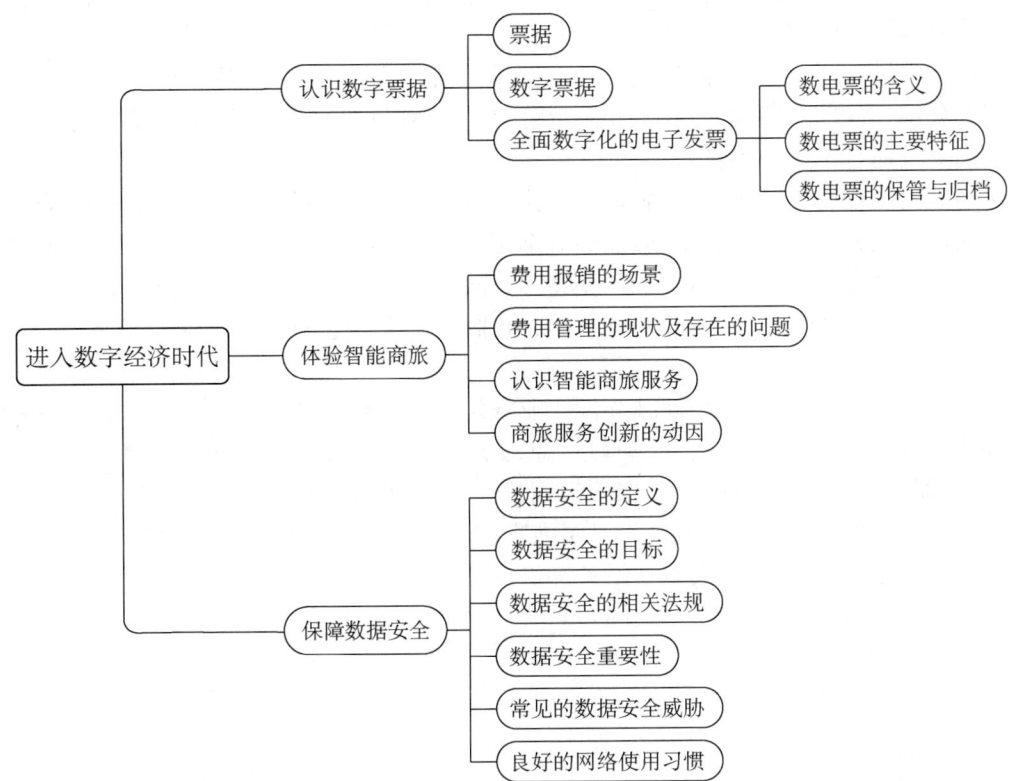

项目目标

通过本项目的学习,学生将了解数字票据的背景、特征及与传统票据的区别,识别全面数字化的电子发票并掌握其保管归档要求,建立转型思维,勇于尝试新技术。同时,学生将认识数据安全的重要性,了解威胁与防范方法,形成信息安全意识和良好的网络使用习惯。

任务 9.1 认识数字票据

学习目标

1. 能说明数字票据出现的背景及作用。
2. 能描述全面数字化的电子发票主要特征,与传统纸质发票区别。
3. 能识别全面数字化的电子发票,并阐明保管与归档要求。
4. 能增强了解新技术运用的愿望与兴趣,增强民族自豪感和自信心。

一、任务描述

财务助理小杨是刚入职的大学毕业生,她认真负责、学习能力很强,广受同事好评。一天下午,她敲响了胡经理办公室的门。刚一坐下,小杨委屈得眼泪就往下掉:"胡经理,业务发起了一笔报销,可是传上来的发票连公章都没有,我就退回去了。刚刚那个同事就直接来了我们办公室,态度非常不好。我哪里做错了吗?不管发票是真是假,总得有个发票章吧?我严格把关反而是不对的吗?"

9-1 业务报销凭证

胡经理给小杨倒了一杯水,安慰道:"工作上难免会有交流不畅的时候,因此更需要开诚布公地沟通。业务出差经常要贴钱,所以比较着急,我们也要理解。这样,你把业务的那张发票发我看看。"看到小杨发来的发票后,胡经理哈哈大笑:"小杨,我要为你认真的态度点赞,确实,这张发票没有公章。不过你也要和业务道个歉说明一下,这张票确实不需要公章。"

小杨听了,非常惊讶。胡经理继续说:"业务传上来的是数电票,不是传统的增值税电子发票,你听过吗?"小杨赶紧点头:"我听过,原来这就是数电票啊!""数电票现在已经在全国试点推广,那给你布置一个任务,你来研究研究——'数电票'和增值税专用发票有何不同,它和'电子专票'是一回事吗?国家为何要推广'数电票'?最新的归档保管要求是什么?你学习好了,明天这个时间给咱们整个财务部讲讲。"

小杨走出胡经理的办公室,心底的阴霾一扫而光,又充满了干劲和斗志。

二、任务准备

(一)票据

票据作为金融市场的重要组成部分,其概念有广义和狭义之分。广义的票据涵盖了各种有价证券和凭证,如债券、股票、提单、国库券、发票等,它们在经济活动中发挥着重要的支付、融资和权益证明等功能。而狭义的票据,特指《中华人民共和国票据法》中规定的"票据",包括汇票、银行本票和支票。这些票据是由出票人签发,约定自己或委托付款人在见票时或指定的日期向收款人或持票人无条件支付一定金额的有价证券。

然而,传统的票据市场在运作过程中存在一些问题,如交易效率低下、信息不对称、风险控制难度大等。这些问题限制了票据市场的进一步发展,也影响了企业支付与融资的效率。为了解决这些问题,数字票据应运而生。

(二)数字票据

数字票据是随着数字化技术的发展而兴起的一种新型票据形式。它利用先进的数字技术,将传统的纸质票据转化为电子数据形式,并通过安全的网络传输和存储手段进行交易和管理。数字票据的出现,不仅提高了票据交易的效率和安全性,而且降低了交易成本,为企业提供了更加便捷、高效的支付与融资方式。

"十四五"规划明确指出,要加快数字化发展,推动数字中国的建设。在这一背景下,票据数字化成为数字创新的重要方向。数字票据的应用可以有效化解票据市场存在的问题,强化票据实体经济的服务能力。

首先,数字票据通过电子化的方式,简化了票据的签发、流转和兑付过程,提高了交易效率。同时,数字票据采用了先进的加密技术和安全认证机制,确保了交易的安全性和可靠性。

其次,数字票据的应用有助于降低企业的融资成本。数字票据的流转,帮助企业更加便捷地获得融资支持,缓解资金压力。同时,数字票据的透明度和可追溯性也有助于降低信息不对称风险,增强投资者信心。

再次,数字票据可以推动金融科技的发展创新。应用大数据、人工智能等先进技术,可以对数字票据的交易数据进行深度挖掘和分析,为风险管理、信用评估等提供有力支持。

最后,数字票据的应用可以促进社会资源优化配置。数字票据的流转和交易可以引导资金流向更加高效、合理的领域,推动社会各领域的全面发展。同时,数字票据的应用也有助于提升金融服务的普惠性和便捷性,推动经济的高质量发展。

(三) 全面数字化的电子发票

1. 数电票的含义

全面数字化的电子发票(以下简称数电票)作为数字票据的一类,无须介质支撑、无须申请领用,而是将纸质发票的票面信息全面数字化,通过标签管理将多个票种集成归并为电子发票单一票种,实现全国统一赋码。电子发票服务平台智能赋予发票开具金额总额度,设立税务数字账户实现发票自动流转交付和数据归集。

数电票的法律效力、基本用途等与现有纸质发票相同。其中,带有"增值税专用发票"字样的数电票(图 9-1),其法律效力、基本用途与现有增值税专用发票相同;带有"普通发票"字样的数电票(图 9-2),其法律效力、基本用途与现有普通发票相同。与纸质发票相比,数电票的票面更精简,可以说是从节点电子化到全局数字化的升级。

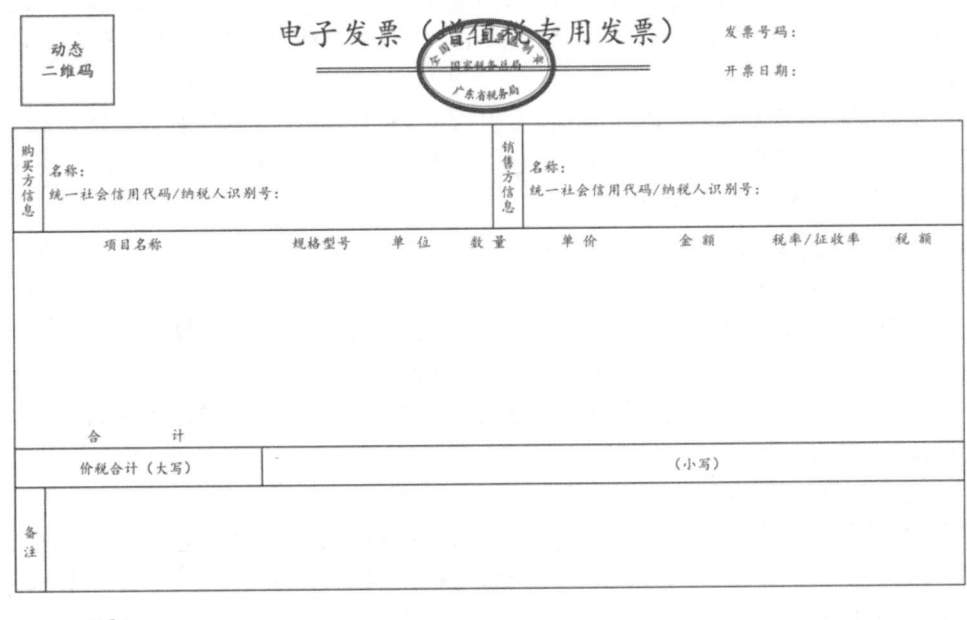

图 9-1 增值税专用发票的数电票

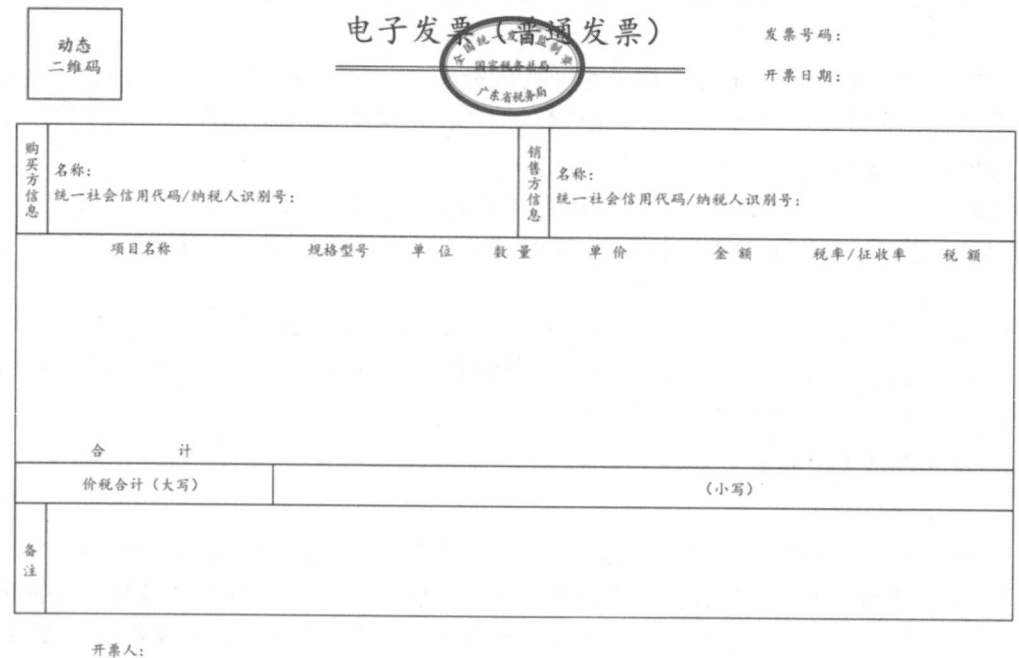

图 9-2　普通发票的数电票

2. 数电票的特征

数电票与传统纸质发票及电子发票相比，主要有以下几个特征：

（1）发票信息全面数字化，实现发票全领域、全环节、全要素电子化。

（2）发票版式全面简化，重新设计了票面要素，简化购买方、销售方信息，仅需填写纳税人识别号和纳税人名称；联次全面简化，全票无联次；彻底取消了收款人和复核人栏，会计无须纠结。

（3）开票流程全面简化，开票零前置，无须税控设备即可开票，无须票种票量核定即可开票，一个企业确定开票总额度即可开票，且开票额度可动态调整。有网络就可以开票，登录网页、客户端或手机 App 即可开票。

（4）电子发票重复入账报销问题彻底解决，纳税人可通过电子发票服务平台标记发票入账标识，避免重复入账。

（5）实现发票自动交付，纳税人可以通过电子发票服务平台税务数字账户自动交付数电票，也可以通过电子邮件、二维码等方式自行交付数电票。

（6）红字发票处理流程简化，发票未入账时可直接全额红冲，发票已入账时销售方和购买方均可提出红字申请。

3. 数电票的保管与归档

根据《财政部会计司关于公布电子凭证会计数据标准（试行版）的通知》，为打通电子凭证报销入账归档"最后一公里"，推动电子凭证从开具、接收到处理、归档等各环节全流程标准化无纸化处理，解决电子凭证"接收难、入账难、归档难"问题。

截至 2023 年，深化试点的电子凭证已包括增值税电子普通发票、增值税电子专用发票、数电票（不含铁路电子客票、航空运输电子客票行程单）、数电票（铁路电子客票）、数电票（航空运输电子客票行程单)、财政电子票据、电子非税收入一般缴款书、银行电子回单和银行电子对账单共 9 类。

根据《电子凭证会计数据标准深化试点操作指南 1.0》,增值税电子发票接收端试点单位的处理流程一般包括获取、验签、解析、入账、归档等。对于接收到的电子凭证结构化数据文件,接收端试点单位提取并解析,用于本单位财务系统的报销、入账,并按要求生成和保存入账信息结构化数据文件。

目前数电票提供三种下载版式,分别是 PDF、OFD 和 XML 格式,目前只有 XML 文件支持数字签名,另外两类版式文件没有数字签名,不符合电子形式归档保存的要求。若仍以数电票的 PDF、OFD 文件的纸质打印件作为报销、入账、归档依据的,也要保存数电票含有数字签名的 XML 电子文件。

9-2 电子凭证会计数据标准深化试点操作指南 1.0——全面数字化的电子发票(铁路电子客票)

三、任务实施

凭借过硬的学习能力,经过一个晚上的研究,小杨对数电票有了更深入的认识。"数电票"的全称是"全面数字化的电子发票",不同于传统发票,数电票是指通过电子化的方式,简化了票据的签发、流转和兑付过程,具有简单、易用和智能的特点。

以前,企业开票需要购买税盘、申领发票,发票开好后需要打印并邮寄,发票接收方还需要扫描入账归档等烦琐操作。

如今,国家税务总局为每一家企业建了一个孪生的税务数字账户,企业只要开具发票,发票将自动同步到企业的税务数字账户中,不再需要邮寄或发邮件交付,促进了发票的高效流转,真正实现了开票即收票。同时,税务数字账户的建立使企业可以实时查看和管理自己的发票数据,大大提高了工作效率。并且,由于数电票的数据化特性,企业可以更加便捷地进行数据分析和利用,为企业的决策提供更加准确、及时的数据支持。

因此,小杨总结相较于以前,数电发票时代有三个典型的变化:

一是去纸质:发票交付不再依靠传统打印的纸张。

二是去介质:企业开票不再需要税控设备。

三是去版式:发票不再需要传统的展现形式,因为它本质上就是数据。

在金税四期的背景下,现代税收征管系统更加强大,实现"税费"全数据、全业务、全流程的"云"化打通。由此可见,国家税务总局已经搭建了一个巨大的"云",打造了企业的数字化财税底座、票税底座,而这也是金税四期要实现的"以数治税"。

数电票与传统发票的区别如表 9-1 所示。

表 9-1 数电票与传统发票的区别

项目	数电票	传统发票
发票号码、代码及编码规则	20 位发票号码,没有发票代码	发票代码+发票号码
票面样式	动态二维码	校验码、密码区、收款人、复核人、销售方(盖章)
备注栏	固定可采集、可使用的数据项	手工填列、无法采集

(续表)

项目	数电票	传统发票
管理方式	纳税人开业后，无须适用税控专用设备、办理发票票种核定和领用数电发票，由系统自动赋予开具额度，并根据纳税人行为，动态调整开具金额总额度，实现开业即可开票	纳税人开业后，需先申领税控专用设备并进行票种核定，发票数量和票面限额管理同纸质发票一样，纳税人需要先申请才能对发票增版、增量，是纸质发票管理模式下的电子化
发票交付手段	数电票开具后，发票数据文件自动发送至开票方和受票方的税务数字账户，便利交付入账，减少人工收发。同时，依托税务数字账户，纳税人可对全量发票数据进行自动归集，发票数据使用更高效、便捷	发票开具后，需要通过发票版式文件进行交付。即开票方将发票版式文件通过邮件、短信等方式交付给受票方；受票方人工下载后，仍需对发票的版式文件进行归集、整理、入账等操作
开具份数、限额	通过电子发票服务平台开具数电票，在开具金额总额度内，没有发票开具份数和单张开票限额限制	通过增值税发票管理系统开具电子发票（即纸质发票），最高开票限额和每月最高领用数量仍按照现行有关规定执行
开具发票流程	试点纳税人登录电子发票服务平台后，通过开票模块，选择不同的发票类型，录入开具内容，电子发票服务平台校验通过后，自动赋予发票号码并按不同业务类型生成相应的数电票	仍然需要通过增值税发票管理系统开具
归档保存要求	以 XML 文件进行归档、保存，这是因为 XML 文件具有数字签名，符合电子形式归档保存的要求。如果确实需要打印数电票，除了保存纸质版发票，还要保存 XML 电子文件	开具发票的单位和个人应当按照税务机关的规定存放和保管发票，不得擅自毁损。已经开具的发票存根联和发票登记簿，应当保存 5 年。保存期满，报经主管税务机关查验后销毁

四、任务小结

经过对数电票和传统发票的深入学习，我们可以清晰地看到数电票带来的巨大变革。数电票不仅简化了发票的签发、流转和兑付过程，提高了工作效率，而且使企业可以实时查看和管理自己的发票数据，为企业的决策提供了更加准确、及时的数据支持。同时，数电票也符合现代税收征管系统的要求，实现了"税费"全数据、全业务、全流程的"云"化打通，为"以数治税"提供了有力支撑。然而，数电票的推广和应用也面临着一些挑战。例如，企业需要适应新的发票管理模式，掌握数电票的开具、流转和归档等操作。此外，数电票的安全性也需要得到保障，防止数据泄露和篡改等问题。

数电票时代的到来是必然趋势，它将为企业和纳税人带来更加便捷、高效和智能的发票管理体验。我们需要积极适应这一变革，努力学习和实践，以便更好地应对"以数治税"时代带来的挑战和机遇。

任务 9.2 体验智能商旅

学习目标
1. 能描述传统费用报销的方式及面临的问题。
2. 能说出智能商旅服务的特点及改革动因。
3. 能使用智能商旅平台完成差旅预订与报销。
4. 能建立转型思维,保持开放和创新的心态,勇于尝试新工具、新技术,不断提升自身的竞争力和适应力,以适应数字经济时代多元化的工作需求。

一、任务描述

胡经理去郑州分公司出差。销售员李军在电梯里碰见了胡经理,兴高采烈地问:"胡经理,我听到总部那边传来的消息,说以后出差预订酒店和交通,不需要我们垫钱了?""是啊,智能商旅平台预计下个月就上线了,不仅是酒店房费和交通费,接待客户的餐饮费也不需要你们垫了!"胡经理笑答。李军非常惊讶:"难以想象!我每个月就这点工资,大半都要贴在出差上,报销回来最起码大半个月,之前和你们财务发了好几次脾气,其实大家都不容易。那你快给我们介绍介绍,这个智能商旅平台长什么样,怎么用的?"胡经理爽快答应下来:"没问题,明天我就到你们部门,让你们先体验体验!"

二、任务准备

(一)费用报销的场景

1. 员工直接报销和员工借款报销

在企业的日常运营中,员工报销是一个常见的环节。报销的方式主要分为两种:员工直接报销和员工借款报销。

1)员工直接报销

员工直接报销,即员工先行垫支相关费用,待完成工作后,将相关发票和报销单据提交给企业,经过审核无误后,企业直接向员工支付报销金额。这种方式简单明了,员工无须事先借款,减少了资金的占用和流转环节。

例如,一名销售人员出差时,需要预先支付交通费、住宿费等费用。出差结束后,他可以将相关发票和报销单据提交给财务部门,经过审批后,企业会直接将报销金额支付给该销售人员。

2)员工借款报销

员工借款报销,即员工在事前向企业借款,用于支付相关费用。待费用发生后,员工将发票和报销单据提交给企业,报销金额先冲抵借款,多退少补。这种方式适用于员工需要支付大额费用,或企业需要控制资金流出的情况。

例如在项目启动前,项目经理可能需要向企业借款用于支付项目初期的各种费用。随着项目的推进,项目经理会陆续提交相关发票和报销单据,企业会根据报销金额逐步冲抵借款。项目结束后,如果还有剩余借款,员工需要退还;如果报销金额超过了借款,企业会补足差额。

2. 跨组织报销

在大型企业或集团中,报销单位与费用承担单位往往不同,这就涉及跨组织报销的问题。跨组织报销通常更加复杂,需要多个组织共同参与和协作。

例如,一个跨地区的项目,可能涉及不同地区的子公司或部门。当项目人员发生费用时,可能需要向各自的单位提交报销申请。这些单位在收到申请后,会根据费用性质和分摊协议,共同承担或分摊这笔费用。因此,跨组织报销需要建立完善的协作机制和费用分摊规则,以确保费用的及时、准确报销。

3. 先申请再报销

在一些企业中,为了更好地控制费用预算,采用了先申请再报销的方式。即员工在发生费用前,需要先向企业提交费用申请,经过审批同意后,才能发生相关费用。这种方式可以预占费用预算,确保企业在预算范围内进行费用支出。

例如,一个市场部门计划举办一场大型活动,预计需要支付一定的场地租赁、宣传制作等费用。在活动筹备阶段,市场部门需要向企业提交详细的费用申请,包括费用类型、金额、用途等。经过财务部门审批同意后,市场部门才能开始筹备活动并支付相关费用。活动结束后,市场部门需要按照企业规定的流程提交报销申请,经过审核后,企业会支付报销金额。

(二)费用管理的现状及存在的问题

1. 费用管理的现状

1)业务费用支出超额或虚构

业务费用支出超额或虚构风险通常源于企业内部的不当行为,如员工为了个人利益而超支消费、虚构费用和虚报支出等。由于缺乏有效的管控机制和工具,企业往往难以对各项费用进行实时监控和预警。这容易导致费用的不合理支出和浪费,进而增加企业的运营成本。同时,由于缺乏准确的数据支持,企业在制定费用预算和决策时也可能面临较大的风险。

2)费用未经恰当审核就随意支出

费用未经恰当审核就随意支出的情况往往是企业的费用审核流程不完善或执行不到位导致的。如果费用支出没有经过适当的审核和审批,可能导致资金流失、浪费等问题。

3)费用审核流程过于复杂或不符合业务现状

传统的报销流程往往烦琐且耗时,员工需要花费大量时间整理单据、填写表格,并经过多级审批才能最终完成报销。这种低效的报销方式不仅增加了员工的负担,而且可能导致资金流转不畅,影响企业的正常运营和日常工作效率。

4)缺乏科学决策依据

信息不完整也是企业费用管理中的一个重要问题。由于缺乏统一的信息管理平台和标准,企业在收集、整理和分析费用数据时往往面临着较大的困难。这不仅影响了企业对费用的实时监控和管理,而且可能导致企业在面临风险时无法及时作出应对。在信息不对称的情况下,企业难以获取全面、准确的费用数据,导致决策层无法做出科学的决策。

2. 费用管理中存在的问题

企业在费用报销与管理方面存在诸多问题,总体来说可以概括为以下三个方面:

(1)差旅申请:重事项,轻管控。员工差旅申请注重事项的审批,不太看重费用预算及费用标准的管控

(2)商旅预订:重结果,轻过程。商旅部分预订大部分由员工完成,在报账后才审核结果,对差旅预订过程无管控。

(3)差旅报账:重控制,轻服务。差旅报销单驳回;开票信息不准确单据驳回;报销填写不规范驳回。

(三)认识智能商旅服务

商旅服务又称商旅管理,是指由第三方服务平台(travel management company,TMC)为众多企业提供全面的差旅管理和出行服务。

简单来说,智能商旅服务可以为企业员工提供"端到端"一站式互联网服务(图9-3),员工通过费用申请和在线预订,可以实现差旅费用零垫资,差旅补助20分钟到个人银行卡,免贴发票5秒内完成报销单填写。

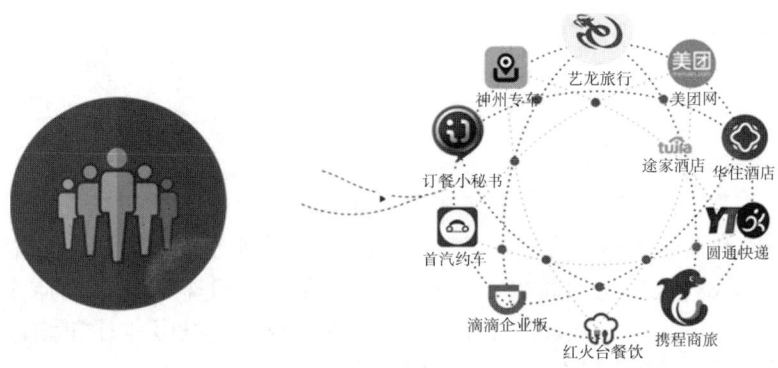

图9-3 "端到端"一站式互联网服务

1. 不给员工找麻烦

员工在差旅过程中无须担心资金问题,通过费用申请和在线预订,实现零垫资出行。同时,智能商旅服务提供快速的差旅补助发放,员工可以在20分钟内收到补助款项,无须长时间等待。智能商旅服务提供了便捷、高效的差旅解决方案,使员工能够更加专注于工作,减少了对差旅琐事的烦恼。同时,通过提供个性化的服务和支持,智能商旅服务还能够提升员工的满意度和忠诚度。

2. 解放财务

员工可以通过智能商旅服务在线提交报销申请,并自动获取准确的开票信息和报销数据。这大大简化了财务的审核和报销流程,提高了工作效率,并减少了人为错误的可能性。

3. 提高管理效率

智能商旅服务可以帮助企业实时监控差旅支出,确保费用在预算范围内。同时,企业通过对差旅数据的实时监控和分析,可以及时发现并应对潜在的风险问题,降低成本并提高员工满意度,确保企业的稳健运营。

(四)商旅服务创新的动因

1. 企业内生资金管理的变革

随着企业规模的不断扩大和差旅活动的日益频繁,传统的差旅管理方式已难以满足企业的需求。企业开始寻求更加高效、透明、可控的差旅管理方式,以实现内生资金的有效管理。商旅服务的出现,为企业提供了一种全新的差旅管理解决方案,通过集中采购、标准化管理、成本控制等手段,帮助企业实现差旅成本的有效控制和优化。

2. 新技术带动企业商业模式创新

随着云计算、大数据、人工智能等新技术的不断发展,商旅服务领域迎来了前所未有的创新机遇。新技术为企业提供了更加智能、便捷、个性化的商旅服务,如智能行程规划、在线预订、移动支付等。这些新技术的应用,不仅提高了企业的差旅管理效率,而且为企业创造了更多的商业价值。

三、任务实施

9-3 禾飞科技费用管理制度

胡经理如约出现在销售服务办公室,在他的手把手指导下,销售员李军在商旅平台上预订了下次出差的机票、酒店等,并模拟完成了商旅平台上的报销流程。

(一)差旅明细

出行日期:2023年3月11日至2023年3月12日

往返地区:郑州、三亚

出差事由:参加市场推介活动

2023年3月11日下午1点李军与客户洽谈,12日参加当地市场推介活动,该活动于5点结束。根据《禾飞科技费用管理制度》的规定,李军只能选用经济舱,住宿酒店标准为每人300元/日。禾飞科技使用的商旅预订均为对公结算,9日李军通过商旅平台完成机票、酒店预订服务,入住酒店为三亚凤凰岛酒店,酒店有免费接送机服务;同时通过滴滴App完成住所(联合花园北门)到郑州新郑国际机场的往返交通出行;13日李军出差结束,14日进行报销。报销人信息如表9-2所示,报销费用明细如表9-3所示。

表9-2　　　　　　　　　　报销人信息

姓名	身份证号	电话
李军	15042919811201092X	13401987665

表9-3　　　　　　　　报销费用明细　　　　　　　　　单位:元

费用项目	总金额
去程机票(3月11日郑州至三亚)	2 308
返程机票(3月12日三亚至郑州)	1 555
市内交通(3月11日从家到机场快车费用)	87
三亚住宿费(三亚凤凰岛酒店1天)	288
出差补助(2天)	120
合计	4 358

注意事项：

（1）禾飞科技使用的商旅平台为公对公结算，因此通过商旅平台报销时无须外部原始凭证（如机票行程单、滴滴打车票、住宿费发票等）。

（2）根据禾飞科技《费用管理制度》规定，出差期间每人差旅补贴60元/天，补贴天数按实际出差天数计算。

（3）智能商旅订票平台中的机票金额可能随时变动，具体票价以搜索出的实时票价为准。

（二）操作流程

（1）销售员登录移动商旅平台，如图9-4所示。

图9-4　登录移动商旅平台

（2）通过移动商旅平台订购机票，如图9-5至图9-8所示。

图9-5　订购机票（1）

财税管理基础实务

图 9-6　订购机票(2)

图 9-7　订购机票(3)

图 9-8　订购机票(4)

（3）预订市内交通，如图 9-9 所示。

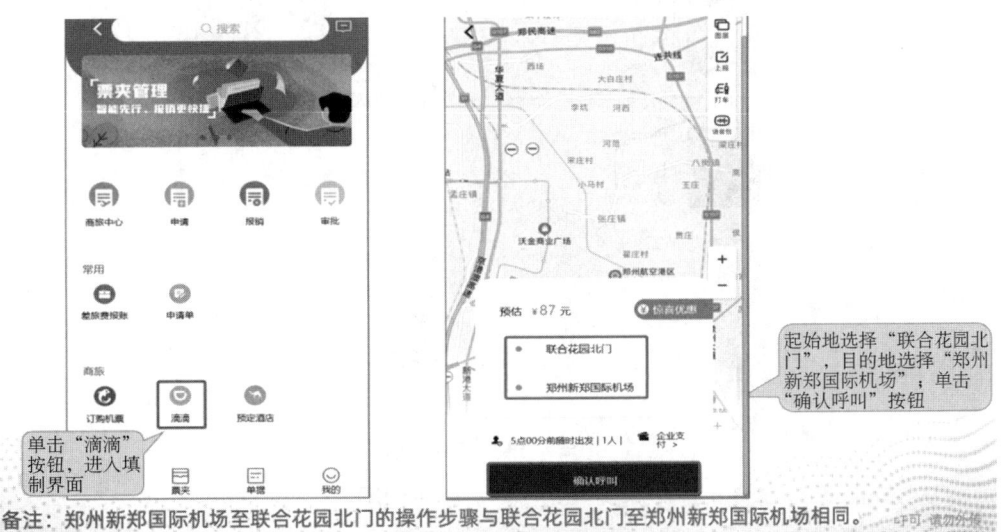

图 9-9　预订市内交通

（4）预订酒店，如图 9-10 至图 9-13 所示。

图 9-10　预订酒店(1)

图 9-11　预订酒店(2)

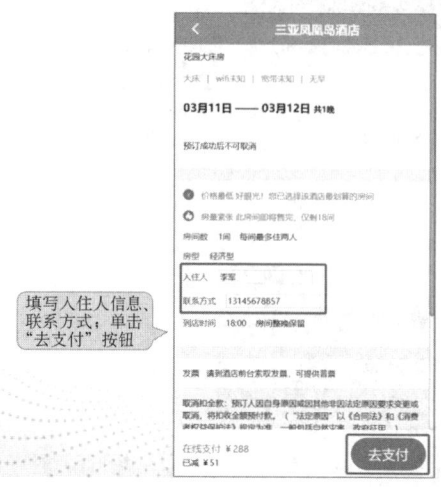

图 9-12　预订酒店(3)

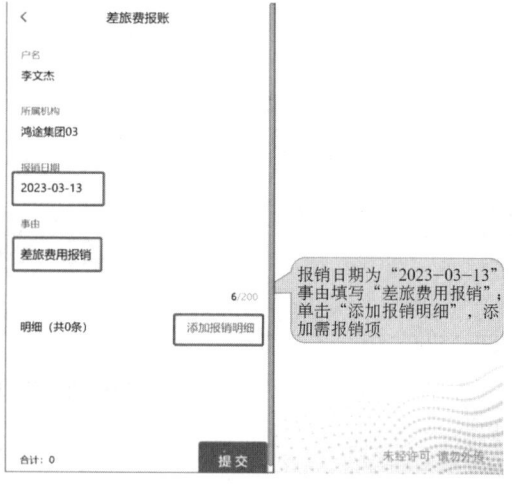

图 9-13　预订酒店(4)

（5）差旅费报账，如图 9-14 和图 9-15 所示。

图 9-14　差旅费报账（1）

图 9-15　差旅费报账（2）

9-4　智能商旅订票与报账操作视频

四、任务小结

通过智能商旅平台，员工可以轻松完成机票预订、差旅报销明细维护及差旅费报销单的填制和提交。整个流程中，数据的自动采集和智能处理大大减轻了员工的工作负担，提高了工作效率，这背后依托的是技术的不断进步和持续创新。

习近平总书记指出，世界经济数字化转型是大势所趋，新的工业革命将深刻重塑人类社会。要促进数字经济和实体经济深度融合。随着大数据、人工智能、爆火的 ChatGPT 等新一代信息技术的快速发展，许多新的经营方式、商业形态、产业生态应运而生，成为企业经济的新增长点。

作为一名当代青年，要持续学习、提高自身的数字素养，努力成为数字创新的主力军和数字经济的最积极的创造者,积极拥抱新技术,成为懂产业、懂业务、懂技术、懂财务、懂运营的复合型、科技型人才。

任务 9.3 保障数据安全

学习目标
1. 能依据法律法规,说出数据安全的定义与目标。
2. 能描述数据安全对国家、企业和个人的重要性。
3. 能列举常见的数据安全威胁及可采用的防范方法。
4. 能培养信息安全意识,在生活、学习、工作中具备良好的网络使用习惯。

一、任务描述

经过多年发展,禾飞科技拥有多项核心技术和专利。在公司内部有一套严格的信息安全管理制度,所有敏感技术文档都被视为涉密文件,仅授权特定人员访问。然而,最近公司有一份重要的研发项目文档被非法复制并外泄。IT 部门的安全专家发现内部服务器上有异常访问记录。经过调查,确认有人非法访问了存储涉密文档的文件夹,并将其中一份关键项目文档复制到外部存储设备上。该文档包含了公司即将推出的新产品的核心技术细节,一旦外泄,可能会给公司带来巨大的经济损失和市场竞争优势的丧失。

胡经理作为公司的会计主管,他收到指令,将与 IT 部门合作,审查现有的内部控制措施,特别是与财务信息和敏感数据管理相关的控制流程。之后他组织了财务团队的信息安全培训,希望增强整个团队对保护敏感财务信息、保障数据安全的意识。

二、任务准备

(一)数据安全的定义

《中华人民共和国数据安全法》第三条规定,数据安全是指通过采取必要措施,确保数据处于有效保护和合法利用的状态,以及具备保障持续安全状态的能力。数据处理包括数据的收集、存储、使用、加工、传输、提供、公开等环节。

(二)数据安全的目标

数据安全的目标是确保数据在整个生命周期中的保密性、完整性和可用性。这意味着必须采取措施防止未经授权的访问、数据泄露、数据篡改或其他可能导致数据不安全的行为。

(三)数据安全的相关法规

《中华人民共和国数据安全法》第二十七条规定,开展数据处理活动应当依照法律法规的规定,建立健全全流程数据安全管理制度,组织开展数据安全教育培训,采取相应的技术措施和其他必要措施,保障数据安全。利用互联网等信息网络开展数据处理活动,应当在网络安全等级保护制度的基础上,履行上述数据安全保护义务。

《中华人民共和国网络安全法》第二十一条规定,国家实行网络安全等级保护制度。网络运营者应当按照网络安全等级保护制度的要求,履行5项安全保护义务,保障网络免受干扰、破坏或未经授权的访问,防止网络数据泄露或者被窃取、篡改。其中,第4项明确要采取数据分类、重要数据备份和加密等措施。

《中华人民共和国密码法》第二十七条规定,法律、行政法规和国家有关规定要求使用商用密码进行保护的关键信息基础设施,其运营者应当使用商用密码进行保护,自行或委托商用密码检测机构开展商用密码应用安全性评估。

《中华人民共和国个人信息保护法》第五十一条规定,个人信息处理者应当根据个人信息的处理目的、处理方式、个人信息的种类及对个人权益的影响、可能存在的安全风险等,采取6项措施确保个人信息处理活动符合法律、行政法规的规定,并防止未经授权的访问以及个人信息泄露、篡改、丢失。其中,第三项明确采取相应的加密、去标识化等安全技术措施。

《关键信息基础设施安全保护条例》(中华人民共和国国务院令第745号)规定,履行个人信息和数据安全保护责任,建立健全个人信息和数据安全保护制度。关键信息基础设施的密码使用和管理,应当遵守相关法律、行政法规。

(四) 数据安全的重要性

1. 数据安全对国家的重要性

数据安全是国家安全不可或缺的一环,它涉及国家政治、经济、社会等领域的安全与稳定。随着信息技术的飞速发展,数据已成为国家竞争力的重要资源,而关键数据的保密性更是直接关系到国家的安全和主权。

(1) 数据安全对于国家安全具有重要意义。关键数据,如政府决策数据、军事机密、公民个人信息等,一旦泄露,可能对国家政治稳定、军事安全、社会秩序等方面产生严重的影响。例如,政府决策数据的泄露可能导致政策失误,军事机密的泄露可能危及国家安全,公民个人信息的泄露可能引发社会信任危机。因此,保护数据安全就是维护国家安全的重要手段。

(2) 数据安全关乎国家主权。在信息化时代,数据已成为国家主权的重要组成部分。数据的收集、处理、存储和传输等过程,都需要在保障数据安全的前提下进行。如果关键数据被其他国家或组织窃取、篡改或滥用,将严重损害国家的利益和尊严。因此,保护数据安全是捍卫国家主权的重要任务。

2. 数据安全对企业的重要性

在当今数字化时代,企业运营和决策日益依赖数据。数据不仅是企业预测市场趋势、优化产品服务、提升运营效率的关键,而且是保持市场竞争力和商业利益的重要资产。然而,数据安全问题日益凸显,成为企业不容忽视的挑战。

数据安全关乎企业的商业秘密和客户信息保护,是保护企业核心利益和市场竞争力的重要一环。数据泄露可能导致企业地位受损、面临破产风险,甚至影响声誉和客户关系。

数据安全事件频发会降低公众对企业的信任,影响业务开展和品牌形象。维护数据安全对于塑造企业良好形象和信誉至关重要。

遵守数据保护法规是企业的法律义务。企业必须遵循相关法规要求,确保数据合法性和正当性,以规避法律风险和罚款、诉讼等后果。保证数据安全是企业履行法律义务、保护自身利益的重要举措。

3. 数据安全对个人的重要性

个人数据的泄露可能导致隐私权的侵犯,影响公民的个人生活和社会秩序。数据安全有助于保护个人隐私,维护社会稳定。

(五) 常见的数据安全威胁

常见的数据安全威胁包括但不限于以下几种:

(1) 网络攻击:黑客可能通过病毒、木马、钓鱼攻击等方式试图窃取或破坏财务数据。这些攻击可能导致敏感财务信息的泄露,或使财务系统无法正常运行。

(2) 内部风险:不当的权限分配或员工的恶意行为可能导致数据泄露或损坏。例如,员工可能无意中下载恶意软件,或有意出售公司数据给第三方。

(3) 数据泄露:员工疏忽或技术缺陷可能导致财务数据泄露。例如,电子邮件、移动设备或云存储服务的不当使用。

(4) 账号弱口令:使用弱口令或重复使用账号密码可能导致账号被盗取,使财务数据面临风险。

(5) 未经授权的访问:由于访问控制不严格,一些非财务人员能够访问敏感的财务数据,增加了数据泄露的风险。

(6) 数据传输安全:在不同分支机构之间传输财务数据时,由于缺乏足够的加密措施,数据在传输过程中可能被截获。

(7) 第三方服务提供商的风险:与多个第三方服务提供商合作,如果这些服务提供商未能遵守同等的数据保护标准,可能导致数据在第三方处理过程中出现安全漏洞。

(8) 内部威胁:一些员工可能因为对公司不满、对薪资不满或其他原因,选择泄露公司的敏感信息。这不仅会导致公司声誉受损,而且会使公司面临法律诉讼和巨额罚款。

为了应对这些威胁,组织和个人需要采取一系列预防措施,包括使用安全软件、定期更新系统和软件、进行安全培训、实施强有力的访问控制和监控策略,以及制定应急响应计划等。

(六) 良好的网络使用习惯

在维护数据安全的过程中,网络使用习惯起着至关重要的作用。以下是一些良好的网络使用习惯,可以帮助个人和组织共同保护数据安全:

(1) 使用强密码:为所有账户设置复杂且独特的密码,并定期更新。考虑使用密码管理器来辅助管理多个账户的密码。

(2) 多因素认证:尽可能为所有重要账户启用多因素认证,以增加额外的安全层。

(3) 谨慎点击链接:不要随意点击电子邮件中的链接,尤其是来源不明的邮件。确认链接的安全性后再进行点击。

(4) 定期更新软件:确保所有使用的软件和操作系统都是最新版本,以利用最新的安全补丁和更新。

(5) 避免使用公共 Wi-Fi:尽量不要使用公共 Wi-Fi 网络处理敏感的财务信息。如果必须使用,考虑使用 VPN 来保护数据传输的安全。

(6) 备份重要数据：定期备份重要文件和数据，以防数据丢失或被勒索软件加密。

(7) 使用安全的文件共享服务：使用企业认可的、加密的文件共享服务来传输敏感数据，而不是通过不安全的渠道（如普通电子邮件等）。

(8) 避免自动连接：关闭设备上自动连接 Wi-Fi 的功能，以防止设备连接假冒的热点。

(9) 安全处理移动设备：对移动设备进行加密，并在设备丢失或被盗时能够远程擦除数据。

(10) 警惕社交工程攻击：对任何试图获取敏感信息的请求保持警惕，无论是通过电话、电子邮件还是社交媒体。

(11) 限制个人信息的公开：在社交媒体上谨慎分享个人信息，以免被盗窃身份或用于其他欺诈活动。

(12) 教育和培训：定期参加网络安全培训，了解最新的网络威胁和最佳实践。

(13) 使用安全软件：确保安装了最新的防病毒软件、防间谍软件和防火墙，并定期进行扫描。

(14) 谨慎下载和安装：只从官方或可信的来源下载软件和应用程序。

(15) 监控账户活动：定期检查财务账户和个人账户的活动，以便及时发现任何异常或未经授权的交易。

三、任务实施

随着信息技术的迅猛发展和数字化浪潮的推进，数据安全问题日益凸显出其重要性。在这个数字时代，数据已经成为企业和组织的核心资产，而财务数据安全则是数据安全的重中之重。因此，胡经理特别组织了一场面向财务团队的安全培训。

胡经理特别明确了财务团队在信息安全方面的职责。财务团队作为企业资金流动的核心，掌握着大量敏感信息，如账户密码、交易数据、资金密钥等。这些信息一旦泄露，可能会给企业带来巨大损失。因此，财务团队需要时刻保持警惕，确保信息安全。另外，胡经理对财务团队提出了以下要求。

（一）培养信息安全意识

财务人员需要充分认识信息安全的重要性，并时刻保持警惕。胡经理分享了案例，并采用模拟演练等方式，让大家了解信息安全事件对企业的影响，从而增强安全意识。

（二）掌握基本信息安全知识

胡经理请 IT 部门同事介绍了一些基本的信息安全知识，如密码管理、网络安全、数据备份等。这些知识可以帮助大家建立良好的网络使用习惯、有效防范数据安全风险，以确保企业资金安全。

（三）提升数据安全技能

胡经理针对财务团队的工作特点，设置了一些特别的教学课程，如如何识别网络钓鱼、如何防范恶意软件等。这些课程可以帮助财务团队更好地应对信息安全挑战，提高企业整体的信息安全水平。

在培训的最后，胡经理强调了团队协作的重要性。信息安全不仅是个人的责任，而且是整个团队的责任。财务团队需要相互协作，共同维护企业的信息安全。他鼓励大家在日常

9-5 网络数据安全案例

工作中互相监督、互相学习，共同增强信息安全意识和技能。

四、任务小结

数据是继土地、劳动力、资本、技术四大生产要素之后的第五大生产要素。2023年数据生产总量达 32.85 ZB（1 ZB 等于 10 万亿亿字节），同比增长 22.44%。随着人工智能技术的飞速发展，企业和国家的发展都离不开高质量的数据支持。

走进数字经济时代，人人都将是分析师、数据价值架构师。保护数据安全是我们所有人都需要做的事情，这不仅包括保护个人隐私、遵守网络安全法规，而且包括保护企业、国家数据，为所有人的信息安全保驾护航。

项目实训

一、单项选择题

1. 数电票的全称是（   ）。
   A. 全面数字化的电子发票 B. 电子化简化发票
   C. 税务数字账户发票 D. 数字化税务发票
2. 数电票开具后，发票的数据文件会自动发送至（   ）。
   A. 开票方的邮箱 B. 受票方的邮箱
   C. 开票方的微信 D. 受票方的税务数字账户
3. 下列各项中，不属于数电票票面基本内容的是（   ）。
   A. 动态二维码 B. 发票号码 C. 规格型号 D. 复核人
4. 数电票通过（   ）方式实现全国统一赋码。
   A. 纸质发票的数字化 B. 标签管理
   C. 电子发票服务平台 D. 税务数字账户
5. 下列各项中，支持数字签名的数电票文件格式是（   ）。
   A. PDF B. OFD C. XML D. 以上都是
6. 员工直接报销的方式下，员工需要先行垫支相关费用，后提交（   ）材料进行报销。
   A. 发票和报销单据 B. 借款申请
   C. 工作计划 D. 项目报告
7. 下列各项中，不属于智能商旅服务特点的是（   ）。
   A. 提高管理效率 B. 增加员工工作量
   C. 解放财务 D. 提供个性化服务
8. 数据安全的目标是（   ）。
   A. 确保数据的保密性、完整性和可用性
   B. 增加数据的存储量
   C. 减少数据的处理成本
   D. 提高数据的传输速度
9. 在处理财务数据时，最有助于保护数据安全的措施是（   ）。
   A. 使用公共Wi-Fi网络
   B. 将所有财务数据存储在个人云存储服务中
   C. 定期备份财务数据并确保可以迅速恢复
   D. 在未加密的情况下通过电子邮件发送财务数据
10. 当收到一封声称来自银行的电子邮件，要求更新个人信息时的最佳做法是（   ）。
    A. 立即点击邮件中的链接并按照指示更新信息
    B. 忽略邮件，认为它可能是诈骗邮件
    C. 直接回复邮件，询问更多详细信息

D. 将邮件转发给同事,寻求他们的帮助

二、判断题

1. 数字票据的安全性完全依赖于人工审核和管理。（   ）
2. 数字票据可以降低企业的融资成本并提高交易效率。（   ）
3. 数电票的法律效力、基本用途等与现有纸质发票不同。（   ）
4. 员工直接报销方式中,企业无须事先借款给员工。（   ）
5. 跨组织报销涉及不同组织间的协作和费用分摊。（   ）
6. 先申请再报销的方式可以避免企业在预算外支出。（   ）
7. 智能商旅服务不能提高企业的管理效率。（   ）
8. 数据安全仅关乎个人隐私保护,与国家安全无关。（   ）
9. 根据《中华人民共和国数据安全法》的规定,数据处理活动不需要采取任何安全措施。（   ）
10. 使用弱密码不会导致数据安全风险。（   ）

三、实践拓展

1. 胡经理的企业邮箱某日收到了一封邮件,标题为《2023年12月税务稽查局企业抽查名单》,并附有"2023年12月税务稽查局企业抽查名单.exe"下载链接,胡经理是否应点击链接下载?

2. 假如你正在银行存钱,这时手机上收到一封电子邮件:"本银行的服务器出了点问题,造成您的网上登录信息遗失。因此,您将无法使用网上银行。最重要的是您的账户将变得不再安全。请点击以下链接,根据提示来恢复使用。到时请提供您的网上银行信息。"你觉得,应该采取以下哪个措施?

（1）回复邮件并提供自己的网上银行信息。

（2）联系银行询问邮件相关信息。

（3）若该链接和银行的网址一样,点击链接并根据提示操作。

自 我 测 评

任务	学习目标	自评结果				
		□A+	□A	□B	□C	□C−
9.1 认识数字票据	1. 能说明数字票据出现的背景及作用	□A+	□A	□B	□C	□C−
	2. 能描述全面数字化的电子发票主要特征,与传统纸质发票区别	□A+	□A	□B	□C	□C−
	3. 能识别全面数字化的电子发票,并阐明保管与归档要求	□A+	□A	□B	□C	□C−
	4. 能增强了解新技术运用的愿望与兴趣,增强民族自豪感和自信心	□A+	□A	□B	□C	□C−
9.2 体验智能商旅	1. 能描述传统费用报销的方式及面临的问题	□A+	□A	□B	□C	□C−
	2. 能说出智能商旅服务的特点及改革动因	□A+	□A	□B	□C	□C−
	3. 能使用智能商旅平台完成差旅预订与报销	□A+	□A	□B	□C	□C−
	4. 能建立转型思维,保持开放和创新的心态,勇于尝试新工具、新技术,不断提升自身的竞争力和适应力,以适应数字经济时代多元化的工作需求	□A+	□A	□B	□C	□C−
9.3 保障数据安全	1. 能依据法律法规,说出数据安全的定义与目标	□A+	□A	□B	□C	□C−
	2. 能描述数据安全对国家、企业和个人的重要性	□A+	□A	□B	□C	□C−
	3. 能列举常见的数据安全威胁及可采用的防范方法	□A+	□A	□B	□C	□C−
	4. 能培养信息安全意识,在生活、学习、工作中具备良好的网络使用习惯	□A+	□A	□B	□C	□C−
3-2-1 反思						
3	我的三个收获					
2	我的两点建议					
1	我的一个问题					